高等政法院校系列教材

# 治安管理学总论

主　编　惠生武

撰稿人　（按编写章节为序）
惠生武　宋明亭
刘生源　樊　瑛

中国政法大学出版社

# 出 版 说 明

21世纪，我国的高等教育引来了前所未有的机遇和挑战。知识经济的到来，中国加入WTO，科教兴国、依法治国的战略决策，以及西部大开发战略的实施，对高等教育的发展和人才培养的质量提出了新的更高的要求。2000年以来，我院在全面推进素质教育，进一步深化教学改革，提高教育教学质量，加强教学基本建设等方面取得了较大成绩。教育思想与教育观念的进一步转变，全面推进素质教育实施意见的出台，专业结构的调整，教学计划的全面修订，以及新一轮课程建设工作的启动，都为进一步提高我院的教育教学质量乃至整体办学水平奠定了良好的基础。

教材作为反映教育思想、教育观念，以及教学改革成果的重要载体，是我院新一轮课程建设的重点。为了适应培养基础扎实、知识面宽、实践能力强，具有国际竞争意识和创新精神的人才目标的要求，学校决定由教材委员会编审和规划出版一套能够聚合时代特点，反映学校教学、科研最新成果的高质量系列教材。这套教材由长期从事教学工作、教学经验丰富，具有教授、副教授职称的教师承担编写任务。第一批审定出版的教材，均为各专业的核心课程和方向课程，共计23部。

在中国政法大学出版社的大力支持下，首批教材将在近期出版；其余课程的教材，也将由教材编审委员会审定之后，陆续出版发行。我们力求教材具有较强的科学性、系统性、新颖性和适应性，也希望这套教材能够为进一步提高学校的教育教学质量做出积极的贡献。

西北政法学院教材委员会

2002年8月

# 西北政法学院教材委员会名单

# 作 者 简 介

**惠生武** 西北政法学院公安学系教授、系主任，治安管理学硕士生导师。

**宋明亭** 西北政法学院公安学系副教授，治安学教研室主任。

**刘生源** 西北政法学院公安学系治安学教研室副教授。

**樊　瑛** 西北政法学院公安学系治安学教研室讲师。

# 目　录

# 第一章　治安管理概述

## 第一节　治安与治安管理的概念

### 一、治安的涵义

“治安”是一个古老的名词，在我国古代文献中，“治安”一词大多是分别使用的。“治”相对于“乱”而言，其意为“治则不乱”，治即指治理、整治、管理；“安”是与“危”相对应的，有“安则不危”之说，其意为安定、安宁、安全有序。古籍中“治安”一词的使用，早见于战国时期韩非的《韩非子·显学篇》，其中写道：“今上急耕田垦草以厚民产也，而以上为酷；修刑重罚以为禁邪也，而以上为严；征赋钱粟以实仓库，且以救饥馑、备军旅也，而以上为贪；境内必知介而无所懈，并力疾斗所以禽虏也，而以上为暴。此四者所以治安也，而民不知悦也。”对“治安”一词加以系统阅述的，则见于汉文帝时期贾谊的《治安策》，其中写道：“夫以天子之位，乘今之时，因天之助，尚惮以危为安，以乱为治。”“此时而欲为治安，虽尧舜不治。”贾谊并提出“欲天下之治安，莫若众建诸侯而少其力”的策略，用以削弱诸侯的实力，强化汉朝中央集权统治。中国古代“治安”一词的本意是“治则不乱，安则不危”，泛指政治清明，国家与社会安定，统治政权稳定，社会秩序安定，百姓安居乐业；既包括政治统治秩序与阶级矛盾的缓和，又包括社会公共秩序与民众生活安定。

到了近现代，特别是警察制度形成以来，“治安”一词的涵义有了广义和狭义之分、静态和动态之别。广义的治安即静态的治安，是指通过治理在整体上实现符合统治阶级意志和利益的，并由一定社会规范加以调整的一种安全、有序、稳定的社会状态。狭义的“治安”即动态的治安，则是指由国家特定主管机关依法进行的，旨在实现一种安全、有序、稳定的社会状态的管理活动。治安即社会治安，对其涵义可从以下几方面理解。

1. 社会治安维系着政治统治秩序，是任何一个国家的统治阶级维护和巩固其政治统治最基本的条件，具有很强的政治属性。国家如果没有稳定的社会治安秩序，统治阶级就难以维护和巩固其政治统治。因此，任何国家都把社会治安作为国家的重要政治问题，将其置于国家政治生活中的重要地位。我国是人民民主专政的社会主义国家，社会治安的稳定符合广大人民群众的利益，国家历来对此十分重视，特别在建设社会主义市场经济的历史时期，更需要一个安定有序的社会环境。

2．社会治安的基本内容是通过法律规范加以确定的。一个理想的社会治安秩序，必须以法律加以规范和维护，赋予其法律涵义。据此，社会治安具有法律属性。国家制定的刑事法律、行政法律、民事法律等部门法，从不同方面规定了治安的内容，分别调整着各种社会治安关系。

3．社会治安涉及社会生活各个方面，有着极为广泛的内容，包括政治秩序、经济秩序、工作秩序、生活秩序等。社会治安与国家安全、社会公共利益、人民群众的人身及财产权益关系密切，具有社会属性。不同历史时期或不同社会制度的国家，虽然对社会治安的内容要求有所不同，但是，建立维护符合统治阶级利益所需要的社会治安秩序是共同的。

**二、治安管理的概念**

治安管理亦称治安行政管理，是指由国家特定机关，为了维护国家安全和社会治安秩序，维护社会公共利益和公民合法权益，保障社会生活正常进行，依法实施的行政管理活动。治安管理具有以下几方面的涵义。

1．治安管理的主体是特定的国家机关。

为了巩固统治秩序，维护符合统治阶级利益的社会治安状态，国家设置了专门机关并赋予其治安管理的职权，实施治安管理行为。在我国，公安机关是实施治安管理的专门机关，是治安管理的主体，依法享有治安管理职权，其他机关、组织和个人不具有治安管理权。

2．治安管理的属性是行政管理。

行政管理是国家管理的重要组成部分，它是由国家行政机关运用国家行政权力，对国家和社会事务进行管理的活动。治安管理涉及国家事务和社会事务，是一种行政管理，由国家行政机关中的公安机关行使国家赋予的治安行政管理职权，依法对社会治安秩序所进行的管理活动。

3．治安管理的目的在于维护社会治安秩序。

社会治安秩序是指由国家统治阶级维护和巩固其统治所需要的，并由一定社会规范确定的一种社会状态。治安管理旨在于建立和维护按照统治阶级意志和利益的需要所形成的一种社会状态，从而达到巩固政治统治，创造一个安定、有序、正常的社会秩序的目的。

4．治安管理是依法公开实施的活动。

治安管理是依法进行的活动，治安管理主体必须依照有关法律、法规、规章进行管理。国家为了维护社会秩序，制定了有关治安管理的法律、法规、规章，形成了治安管理法律规范体系，这是治安管理主体实施治安管理活动的依据。实行公开管理是治安管理的重要特征，它可以保证治安管理活动公正、有效，同时接受其他社会主体的监督，从而提高人民群众参与治安管理的意识和积极性。

### 三、治安管理的范围

根据我国治安管理的实践，治安管理的范围非常广泛，涉及公安机关工作的诸多方面；其范围是随着社会经济的发展的客观需要，按照治安管理的客观规律，不断调整的，其范围的大小和治安管理内容，并非固定不变。目前，我国治安管理的范围主要包括：户政管理、公共秩序管理、特种行业管理、危险物品管理、治安案件查处、治安灾害事故的预防和处置、城市治安巡逻以及派出所工作、群众治安防范知识等。此外，从大治安的角度看，消防监督管理、道路交通管理、计算机安全管理等，也应属于治安管理的范畴。

## 第二节　治安管理的性质、职能和任务

### 一、治安管理的性质

治安管理的性质，是指治安管理有别于其他社会管理、国家管理活动的特性，以及作为一种国家职能的内在属性，即公安机关实施的治安管理活动所具有的特质。

#### （一）阶级性

阶级性是阶级本质的表现。它是由各阶级的社会经济地位和物质生活条件所决定的，反映了一定阶级的特殊利益和要求，集中体现了本阶级的意志。治安管理的阶级性，是指治安管理活动代表哪个阶级的利益，体现哪个阶级的意志，维护有利于哪个阶级统治的社会治安秩序。治安管理作为阶级社会的产物，从其产生以来，一直为统治阶级利益服务，维护和巩固有利于统治阶级统治所需要的社会治安秩序。

我国是工人阶级领导的，以工农联盟为基础的人民民主专政的社会主义国家。人民民主专政是我国的国体，即国家的阶级性质，它表明人民是国家的主人，工人阶级和广大人民群众在国家中占统治地位。因此，我国治安管理的根本目的，在于维护有利于巩固人民民主专政和符合人民群众意愿的社会安定的治安秩序，为人民群众安居乐业和社会主义现代化建设创造良好的社会治安环境。治安管理应当充分体现工人阶级和广大人民群众的根本利益和意志，这是我国治安

管理的阶级性之所在。

（二）行政性

一切行政管理活动，都是通过行政权力的运行来实现的。“行政管理的生命线就是权力”。[1] 行政权力是一切行政现象的基础，如果一个行政机关缺乏相应的权力，那么它在行政管理中就会丧失实际的效力。[2] 行政管理的基本性质决定于其运用行政权力的性质。治安管理是国家行政管理的重要组成部分，是一种国家行政管理活动。治安管理活动也是其运用行政权力的活动，从而表明治安管理的行政性。

治安管理活动与国家立法活动、司法活动的根本区别在于权力性质不同，治安管理所运用的行政权不同于立法权、司法权，其行政性质不同于立法性、司法性。在国家行政管理活动中，治安管理是国家其他行政管理得以正常实施的保障，如果没有为维护统治阶级意志和利益的社会治安秩序而实施的治安管理，国家其他行政管理诸如经济、教育、科技、文化、卫生等行政管理就难以进行。由此可见，治安管理在国家行政管理中占有重要地位。

## 二、治安管理的职能

治安管理的职能，是指治安管理的主体即公安机关根据国家赋予的职责，对国家和社会所应发挥的功能和作用。治安管理的职能是由治安管理的性质所决定的，它是治安管理性质的外在表现形式。对人民实行民主，对敌人实行专政，是社会主义国家的两项基本职能，但各个国家机关是在各自不同的职责范围内履行着民主与专政的国家职能，它们在贯彻实施这两大国家职能的同时，又履行着各自部门的具体职能。我国公安机关作为治安管理的主体，依据国家法律所赋予的职责权限，履行着治安管理的专门性职能，其职能内容主要有以下几个方面。

（一）安全防范的职能

为了维护符合统治阶级意志的社会秩序，保持社会稳定，创造一个良好的工作、生产、生活秩序。必须做好预防和制止危害公共安全，侵害公民人身、财产安全和合法权益的违法犯罪活动。因此，治安管理职能内容之一就是进行安全防范，维护社会治安秩序，对涉及或影响社会治安秩序的人、物、事等进行控制，从而防范各种刑事案件、治安案件、治安事件、治安灾害事故的发生，做到防患于未然，避免和减少损失和危害，为社会生产、工作、教学、科研以及人民群众生活创造良好的社会治安环境。治安安全防范除了做好一般预防、管理、指导、

［1］诺顿·朗：《权力和行政管理》，见斯蒂尔曼：《公共行政学》上册，李方译，中国社会科学出版社1988年版，第211页。

［2］张国庆主编：《行政管理学概论》，北京大学出版社2000年8月第2版，第102页。

宣传教育、治安巡逻等工作外，还应不断提高安全技术防范的能力，利用现代科技手段、方法，增加安全防范的技术含量，运用先进的安全防范器材、设备，增强防范能力。

(二) 保护公民合法权益的职能

我国宪法、法律规定公民享有政治、经济、人身、财产等广泛的权利，保护公民合法权益是治安管理的性质所决定的，也是治安管理机关的一项重要职责。治安管理活动必须从人民利益出发，把保护公民合法权益贯彻落实到治安管理活动中去。我国治安管理与人民群众的切身利益息息相关，其中有很多涉及保护公民合法权益的事项，如对户籍和居民身份的管理、确认、证明，为公民行使权利和履行义务提供法律保障；通过对特殊行业的管理，控制和防范违法犯罪可能发生的渠道，为人民群众提供良好的社会治安秩序；通过对危险物品的生产、使用、运输、储存的管理，有效地保护公民的人身和财产安全；通过加强消防监督和计算机安全管理，预防、查处容易引发危及公共安全的隐患，从而保护人民群众的合法权益；通过对基层治保组织的治安保卫指导，加强社区警务，提高人民群众的治安防范意识，为群众创造安居乐业的社会环境。

(三) 为社会服务的职能

"管理就是服务"，治安管理应当围绕和体现为国家经济建设、社会发展和人民群众的需要服务这一思想进行。在治安管理中，对户籍人口的管理，为国家提供人口统计资料；进行社会治安秩序的管理，为社会提供各种治安信息；采取安全技术防范措施，为群众提供安全保障服务；开展道路交通和消防安全监督管理，为社会提供交通安全和消防安全服务；参加调解民间纠纷、抢险救灾，进行治安巡逻等，为群众排忧解难；采取利民、便民措施，改善警民关系等，也具有重要意义。因此，为社会服务是治安管理最经常、最基本的职能。

(四) 惩处治安违法行为的职能

治安管理的惩处职能，是指公安机关在治安管理活动中，对于侵害公民合法权益、危害社会治安秩序、破坏社会稳定、威胁社会公共安全的各种违法犯罪行为和违反治安管理的行为，依照有关法律、法规，给予查处、惩戒和制裁的活动。这一职能是国家赋予公安机关的基本职责，是为保障国家和社会的政治经济秩序，治安管理机关依法行使的一项基本职权。治安管理的惩处职能，具体表现在依法查处各种治安案件、治安事件和治安灾害事故等。对于违反治安管理法律规范的各种行为，如卖淫、嫖娼，制造、吸食贩运毒品，制作、贩卖、传播淫秽物品，赌博、封建迷信活动等，都应受到查禁和惩处。治安管理与打击刑事犯罪的关系极为密切，违反治安管理的行为与刑事犯罪行为，虽然在性质上和程度上有所差异，但二者在表现形式上有许多共同之处，具有一定的关联性，在一定条件下，治安违法行为可以转化为刑事犯罪行为。因此，只有加强治安管理，依法惩处违反治安管理的行为，才能更有效地预防和打击刑事犯罪活动。

### 三、治安管理的任务

#### （一）维护社会稳定和治安秩序

任何一个社会的进步与发展，必须要有稳定的社会环境，如果社会动乱，社会各项事业的发展就不能顺利进行。社会稳定需要营造良好的社会治安秩序，这是稳定的基础，也是社会进步与发展的前提。维护社会稳定，保持符合统治阶级意志的良好的社会治安秩序，是治安管理的一项基本任务。

作为治安管理主体的公安机关，依法负有维护社会稳定和维持社会良好治安秩序的职责，应当以高度的政治敏感性和洞察力，密切注意社会动态，做好预防治安突发事件的准备，及时查处各种治安案件，处理治安事件，化解社会矛盾；应当完善各项治安管理制度，建立治安防范体系，依法采取有效的措施，维护社会治安秩序，进而保障社会稳定、经济繁荣及各项社会事业的发展。

#### （二）预防、遏制违法犯罪活动

违法犯罪是人类社会与生俱来的一个重要的社会问题，违法犯罪活动严重危害社会公共安全，破坏社会秩序，是造成社会不安定的主要因素。预防、遏制违法犯罪活动，加强社会治安治理等社会公共安全问题，已引起人们的高度重视，这是治安管理的一项重要任务。近年来，我国违法犯罪总体上呈增长态势，主要表现为暴力犯罪突出，集团犯罪和流窜犯罪增多，青少年犯罪严重，技能性和智能性犯罪明显增加，黑社会组织犯罪和跨国犯罪案件增多，农村刑事犯罪呈上升趋势等。因此，同违法犯罪活动的斗争是长期的，预防、遏制各种犯罪活动，是治安管理的长期任务。

在治安管理过程中对违法犯罪的预防、遏制，通过采取治安管理的手段、方法，严密各项治安制度，实施各种防范措施，以防止和减少犯罪，把违法犯罪的危害遏制到最低限度。治安管理侧重于安全防范，实行社会面的控制，堵塞犯罪渠道和漏洞，及时发现犯罪迹象，采取措施予以遏制。为此，应当认真落实对违法犯罪青少年的帮教措施，依法严格监督考察各类监管对象；完善各项安全防范措施，将人防、物防、技防有机结合起来，把犯罪活动消灭在预谋阶段，遏制在发案之初，降低对社会的危害；要及时发现、侦破属于治安管理部门管辖办理的刑事案件，依法惩处违法犯罪分子。

#### （三）预防和查处违反治安管理的行为

违反治安管理的行为是指扰乱社会秩序，妨害公共安全，侵犯公民人身权利和财产权利，尚不够刑事处罚，依法应当给予治安惩处的行为。在现实生活中，违反治安管理的行为经常发生，其数量多，涉及面广。虽然它与刑事犯罪行为是两种不同性质的行为，但二者之间具有一定的联系、衔接和转化的特点。一些违反治安管理的行为极易发展为触犯刑律的犯罪行为，由治安违法转变成犯罪。而且，违反治安管理的行为和治安案件的大量发生并呈上升趋势，已成为影响社会安定的一个突出问题。因此，预防和查处违反治安管理的行为，是治安管理的一项经常而又繁重的任务。

公安机关在预防和查处违反治安管理行为的过程中，应当广泛开展法制宣传教育，让广大群众了解和掌握有关治安管理法律、法规的基本精神和主要内容，增强人们的法制观念，自觉遵守治安管理法律、法规，勇于同违反治安管理的行为作斗争；应当加强各项专业管理，开展专项治理，严格各种治安管理制度，消除产生违反治安管理行为的诱因和条件；发挥专门机关的职能作用，公安机关与有关部门加强配合，协同行动，做好社会治安的综合治理，对发生的违反治安管理行为，做到及早发现，及时处理；坚持教育与处罚相结合的原则，对违反治安管理的行为人依法给予制裁。

#### （四）预防和查处治安灾害事故

治安灾害事故是指违反治安管理法律、法规，以及违反安全管理制度，造成人身伤亡或财产损失的事故。它包括火灾、爆炸、中毒、车祸、翻沉船、放射性和污染性伤害，以及因公共秩序混乱造成不特定人员挤压踩伤亡等事故。治安灾害事故是危害公共安全和人民生命财产安全的突出问题，其造成的人员伤亡和经济损失后果，往往比一起刑事犯罪和经济犯罪还要严重。随着我国社会主义市场经济和社会各项事业的迅速发展，经济交往日益活跃，交通运输愈加繁忙，各种易燃易爆和放射性、剧毒性等危险物品在经济建设和生产过程中广泛应用，使得治安灾害事故的因素增多，对社会公共安全和人民生命财产构成的威胁越来越大。因此，预防和查处各种治安灾害事故，是治安管理的一项重要任务。

为了有效地防止治安灾害事故的发生，要牢固树立预防为主的思想，广泛开展安全宣传教育，提高人民群众的安全责任意识；要建立健全各项安全管理制度，采取安全管理措施，及时消除不安全事故隐患，防患于未然；专门管理机关要对发生的治安灾害事故认真调查，找出原因，总结经验教训，采取应对措施，防止类似事故再次发生；对于事故的有关责任人，要依法予以查处。

## 第三节　治安管理的指导思想和原则

### 一、治安管理的指导思想

治安管理的指导思想是贯穿整个治安管理工作的总纲，公安机关在进行治安管理活动中，应当围绕着这个总纲。在不同的历史时期，国家的大政方针和工作重点有所调整，而治安管理的指导思想也应与之相适应。当前，我国处于社会主义初级阶段和改革发展建立社会主义市场经济体制的历史时期，社会治安面临着各种新的复杂问题。在新的形势下，治安管理必须明确自己的工作方向，确立治安管理总的指导思想。要把服从党的路线、方针、政策，服务于社会主义市场经济建设，作为当前我国治安管理的指导思想。

（一）服从党的路线、方针、政策

治安管理应当牢固树立服从党的路线、方针、政策的指导思想，在各项业务管理以及治安管理中所采取的各种具体方法、措施，必须服从和适应党的大政方针。在当前，就是要服从于以经济建设为中心，坚持四项基本原则，坚持改革开放的基本路线，从而适应社会各项事业的发展和建立社会主义市场经济体制的需要。

之所以要把服从党的路线、方针、政策作为治安管理的指导思想，其原因在于：首先，党的路线、方针、政策是搞好治安管理工作的根本保证。坚持和服从党对治安管理工作的绝对领导，是我国公安治安管理工作长期实践经验的总结，只有贯彻服从党的领导，治安管理工作才能明确方向，才能取得成效；党的领导是通过党的路线、方针、政策来实现的，因此，服从党的领导，就必须服从党的路线、方针、政策。其次，党的路线、方针、政策体现了我国新时期的总任务、总目标，治安管理作为国家管理的组成部分，应当围绕和服从国家总任务、总目标，因此，服从党的路线、方针、政策，是局部服从全面的需要。第三，党的路线、方针、政策集中体现了广大人民群众的根本利益，充分反映了人民群众意愿，治安管理的性质和根本目的就在于实现广大人民群众的意志和根本利益，因此，服从党的路线、方针、政策是治安管理工作性质的要求，也是实现其服务宗旨的需要。

（二）促进社会发展、服务于社会主义市场经济建设

治安管理应当有利于社会各项事业的发展，服务于社会主义市场经济建设。治安管理主体应当严格依据国家法律、法规、政策，积极主动地发挥管理和监督的职能作用，树立管理就是服务的意识，实施治安管理行为既要有利于社会发展，促进社会主义市场经济的建设的柔性手段，又要有取缔、制裁违法行为，预防和处理治安灾害事故的刚性手段，为社会主义市场经济建设和社会各项事业的发展营造良好的社会环境。

治安管理作为上层建筑的组成部分，对于促进社会发展，服务于社会主义市场经济建设是一项不可或缺的保障条件。它符合马克思主义的上层建筑与经济基础关系的原理，也是服从党的路线、方针、政策的延续。我国治安管理要从促进

社会发展、服务于社会主义市场经济建设的需要出发，制定各项治安管理的政策、规范，不断探索和采取符合新时期治安管理需要的措施，把治安管理纳入科学化、法制化、规范化的轨道，使其在社会发展和经济建设中发挥积极有效的作用。

## 二、治安管理的原则

治安管理的原则是指治安管理主体在治安管理中应遵循的基本准则，它贯穿于治安管理活动的始终，是治安管理实践活动的行为标准。我国治安管理的原则是在长期的治安管理活动实践的基础上逐步产生形成的，它反映了治安管理的客观规律，同时又对治安管理实践起着重要的指导作用。随着我国社会政治经济形势和治安管理工作的发展，治安管理原则的内容将会不断充实、完善，从而适应新时期治安管理的需要。当前，我国治安管理的原则主要有以下内容。

### (一) 严格依法管理的原则

严格依法管理就是要求治安管理主体，应当严格按照治安管理法律、法规、规章实施治安管理。由于治安管理的直接目的在于保护公民合法权益，保护公私财产的安全，维护社会秩序的稳定，维护国家和社会公共利益。因此，在治安管理中应当做到有法可依，有法必依，执法必严，违法必究；治安管理主体的一切活动，必须依法进行，严格按照法定权限和内容进行，不得违法乱纪、徇私枉法，更不能凌驾于法律之上；对于违反治安管理法律、法规、规章的行为，以及不能正确履行治安管理职责的治安管理主体及其人员，都应依法追究责任。

严格依法管理的基本要求是：应当建立健全治安管理法律规范，加强治安管理的立法，使治安管理活动有法可依；要增强治安管理主体及其人员的法制观念，提高法律素养和执法水平，做到公正、文明执法；要完善治安管理执法活动的监督机制，确保治安管理法律、法规、规章得以正确、有效的执行。

### (二) 预防为主，保障安全的原则

预防为主是指治安管理主体在查处违反治安管理行为和处置治安灾害事故的过程中，在处理预防和惩戒两方面的工作关系时，应当把预防置于主要地位，做到预防为主；保障安全是指各项治安管理业务活动都应从保障安全出发，采取各种措施，运用各种方法达到安全的目的，保障安全是治安管理的出发点和归宿。预防为主，保障安全，反映了治安管理的内在规律，二者相互依存，相互促进，密不可分；采取预防措施是为了保障安全；离开了保障安全这一目的，预防也就失去其意义。

坚持预防为主，保障安全原则的基本要求是：治安管理主体及其人员应当牢固树立预防为主，保障安全的意识，把治安管理的主要时间和精力放在预防上，主要抓好安全防范，落实防范措施，建立防范机制；要有安全防范的预见性，注

意发现危害安全的隐患，及时发现可能出现的治安问题，解决和处理不安全因素，堵塞漏洞，防患于未然，避免发生重大治安灾害事故和事件；搞好预防要制定和采取有针对性的措施，要从实际出发，切实有效地解决已经发生的治安问题，尽量减少损失和减轻危害程度。

（三）专门机关管理与依靠群众相结合的原则

专门机关管理是指公安机关作为治安管理的专门机关，依照法律赋予的治安管理职权，在法定职责范围内开展各种治安专业管理工作；依靠群众是指公安机关在治安管理活动中，应坚持群众路线，动员、组织和依靠群众，搞好治安管理工作，特别是做好群众性的治安保卫工作。治安管理坚持专门机关管理与依靠群众相结合，这是我国治安管理的优良传统和特色，也是公安工作基本方针在治安管理中的具体体现。治安管理既要由专门机关组织实施，又要发动群众、依靠群众进行，把专门机关的职能作用与广大群众的积极参与有机地结合起来，使治安管理建立在群众参与、配合、支持的基础上，这是搞好治安管理的保证。

坚持专门机关管理与依靠群众相结合原则的基本要求是：治安管理主体及其人员应当明确职责，依照法律规定，认真做好职责范围内的治安专业工作，治安专业管理工作应由专门机关去做；要树立群众观念，组织、指导、依靠群众做好群众性的治安保卫工作，大胆探索，不断创新依靠群众维护社会治安的新方法、新模式，使群众直接或间接地参加治安管理活动；要正确把握好专门机关管理与依靠群众的关系，既要防止和克服脱离群众的关门主义，又要防止和纠正削弱专门机关职能工作的倾向。

（四）公开管理与秘密工作相结合的原则

公开管理是指治安管理主体依据治安管理法律、法规、规章，在法定权限范围内，按照法定程序进行管理，做到宣传教育、监督检查、限制取缔和治安处罚等管理活动公开进行。公开管理是治安管理的基本要求和主要形式。秘密工作在治安管理中，主要是指建立和使用治安耳目、治安特情，对重点人口和重点场所采取秘密监控，对有关治安案件进行秘密侦查和调查等。公开管理与秘密工作相结合，就是要求在治安管理中，主要是依法公开管理，同时应强化秘密工作，二者必须紧密结合，不可偏废。治安管理的性质决定了必须坚持这项原则，如果只有公开管理而无秘密工作，就不能及时了解和掌握违法犯罪的秘密活动和隐蔽性，就不可能及时采取有针对性的措施加以制止和打击，治安管理则会陷于一般化。如果只有秘密工作而无公开管理，就会失去对社会面的控制力，使治安管理无法体现公安行政和治安管理法律规范的普遍性和强制性。因此，只有将二者有效的结合起来，才能取得治安管理预期的效果。

坚持公开管理与秘密工作相结合原则的基本要求是：治安管理主体在坚持公

开、公正依法办事的同时，应提高保密意识和秘密工作的能力，注意研究不同时期治安管理工作的复杂性和违法犯罪活动的隐蔽性，从而有针对性的开展秘密工作；在抓好公开依法管理的同时，要高度重视并做好重点人口管理和治安耳目的布建、使用等秘密工作；在公开管理工作中，也应注意部分环节的秘密属性，特别是在查处刑事案件、治安案件和处置治安事件、治安灾害事故等工作中，要注意把握对于有些调查、取证和侦查措施、方法等环节的秘密工作属性，使有效的秘密工作成为公开依法管理的必要条件和保障。

## 第四节 治安管理学的研究对象及其学科体系

### 一、治安管理学的研究对象

治安管理学是公安学科中一门新兴的综合性应用学科，它跨法学与管理学两大学科门类，又属于行政管理学的分支学科，是一门比较系统化的有着独特领域的理论、方法和知识的学科体系。治安管理学科的建立和发展首先必须对其基本概念和研究对象进行认知；明确该学科的研究对象，是构建学科体系的基础，也是界定该学科与其他学科的基本条件。“科学研究的区分，就是根据科学对象所具有的特殊的矛盾性。因此，对于某一现象领域所特有的某一种矛盾的研究，就构成某一门科学的对象。”〔1〕治安管理学的研究对象应当是治安管理领域的特殊现象和特有矛盾，也就是治安管理关系中各要素之间的特有矛盾，以及治安管理的行为、方法、过程和程序等特殊现象。将治安管理关系这一特殊的社会关系作为治安管理学的主要研究对象，是因为治安管理关系贯穿于整个治安管理活动的全部过程，它是构建治安管理学科的一条主线。

治安管理关系是指由治安管理法律规范所确认的，因治安管理主体即公安机关行使治安管理职权，在维护社会治安秩序的过程中，与其他社会主体包括公民、法人或其他组织之间所形成的特殊的社会关系。其特点在于：首先，治安管理关系是由治安管理法律规范所确认的，具有法律上的权利义务属性；其次，治安管理关系是因治安管理主体依法行使治安管理职权而形成的，具有职权属性；第三，治安管理关系是发生在治安管理主体即公安机关与其他社会主体即公民、法人或其他组织之间，他们均为治安管理关系的主体，主体具有特定性；第四，治安管理关系的客体即治安管理的对象具有多样性，包括行为、事件、物质、地域、时间、信息等；治安管理关系主体的行为，既有治安管理主体的组织、指

〔1〕《毛泽东选读》上册，人民出版社1986年10月第1版，第148页。

挥、监督、控制、处罚、强制、裁决、调解等行为，又有其他社会主体的遵守、执行、监督、协助等行为；既有合法行为，又有违法行为。

## 二、治安管理学的研究内容

治安管理属于国家公共行政管理，也是一种国家管理职能，通常指由治安管理主体即公安机关运用法律赋予的治安管理职权，在法定权限范围内，为实现符合统治阶级意志和利益的社会治安秩序状态，处理治安行政事务的过程和活动。因此，治安管理学主要应当反映治安管理主体实施治安管理的活动，并通过对这些活动的本质与现象、主体与客体、观念与技术、内容与形式、制度与过程、历史与未来的研究，认知治安管理的规律性，促进治安管理活动的科学化、法制化、规范化、合理化进程。治安管理学的研究内容主要包括以下几个方面：

### （一）治安管理的基本理论

研究有关政治学说、国家学说在治安管理中的运用，以及有关建立和完善治安管理制度的思想、理念、理论和方法；研究有关治安管理的基础性、支撑性概念，治安管理的职能、任务、作用、原则；研究治安管理关系理论，有关治安管理的主体及其组织体制，治安管理关系中的其他社会主体的权利与义务，各种主体的相互关系和相互作用，治安管理关系的客体诸要素的相互关系及其规律；研究各种治安管理现象，以及违反治安管理行为、治安事件、治安事故等治安问题的规律和特点。

### （二）治安管理的依据

治安管理的依据主要是法律规范，即由国家有权机关制定的有关治安管理的法律、法规、规章；此外，国家有权机关制定和发布的有关治安管理的规范性文件也是治安管理的重要依据。

### （三）治安管理的行为与方法

治安管理的行为与方法既是治安管理关系主体实施治安管理实践活动的基本内容，也是实现治安管理任务的基本措施和保证。治安管理学研究治安管理各项业务活动的基本内容和方式，治安管理的手段、方法和策略，治安管理的技术和技能，治安管理的实践经验和具体操作规范。

### （四）治安管理的历史与发展

研究中外治安管理的历史与现状及其发展规律；研究治安管理与相关学科的关系等。

## 三、治安管理学的学科体系与特点

治安管理学是一门理论与实践相结合的系统的科学，有其特定的研究对象；既有广博的理论知识，又表现为实际应用很强的特点，它以丰富的治安管理实践为基础，基本形成自己独立的理论体系、系统知识和操作技能。其学科体系主要由治安管理基础理论、治安管理法律规范、治安管理基本业务、治安管理行为方法、治安管理的技术技能等部分构成。

治安管理学的学科特点具体表现在以下方面：

1. 专业性。治安管理是国家管理的组成部分，是由专门机关实施的一类行政管理，有着特定的内容和形式。与此相适应，治安管理学必须研究治安管理的专业性问题，对各项专门性治安管理业务加以探讨，并以此完善和发展治安管理学的专业理论。

2. 系统性。治安管理是一个整体、有序、相互关联的活动过程，其管理功能和治安管理行为是按照一定的规范相互联系而展开的。与此相适应，治安管理学同样具有系统性的特点，只有通过系统的方法研究各种治安管理现象及其相互关系，才能有效地处理解决各种复杂的治安问题。

3. 实践性。治安管理是具体应用和实践性很强的行政管理活动，是一个实际运用的过程。治安管理学就是研究并且促使这一实践过程的合法、合理、有效，并从中寻找和发现问题，经过客观的分析和论证，进而提出有助于解决治安实际问题的对策。

4. 技术性。随着现代科技的发展，越来越多的科学技术方法和手段广泛运用于治安管理活动，诸如计算机技术、电子技术、安全防范技术等在治安管理中被普遍应用，治安管理离不开科学技术的方法和手段。治安管理学研究和解决治安管理过程中的问题，必须要有可靠的科学方法和技术，从而形成自己特有的技术方法和理论。

## 四、治安管理学与相关学科的关系

研究和学习治安管理学，需要认知和了解治安管理学与邻近学科的关系。因为，治安管理学学科的内涵及其意义都是建立在与其他学科相互联系、相互比较、彼此相交的关系基础上的。

### （一）治安管理学与行政管理学的关系

行政管理学是以公共行政制度及其运行机制等公共行政现象为主要研究对象，反映国家行政机关管理国家事务、社会事务和自身事务活动的一门综合性和动态性较强的理论与应用相结合的学科。从渊源上说，治安管理学是行政管理学的分支学科，是以研究国家行政机关中的公安机关在维护社会治安秩序的过程中，如何行使治安管理职权，履行治安管理职责，有效地实现治安管理目标，它是一门综合性、实践性、系统性较强的理论和应用学科。行政管理学与治安管理学二者的种属关系，决定了行政管理学的理论、思想、逻辑和方法，是治安管理学形成和发展的基础，对治安管理学具有统领和指导作用；治安管理学的研究和发展则对于充实行政管理学的内涵具有积极作用。

（二）治安管理学与政治学的关系

政治学主要研究国家的基本理论和制度，是研究国家起源、构成要素、体制、国家的政治原则、政治权力、政治制度，以及其他政治原理、原则和实践的学科。治安管理学研究体现国家治安管理职能和治安管理活动的制度和运行过程，反映属于国家活动范畴的治安管理，应当建立在政治学研究的基础上，充分应用和吸纳其政治原理、原则；因此，政治学理论对于研究和认知治安管理的政治属性，把握治安管理的本质、职能和作用具有指导意义。

（三）治安管理学与行政法学的关系

行政法学是以行政关系为研究对象，是有关行政权力的授予、行使以及对其进行监督为内容的一门法学学科。治安管理关系就其社会关系的类型来看，属于行政关系，是一种特定领域的行政关系；而且，治安管理又是法律管理，具有法律性质，治安管理法律规范属于行政法范畴，是作为行政法学的分支——公安行政法研究的内容。行政法学从整体上研究的行政主体和行政权力，对于治安管理学的研究有着指导意义；治安管理学则是研究具体的治安管理主体和治安管理职权；治安管理有赖于治安行政法律规范执行来实现其管理目标，行政法所确定的原则、方法、手段，是实现治安管理效能的必备条件；与此相适应，治安管理对于不断完善和充实行政法的内容具有积极作用。

（四）治安管理学与刑事侦查学的关系

刑事侦查学是以犯罪的规律和特点，侦查活动及其规律，侦查制度和侦查理论为研究对象的学科。它与治安管理学同属公安学科，均为政治性、实践性较强的公安类学科。治安管理学与刑事侦查学的关系极为密切，这是因为：二者研究的实施主体，有着共同性，公安机关是治安管理的主体，也是刑事侦查的主要机关；治安管理与刑事侦查活动的目的和任务具有一致性，侦查所追求的目的同样在于维护社会治安，通过打击犯罪，消除危害社会的各种危险和不安定因素；治安管理与刑事侦查活动的某些手段、方法、措施有着相同性，治安案件与刑事案件查处的所采取的技术手段和策略方法，现场勘查的方法、措施是相同的。但是，治安管理与刑事侦查活动所涉及和调整的社会关系性质有区别：前者属于行政管理关系，后者则是刑事司法关系；二者所针对的违法行为性质不同，前者属行政违法，后者则属刑事犯罪；二者措施、手段的强制程度不同，刑事侦查措施与手段较治安管理措施和手段程度更为严厉；法律后果不同，治安管理行为中的制裁、处罚具有惩戒性，是治安违法行为的后果，刑事强制措施则不具有终结性，它仅是刑事司法活动过程中的一个环节，为最终的司法审判作准备。

# 第二章　治安管理的历史发展

治安管理作为一种国家职能，历来都是统治阶级用以维护政治统治，保障社会安定的重要活动方式。我国治安管理的历史悠久，内容极其丰富，历代统治者都不断地对治安管理加以发展和强化。随着社会政治、经济的发展，治安管理也在不断充实和丰富其内容，在不同的历史时期，形成了具有不同特点的治安管理现象、内容、形式和制度。研究和学习治安管理的历史沿革，认知不同历史时期和不同社会制度下治安管理的性质、职能和特点，有助于人们总结治安管理的发展规律，借鉴和汲取治安管理的经验，探索和完善当前新的历史时期我国治安管理的运行机制和发展模式。

## 第一节　奴隶社会的治安管理

原始社会没有治安管理。因为，当时社会生产力极其低下，人们以血缘关系建立起的氏族社会内部生产资料共同占有，人们共同劳动，没有剩余产品和私有财产；当时没有阶级和国家，也没有军队、警察和法庭。由于社会生活极为简单，因而没有治安管理的需要，也就没有专门从事治安管理事务的组织和人员。

原始社会后期，随着生产力的发展，出现了私有制，社会分裂为对立的阶级，当阶级矛盾发展到不可调和的时候就产生了国家。随着国家的出现，统治阶级为了保护其阶级利益和统治秩序，就需要设置维护统治秩序的国家机器，需要进行治安管理。但是，古代治安管理的职能是寓于军事、司法、监察等国家职能之中的，在奴隶社会没有专门的治安管理机构，也没有专职的治安警察，不存在独立、完整的治安管理制度。

### 一、夏、商时期的治安管理

夏朝是中国历史上第一个奴隶制国家，夏朝设有后稷、司徒、秩宗、司马、士、共工等六卿，其中司徒的职责是负责纠处民事纷争，维护社会秩序，类似于治安管理和安全防范的职能；司马和士分别职掌军事和司法，负责部分治安管理职能。可见，当时治安管理的内容是寓于民事、军事和司法中的综合职能。夏禹时代，奚仲造车，出任车正，负责车辆管理，这表明夏朝已有交通管理职能的萌芽。据《左传·襄公四年》记载，夏时“有民千三百五十万三千九百十人”，表明夏已有了对户口人口的登记和统计。夏朝还制定有禹刑，对危及奴隶社会统治秩序的行为进行镇压和打击。

商朝的官职制度基本沿袭了夏，其治安管理的职能和形式与夏朝相似。为了维护奴隶主阶级的统治和社会秩序，商朝进一步强化国家机器，并假借天意，实行神权统治。此外，商朝建有专供传递公文的信使，办有为来往官员居住的旅馆，即驿传，表明商朝已有了对旅馆业的管理。

**二、西周、春秋时期的治安管理**

西周是中国奴隶制社会的鼎盛时期，为适应社会生产的发展和阶级统治的需要，国家职能有了进一步的发展和强化，作为履行国家职能的职官制度分工更加专门化，分别设置各种官吏，其中有职掌社会治安管理部分职能的官职。据《周礼》记载，西周设司民，掌登万民之数；设司虣掌宪市之政令，禁其斗嚣者、与其虣乱者、出入相陵犯者，以属游饮食于市者；设禁暴氏，掌禁庶民之乱暴力正者、挢诬犯禁着、作言语而不信者；设司爟，掌管火之政令；设野庐氏，管理道路交通。西周统治阶级在承袭了夏商奴隶主阶级统治的基础上，在统治方略上提出了“以德配天”、“明德慎罚”和“礼治”的思想，这也是实施治安管理的思想基础。对当时治安管理职能的发展与强化，以及治安管理内容、形式、范围逐步趋于专门化、制度化产生了很大的影响。

春秋时期是我国奴隶制社会走向瓦解的社会大变革时期。随着社会经济基础的变更，新兴的封建势力的趋长，使得当时社会上层建筑发生变革，在政治制度方面推行改革，治安管理的职能也随之有了进一步的发展。当时治安管理职能的分工，是在西周的基础上，得到进一步细化，设置了一些官吏分别执掌相应的治安管理事务，如负责街市巡逻、逮捕罪犯、打击不法行为的司稽；负责守望禁夜的司寤氏等。

奴隶社会是治安管理职能的萌芽时期，到了奴隶社会的晚期，治安管理职能有了一定的发展，出现了初步的职能分工。但是，这个时期治安管理的职能，是与司法、刑事、军事等其他职能交织在一起，或寓于其中的；治安管理的内容也是分散在其他国家职能之中，并未设置专门的治安管理机构。因此，这一时期的治安管理仅是初步的，其职能是与其他国家职能合为一体的。

## 第二节 封建社会的治安管理

中国封建社会经历了两千多年的历史，这一时期，国家机构设置逐步完善，各种国家职能不断详细化、制度化；治安管理职能也随之有了一定程度的发展，得以形成并趋于制度化。

### 一、秦、汉时期的治安管理

秦统一中国后，国家机器得到进一步的加强和完善，治安管理职能和机构有了较大的发展。秦汉时期，虽然治安与军事、司法等职能基本上混合在一起，但从中央到地方在官职设置上，已经有了初步的分工，掌管的职能也有了一定程度的独立。秦朝在中央设三公九卿，其中御史大夫、廷尉等负责主管司法和治安；在地方虽然各级行政长官仍对所辖区域的治安负责，但基层设置的尉及都亭、亭等官职和机构，具体负责维护秩序、调解纠纷、盘查行人和查禁盗贼等治安事务。

秦汉时期，统治阶级特别重视对户口的管理。秦朝建立了户籍制度，对所有人口造册登记，实行出生登记、死亡注销的管理等。为了使户籍管理更加严密，秦施行了“什伍连坐”制度，将居民按户编为“什”“伍”，以相检查；什伍之中一家违法犯罪，邻里负有连带责任。这实际上是此后整个封建社会和国民党统治时期所实行的保甲制度的雏形。汉朝较秦朝的户籍管理更为严格，户口登记更为详细，已出现了户等制的萌芽，户口迁移也已制度化；为了完善户口管理，汉朝还建有一套户口调查办法，称案比。案比之后造册，造册之后上计，上计之后要引导流民重新占籍。

秦汉在治安管理职能上的一个独创性的机构是亭。亭原是战国时期在边境设置的监视敌情的军事性机构，到秦汉时，在驿道、关隘、渡口、街道、市等都设有亭，已经发展为负责治安、盘查行人、调解纠纷、查禁盗贼、传递公文、管理集市等综合性功能机构，但其以管理治安、预防犯罪为首要职责。秦汉时期还重视对道路交通和旅馆业的管理，建立有消防管理制度和印章管理制度。诸如，秦修建了七条驰道，建立凭证通行制度；汉朝官印中开始有了章和印的区别；为防止火灾，加强对用火的管理，制定有防火规章制度，如立秋以后禁山放火烧荒，并建有防火报警的瞭望楼；汉朝在道路管理中，规定了右行制的城门通行规则；汉在治安管理机构设置上，将中尉改称为执金吾，“吾者，御也，掌执金萃，以御非常”，意为执掌武器，应付紧急非常事件。

总之，秦汉时期是中国封建社会的初创时期，这时治安管理的机构及其职能较以前有了很大发展，并对以后产生了一定影响，是我国古代治安管理体制的成型时期。

**二、唐、宋时期的治安管理**

唐朝是我国封建社会的鼎盛时期，这时的治安管理与其他国家职能一样，不仅沿袭了以前历代国家统治的基本做法，而且在此基础上有了进一步的发展和完善。从机构设置来看，唐朝在中央设有吏、户、礼、兵、刑、工六部，其中户部掌管户籍、赋税、财政等事务；在地方相应设有司户、司兵，司法，分别掌管户口、治安和捕盗，行使治安管理职能；在基层，四家为邻、百户为里、五里为乡，里设里正，负责查验户口、检查违法、催督赋役等；城市设坊正，农村设村正，以督察奸非。唐代全国设有许多供人安歇住宿的驿站，出现了经营典当业；由于火药技术被应用于军事，对城市建设中的防火得以重视，消防管理制度和防火安全措施，消防专用器材也有相应发展；并且实行严格的划分户口类别和评等定户制度，有严格禁止人口隐漏的各种规定。

宋朝的治安管理在唐朝的基础上有所发展，在中央，除六部中的户部、刑部的职能与治安管理有关外，还扩大了金吾卫的职能。在京师城内，设有坊的建制，城外设有八厢，掌民事斗讼。在地方，设有监视地方的巡检司，负责维护城市、驿道、河道、边境地区的治安，“巡逻州邑，捕捉盗贼”，并负责消防管理；地方还设有县尉司，负责维护县城、集市的社会治安。宋朝基层治安管理中普遍实行保甲制，规定十家为一保，五十家为一大保，选有保正、保丁，负责保内巡逻，追捕盗贼，收捕送官；保内有犯罪案件知而不告者，邻里连坐治罪。在消防管理方面，宋朝加强了对火灾的管理和控制，规定夜间不得用明火，对火灾肇事者严加处理；并改善建筑防火条件，建立专门救火的组织等。在交通管理方面，宋朝实行道路交通回避制度，即贱避贵、轻避重，少避长，来避去。在治安秩序管理方面，加强了对旅馆、典当铺、制造火药火器作坊等的重视和管理。

**三、元、明、清时期的治安管理**

元朝在中央除了户部、刑部职掌与治安管理有关的事务外，还沿袭了辽金制，专设警巡院和京城兵马指挥司，负责京师治安。在地方，分别设置录事司、判官和县尉，负责维护地方的治安秩序；设有巡检司，巡查地方治安，揖捕盗贼。元朝的治安管理职能较以前有所发展，元朝规定，没有官方发给的通行凭证，旅店不得留宿；为防止逃犯住宿，旅店要对住宿人的情况逐一登记；对于当铺业、官办妓院、罂粟的使用等，也有了一定的限制和管理；元朝根据职业把居民分为若干种户，诸如军户、站户、医户、匠户、盐户、儒户、僧户等，每种户对国家承担特定的义务，如军户出军、站户当差、僧道念经，其赋役负担各不相同；民户一经按业定籍，则世代相沿，不得擅改。

明朝治安管理职能的机构仍沿袭由六部中的户、兵、刑部分别掌管，在京师设五城兵马司，维护京师的治安秩序，负责夜间巡察、查稽户口、巡捕盗贼、疏理河道、防火灭火等；并协助刑部、都察院勘验押解犯人等。在地方，行政长官之下，府有捕盗通判，州有捕盗同知，县有判官、巡捕主薄，县以下基层，城内置坊，乡村恢复里甲制，负责民政、教化和社会秩序。明朝已出现当铺、典当等概念，典当活动比较活跃。明朝的官办妓院称乐坊。在明朝开始了鸦片的制做，鸦片在社会上有较广泛的供应，从宫廷到民间，形成了一个吃鸦片的阶层；虽然明后期禁令吸食鸦片，但于事无济。由于当时火药起火爆炸的事故相当严重，明朝重视加强火政和防火宣传。

清朝的国家机构除中央仍设六部外，在京师设置步军统领衙门，统率八旗步军营和绿营马步军巡捕五营，负责维护治安秩序。八旗军负责守卫内城，担负夜间巡逻、把守城门、捕盗、防火等；绿营兵负责外城的捕盗和近郊的治安秩序。此外，五城御史、五城兵马司，分别负责“缉捕盗贼，审理人命，盘狱幽人及禁约赌博、稽察奸宄”等，执行禁邪教、禁抢夺妇女及拐骗幼子、禁诈骗等禁令。地方在行政长官之下，设道员、巡检，负责当地的缉捕盗贼、盘诘奸宄。为了维护地方治安秩序，强化统治关系，清朝沿袭了保甲制度，并加以发展和完善，规定保正、甲长、牌头负责稽查户口，巡逻了望，缉捕盗匪以及查店等。保甲制度与连座制度相联结，保甲组织与团练相结合，成为清朝统治阶级用来强化治安控制和镇压人民的重要工具。随着外国势力的侵入，清后期已沦为半封建半殖民地社会，外国租界的出现，外国商人在中国开办工厂、旅馆，外国公司向中国倾销鸦片，并由此产生的吸毒等一系列社会现象，成为当时治安管理面临的难以解决的新问题。

中国封建社会的治安管理具有以下特点：

1. 从组织机构来看，封建社会的治安管理机构尚未形成独立的专门体系。虽然历代封建统治阶级注重国家机构的设置，从中央到地方均设有负责治安管理的机构和官职人员，并形成了一定的体系和规模。但是，这些国家机构并非专门负责治安管理的机构，没有形成独立的治安管理体系。

2. 从治安管理职能来看，封建社会的治安管理职能基本上没有从国家的军事、刑事、司法等职能中独立出来，负责治安管理的机构和人员是具有军事性质、刑事司法性质的机构和人员，治安管理的职能是与军事职能、刑事职能混合在一起的。

3. 从治安管理内容来看，中国封建社会的治安管理十分重视户籍管理和基层治安防范，历代封建统治者都将户籍管理置于重要地位，从机构的设置到基层保甲制度的建立，逐步得到完善和发展。无论历代封建统治机构如何变化，但其户口管理的部门和职能始终没有削弱，而且不断得到强化。

## 第三节　半殖民地半封建社会的治安管理

### 一、清朝末期的治安管理

鸦片战争后，在清朝末年戊戌变法和推行“新政”之后，清王朝为了维护其封建统治，开始效仿国外建立警察制度，成立专门警察机构。从此，近现代意义上的警察和治安管理制度逐步建立起来。

1898年，经清政府批准，在湖南长沙设立了保卫局，其职责为缉捕盗贼、清查户口、维护治安，是专门履行警察职能的机构，被认为是中国近代专职警察制度的开端。1901年，清政府下令创办巡警，设立了善后协巡营，后改称工巡总局，是具有警察性质的机构，下设巡警队，负责执行京城警察事务，兼管一般市政和司法职能。1902年，袁世凯在天津试办巡警局，之后各地仿照设立巡警局。1905年，清政府为了统一全国警政，在中央设立了巡警部，这是我国最早的中央警察机关；巡警部下设警政、警法、警保、警学、警务五司，负责全国警察事务。第二年在官制改革中，将巡警部改为民政部，其下设的警政司负责治安管理，民治司负责户籍管理。民政部还设有一消防公所，成立有专业消防队，负责消防管理事务。这时京师的工巡总局政称巡警总厅，设总务、行政、司法、卫生四处，下设若干分厅和分区，专门负责京师警政。其中行政处负责治安管理业务，掌管整饬风俗、维护治安、编查户口、稽核道路、工程等事项；司法处负责处理违警案件等。1907年，清政府把各地方省巡警总局改为巡警道，作为各省警政主管机关，州县的巡警局政为巡警署，负责当地的治安管理。

在建立近代警察机构的同时，清政府已在各地开办了警务学堂或巡警训练所，培养、训练警察官吏。并且，还颁行了一系列警察法规，涉及警察机构和组织编制，警察官吏的任用、奖惩、考核，以及有关户籍、交通、正俗、结社集会、营业、印刷、危险物品管理等多方面的治安管理事务。

### 二、北洋军阀时期的治安管理

1911年的辛亥革命，标志着中国两千多年封建统治的结束。但是，资产阶级革命的成果很快被以代表封建买办反动势力的北洋军阀政府所篡夺。北洋政府为巩固其反动统治，在清末警察制度的基础上，大力强化警察机构及其职能，治安管理也随之得到进一步发展。北洋政府负责治安管理的机构是内务部下设的警政司，主管全国的警察事务。原京师巡警总厅改为京师警察厅，直属内务部，负责管理京城的警察事务；其下设行政、司法、消防、勤务督察等处，下辖区警察署、警察分驻所、派出所等。执行治安管理职能的主要是行政、消防和勤务督察机构，它们分别负责保安、正俗、交通、户籍、警卫、营业、建筑以及防火、治安巡逻等警察事务。此外，还设有保安、消防、交通、侦巡等专业警察队。基本形成了一个完整的、多层次的治安管理体系。

北洋政府时期，地方省巡警道改为警察局，设有行政、司法、消防、勤务督察等部门，并建立各专业警察队；地方市、州、县的巡警署改为警察厅、警察事务所，分别管理所辖地区的治安事务，其内部和下属机构的设置，与京师警察厅的情况基本相同。为加强警察教育，北洋政府还集中设置警察学校，培养、训练警察人员。这一时期，北洋政府非常重视警察法的制定，颁行了大量有关治安管理方面的法规，其中《违警罚法》被认为是我国第一部治安管理处罚法规；此外，制定有《治安警察条例》、《户口调查规则》、《管理枪支规则》、《管理印刷营业规则》、《管理汽车规则》、《管理花炮规则》等许多专业治安管理法规，它们在我国治安管理史上具有一定影响。这一时期，地方的保卫团、保甲等作为警察的辅助组织，在维护地方治安秩序方面也负有职责并发挥一定的作用，有些地方出现了“警甲并立”、“警甲合一”的局面。

**三、国民党统治时期的治安管理**

在国民党统治时期，反动政权为了镇压人民革命，维护其反动统治秩序，更加重视警察的作用，其警察机构及其职能已扩展到空前的程度，治安管理也得到进一步强化。南京国民党政府成立后，1928 年中央警察机关由内务部改为内政部，下设警政司，直接管理全国警察事务。警政司下属机构分别负责消防、户口调查、违警处罚、危险物品取缔等事项。直至 1942 年，除设警政司外，另设有户政司，主要负责户口登记、统计、管理等。1946 年，警政司改为警察总署，下属机构由科改为处，分别负责各类治安管理事务。此时交通管理由隶属于交通部的交通警察总局负责。

国民党统治时期的地方各省设警务处，负责地方治安管理；县、市设公安局，分别负责所辖地区的治安管理，1937 年后改为警察局；县以下设警察所、警察分驻所及派出所，是基层治安管理机构。此外，各级警察组织中还建立有各种专门警察队伍，设有消防、交通、保安、水上警察队和巡逻队。国民党政府重视保甲制度，保甲组织严密，保甲协助警察“清查户口，稽相奸宄，搜捕罪犯，维护秩序”，是辅助警察镇压人民革命，维持反动统治的重要力量。这个时期还非常重视立法，先后公布施行的有关治安管理法规达 100 多项，将其治安管理活动用法律形式加以规范，提供依据。

## 第四节　新中国的治安管理

### 一、建国前人民民主政权的治安管理回顾

新中国的治安管理，是在继承了建国前人民民主政权的治安管理的基础上，建立和发展起来的。早在新民主主义革命的时期，1931 年 11 月在江西革命根据地成立了中华苏维埃共和国，从此开始创建警察组织，在临时中央政府内务部下设民警局，负责根据地的治安管理。抗日战争时期，抗日民主政权普遍建立，各边区人民政府下设民政、保安等机构履行警察职能，负责治安管理事务。民政部门主要负责户口调查统计、禁烟禁毒、维持治安秩序；保安部门负责侦查、锄奸工作等。这一时期，边区人民政府制定了一系列治安管理法规，如《陕甘宁边区违警处罚暂行条例》、《晋冀鲁豫边区违警处罚暂行办法》，以及有关禁烟禁毒、查处鸦片毒品、自卫武器登记管理等条例、办法等。解放战争时期，随着解放区的不断扩大，各解放区的警察组织逐步建立，各省、市、县的人民公安机关也相继产生。有关治安管理方面的工作包括户口、消防、交通管理，以及处理治安违警事件等。在新解放的城市，治安管理在军管会所属的公安机关领导下，逐步建立起新的户口管理、交通管理、市容管理等制度；开展对公共娱乐场所的管理、禁烟禁毒、枪支管理等工作，并配合军管会肃清残余反动分子，维护社会秩序，为巩固新生革命政权发挥了重要作用。这一时期，各地政府、军管会在治安管理方面还制定了大量涉及户口、交通、公共场所、特种营业、枪支等管理规则、办法，对于维护解放区的社会秩序和社会治安发挥了重要作用，并为建国以后制定有关治安管理法律、法规奠定了基础。

### 二、建国初期的治安管理

新中国成立后，我国人民公安和治安管理进入了新的时期。1949 年 10 月中央人民政府公安部成立，公安部下设治安行政局，各大区、省、市、县设公安厅、局，各级公安机关内设置治安部门，分别负责所辖地区的治安管理。城市街道、农村乡镇设公安派出所和公安特派员，负责基层治安工作，全国自上而下建立起各级治安管理机构，形成了完整的治安管理体系。建国初期，公安机关的主要任务是粉碎旧的警察专政机器，建立人民公安机关，发动群众肃清反动势力，建立新秩序，巩固人民民主政权。在城市搜捕敌特分子，镇压反革命的破坏活动；在农村和新解放区主要是清匪反霸，取缔各种反动封建的邦会道门。围绕公安机关的任务，各级治安管理部门不仅对于过去被列入特种营业的公共娱乐场所、饭店、旧货、典当、印铸刻字等行业进行管理，而且还根据当时稳定社会秩

序、打击敌特破坏、消除旧社会遗毒的需要，把其他公共场所、危险物品，以及火药、硫磺制造业等列入治安管理范围。建国初期，针对当时敌特分子破坏经济建设，进行暗杀活动，窃取情报机密，组织地下武装暴动，以及流氓、恶霸欺压群众，从事抢劫、偷窃等犯罪活动，严重危害人民政权和损害人民群众利益，危害人民群众生命财产安全的实际情况；各级治安管理部门配合整个公安工作，打击反革命破坏活动，打击盗匪和流氓集团，建立城市治安管理体系，开展调查户口、建设消防、管理交通等工作，加强基层治安组织建设，初步建立了正常的社会秩序。

1950 年 7 月至 8 月，公安部公开了第一次全国治安工作会议，总结了解放以来的治安管理工作成绩，确定了治安管理工作的任务，即运用人民警察的行政力量，依据党的政策和政府法令，依靠人民群众，主要采取公开的工作方式，取缔各种反革命破坏活动，同盗窃、流氓等各种破坏分子作斗争，同危害人民生命财产安全的火灾、爆炸、车祸等作斗争，管制一般反动分子。会议强调加强以户口管理为中心的派出所工作，制定了《户籍工作条例》，统一了全国户籍工作，同时开展防特、防盗、防火等工作。拟定了对特种行业管理、枪支管理、交通管理和违警处罚的办法、条例。初步建立和开展了治安管理的各项业务，全国大部分县市建立了户口管理制度，能够掌握社会动态，在限制敌对分子的破坏活动，配合隐蔽斗争方面发挥了一定作用；通过整顿和改造旧的交通、消防组织，改进了交通管理，建立了车辆管理制度，加强了对爆炸、易燃物品的管理，许多地方建立起群众性义务消防队伍，增强了对公共复杂场所的控制能力，为以后的治安管理工作打下了一个良好的基础。1953 年 9 月，公安部召开了第二次全国治安工作会议，总结了以往的治安管理工作经验，对已经初步建立起的户口、交通、消防和城市治安秩序管理工作、办法等治安管理的各项业务给予了肯定，提出了今后治安管理工作的要求，即继续提高户口、交通、消防等各项业务建设和组织建设，打击反革命和刑事犯罪的破坏活动，减少治安灾害事故，进一步巩固社会治安，保卫国家的经济建设，保卫人民的利益。会议明确了基层公安派出所的基本任务，强调了要巩固和加强群众性治安保卫组织的建设。根据会议的要求，治安管理部门一方面针对公开的反革命已大大减少、隐蔽战线敌情严重的情况，密切掌握敌情，利用公开的手段配合隐蔽斗争；另一方面针对在社会主义改造时期，社会矛盾和不安定因素增多的实际情况，广泛了解社会动态，开展调查研究，加强各方面的管理，消除和减少各种治安问题。此后，进一步加强治安管理各项业务建设，相继建立和完善户口、交通、消防、公共治安秩序、特种行业、危险物品等管理制度，开展经常性的管理活动；建立了以户口管理为中心，以派出所工作为基础，包括治安、刑侦、户籍、交通、消防等多部门共同构成的治安管理工作体系，使治安管理工作走上了正轨，治安管理在围绕以保卫国家经济建设的工作中得到稳步发展。

**三、社会主义建设时期的治安管理**

1956年党的八大提出了全面建设社会主义的总方针，根据八大会议的精神，1957年召开了全国公安会议，提出了公安工作的重点从主要是对敌斗争，开始转变为在加强对敌斗争的同时加强治安工作。进一步明确提出加强治安管理，巩固城乡社会秩序的措施，包括健全户口管理制度，整顿加加强消防管理，减少治安灾害事故等。20世纪60年代初，由于指导思想的偏差，经济上盲目冒进，加上自然灾害的影响，国民经济出现了严重的困难，曾一度出现了城乡治安秩序不好的局面，刑事案件上升，各种治安问题突出，治安事故、事件增多。针对这种情况，公安部于1963年9月召开了城市治安管理工作会议，提出了以城市为重点，进一步加强和提高城乡治安管理工作的要求。明确指出在配合打击刑事犯罪的同时，治安管理部门要严格区分两类不同性质的矛盾，对群众性的治安事件和一般违法行为加强教育，做耐心细致的思想转化工作，尽量化解矛盾。并且对管理教育违法犯罪青少年、户口管理、特种行业管理、公共秩序管理、交通管理、治安保卫组织建设等方面，都提出了有针对性的措施。经过广大治安民警和人民群众的努力工作，使当时复杂的治安问题得到迅速稳妥的解决，社会治安局面得以改善。

这个时期，为了适应形势的需要，公安机关把治安管理体系中的交通、消防等部门的管理内容进一步加强，突出其专业特点，使之逐渐形成为独立的管理体系，使治安管理的分工更加明确，职能作用更加强化。在总结治安管理实践经验的基础上，国家重视治安管理立法工作，制定了《人民警察条例》、《治安管理处罚条例》、《户口登记条例》、《消防监督条例》、《爆炸物品管理规则》等一批法律、法规，从而促进了治安管理的法制化、规范化。这一时期经过治安管理部门和广大治安民警的不懈努力，各项治安管理工作有力地配合了党和国家的中心工作，保卫和促进了社会主义建设事业的发展，维护了广大人民群众的利益，社会秩序良好，人民安居乐业，各种治安灾害事故和损失明显减少，出现了建国以来最好的治安形势。

十年动乱期间，治安管理工作遭到严重破坏，公安机关及其治安管理机构被砸烂，治安管理业务和专门工作被取消，治安管理的各种法规、制度遭到践踏，各种行之有效的治安管理方法、手段被废弃。在此期间，社会治安秩序出现混乱，刑事犯罪活动猖獗，治安事件和治安灾害事故大量增加，致使国家和人民群众的利益受到极大损害。尽管如此，广大治安民警仍坚持原则，坚持真理，通过各种方式和途径，与错误路线进行了不同程度的抵制和斗争，并在实际行动中积极维护社会治安秩序，尽量减少了刑事犯罪和治安灾害事故造成的危害，保障了人民群众的生命财产安全，艰难履行着治安管理的职责。在文革后期，特别是1973年召开的第16次全国公安会议之后，人们对极左思潮在公安战线的负面影响和造成的危害有了明确的认识，提出了全面恢复和加强消防、交通、户口、特种行业和公共场所等各业务的管理，整顿加强治保会；在组织上，撤销了文革以来对公安机关的军事管制，统一全国公安机关的体制，公安机关内部的各业务机构得以恢复和设置，治安管理工作开始得到复苏。

1976年10月粉碎“四人帮”结束了十年动乱。各条战线拨乱反正，全国政治经济形势迅速好转。1977年召开了第17次全国公安会议，彻底批判了林彪、“四人帮”反革命集团对公安工作的破坏和影响，提出全面恢复和健全治安管理的各项制度和组织机构，加强各项业务工作的基层基础工作，恢复和发扬公安机关的优良传统和作风。1978年8月召开了第三次全国治安工作会议，总结了建国以来治安管理工作正反两方面的经验教训，提出了在新的历史时期全面加强治安管理，明确了治安管理工作要实行“党委领导，依靠群众，预防为主，管理从严，及时打击，保障安全”的方针，并制定了城市治安管理工作细则，提出了整顿和加强治安管理工作的具体措施和方法。

**四、改革开放以来的治安管理**

1978年党的十一届三中全会以来，我国进入社会主义现代化建设的新时期，治安管理工作也呈现出新的历史转折，各级治安管理机构得以全面恢复和加强，治安管理体制逐步健全和理顺，各项治安管理业务得到开展，社会治安秩序明显好转。1979年4月，中央提出以城市为重点，整顿社会治安，并对社会治安实行综合治理的方针，组织和依靠社会各方面的力量，采取多种手段，解决社会治安问题，实现从根本上预防和打击违法犯罪，维护治安秩序，保障社会稳定。1983年8月，中央作出关于严厉打击刑事犯罪活动的决定，在全国范围内开展了持续三年的“严打”斗争。经过“严打”，基本上改变了社会治安因十年动乱而形成的不正常状况，实现了社会治安的持续稳定，巩固了安定团结的政治局面，保障了改革开放的顺利进行。1984年以后，各级公安机关的刑侦部门从治安部门分离，分别单独设立机构，对治安管理工作进行了一系列改革。在户籍管理方面，从服务于经济建设的中心出发，放宽了中小城市迁移落户条件，放宽限制；改革旅馆业等特种行业的管理，做到既有利于维护治安，又方便群众。1985年全国人大常委会制定了《居民身份证条例》，在全国范围内实行居民身份证制度。1986年10月国务院作出了改革道路交通管理体制的决定，全国城乡道路交通管理统一由公安机关负责。1986年7月公安部在总结一些城市开展治安巡逻经验的基础上，下发了《关于组建城市治安巡逻网的意见》；此后，又提出了

“以动态管理为主”的治安管理指导思想。在消防管理方面，建立了各种形式的消防安全承包责任制，引进了目标管理和全面质量管理的管理方法。在治安秩序管理方面，建立以110报警台为代表的动态治安管理机制，有效地处置了突发性治安事件，提高了公安机关的快速反应和整体作战能力。在治安基层基础工作方面，改革派出所工作，推行各种形式的治安保卫责任制，发动群众进行治安联防，有力地维护了社会治安秩序。

1992年10月党的十四大提出了建立社会主义市场经济体制的目标，我国社会主义建设事业进入了一个新的历史阶段。在社会主义市场经济条件下，随着经济、政治和社会各项事业的快速发展，对治安管理提出了新的要求和挑战。由于各项改革的不断深化，各种新的社会矛盾和社会热点问题也在不断增多，社会治安形势也呈现出新的特点。为此，治安管理部门积极改革探索新的管理方法和措施，建立打、防、控、管一体化的管理机制。1993年6月召开全国城市人民警察巡逻工作会议，确定建立城市民警巡逻体制；之后，公安部制定了《城市人民警察巡逻暂行规定》，规范了巡逻勤务方式。1996年8月在漳州召开全国城市110报警服务台建设工作现场会，以建立110报警系统为契机，推动治安快速反应机制的建设。1997年4月召开全国公安派出所工作会议，提出把公安派出所工作置于公安工作的战略位置，调整其工作重点，落实防范和管理责任制，加强社区安全建设，切实提高预防犯罪的能力，建立责任区民警责任制，努力实现“发案少、秩序好、群众满意”的目标。针对近年来各种群体性治安事件不断发生的情况，2000年4月公安部作出了《关于公安机关处置群体性治安事件规定》，从而为妥善处置群体性治安事件提供了依据。

改革开放以来，国家十分重视治安管理的立法，全国人大、国务院、公安部等有权机关制定的有关治安管理方面的法律、法规、部门规章的数量达百余件，内容涉及治安秩序管理、特种行业管理、公共安全管理、消防监督管理、道路交通管理、计算机安全监督管理等各方面，这些法律、法规、规章的制定实施，对于维护社会秩序和公共安全，保护公民合法权益，预防和减少违法犯罪，保障治安管理部门和治安民警依法管理，都发挥了重要作用。

# 第三章 治安管理法律规范

## 第一节 治安管理法律规范的概念

### 一、治安管理法律规范的涵义

治安管理法律规范是指由国家有权机关制定，旨在维护社会治安秩序，规定治安管理主体及其职权的设定和行使，调整治安管理关系的一系列法律、法规、规章的总称。对治安管理法律规范这个定义，从以下几方面加以理解：

1. 治安管理法律规范的制定主体是国家有权机关，即宪法、法律赋予制定法律、法规、规章的国家立法机关和国家行政机关。其他机关、组织制定或颁布的政策、文件等不属于治安管理法律规范的范畴。我国治安管理法律规范是我国法律体系中的组成部分，是由享有立法权的国家权力机关或国家行政机关依照法定程序制定的，它体现了广大人民群众在维护公共安全和社会治安秩序方面的意志和利益，并以国家强制力作保证。

2. 治安管理法律规范的制定目的是为了维护国家安全和社会治安秩序，为了保护公民、组织的合法权益，以及规范治安管理主体的行为和调整治安管理关系。治安管理法律规范与其他法律规范的主要区别在于，它的直接目的是维护社会治安秩序，调整对象是一种特殊的治安管理社会关系。

3. 治安管理法律规范是由一系列有关治安管理的法律、法规、规章构成的法律体系。治安管理法律规范的表现形式多样，既有中央国家机关制定的法律、行政法规和部门规章，又有地方国家机关制定的地方性法规和政府规章；其数量较多、专业性较强，调整的社会关系具有特殊性；内容涉及我国的治安管理基本目的、任务、原则，以及有关治安管理组织体制、职权、有关治安管理关系各方当事人的权利义务等。

### 二、治安管理法律规范的形式

#### （一）治安管理法律

治安管理法律是指由国家最高权力机关制定的有关治安管理的法律规范性文

件。我国治安管理法律包括由全国人民代表大会及其常务委员会制定的有关治安管理的法律，如规定治安管理职权的《人民警察法》，规定治安处罚的《治安管理处罚条例》，以及《集会游行示威法》、《枪支管理法》、《出入境管理法》、《消防法》、《全国人大常委会关于禁毒的决定》、《全国人大常委会关于严禁卖淫嫖娼的决定》等。治安管理法律在整个治安管理法律规范体系中的效力等级最高，是其他治安管理法规、规章的制定依据，对其他各类治安管理法律规范具有统领和制约作用。

### （二）治安管理行政法规

治安管理行政法规是指国家最高行政机关国务院，根据宪法和法律制定的有关治安管理的规范性法律文件的总称。治安管理行政法规在治安管理法律规范体系中居于承上启下的地位，它依据宪法、法律，并为了实施治安管理法律而制定，效力层级仅次于治安管理法律；同时治安管理行政法规又是治安管理行政规章和治安管理地方性法规的制定依据。治安管理行政法规除由国务院直接制定发布外，经由国务院批准发布的也属治安管理行政法规的范畴。我国治安管理行政法规数量较多，涉及治安管理各方面，是治安管理的重要法律依据。如《国务院关于劳动教养的决定》、《旅馆业治安管理办法》、《强制戒毒办法》、《印刷业管理条例》、《化学危险物品安全管理条例》、《道路交通管理条例》等。

### （三）治安管理部门规章

治安管理部门规章是指由公安部或国务院其他部门制定发布的有关治安管理的规范性法律文件的总称。治安管理部门规章数量多，在治安管理法律规范体系中占有较大比例，是治安管理的重要法律形式。它依据法律、行政法规制定，目的在于贯彻实施法律、行政法规，大都属于执行性的治安管理法律规范，其效力层级较低，涉及治安管理的具体内容，是治安管理的直接依据。如公安部制定的《群众性文化体育活动治安管理办法》、《居民身份证条例实施细则》、《交通违章处理程序规定》、《公共娱乐场所消防安全管理规定》、《边境管理区通行证管理办法》、《火灾事故调查规定》等，以及公安部与建设部联合制定的《城市出租汽车管理办法》，公安部与国内贸易部联合制定的《旧货流通管理办法》等。

### （四）治安管理地方性法规、规章

治安管理地方性法规是指由地方省级权力机关和部分市的权力机关制定的有关地方治安管理的规范性法律文件；治安管理地方政府规章是指由地方省级人民政府和部分市的人民政府制定的有关地方治安管理的规范性法律文件。治安管理地方性法规、规章是制定机关根据本地治安管理的实际需要，在不与宪法、法律、行政法规相抵触的前提下制定颁布的，适用于本行政区域的治安管理，是治安管理部门进行治安管理的重要依据之一。近年来，各地方重视地方性法规、规章的制定，出台了一大批有关治安管理的地方性法规、规章，在治安管理中发挥了重要作用。如陕西省第八届人大常委会通过的《陕西省禁止贩毒吸毒条例》、《陕西省禁止赌博条例》，陕西省政府制定的《陕西省暂住人口管理办法》，天津市政府制定的《剧毒物品治安安全管理办法》等。

## 三、治安管理法律规范的特征

治安管理法律规范在基本性质、内容、调整对象和调整手段以及表现形式等方面，具有以下特征：

### （一）政治性

治安管理法律规范富有很强的政治属性。它是由在政治上占统治地位的阶级为建立和维护符合其统治关系和阶级利益的需要而制定并实施的。治安管理法律规范是统治阶级巩固其政治统治的基本条件，反映了统治阶级的特殊利益和要求，维护着有利于统治阶级所需要的社会治安秩序。我国治安管理法律规范体现了广大人民群众的根本利益和共同意志，维护着有利于国家经济建设和社会发展所需要的社会治安秩序。

### （二）社会性

治安管理法律规范有着极为广泛的调整领域，涉及社会生活诸多方面。它所调整的社会治安秩序包括政治、经济、文化和人民群众生产、生活、工作等内容，与国家安全、社会公共利益、人民群众的人身及财产权益联系密切，具有广泛的社会属性。治安管理法律规范的实施不仅是公安机关治安管理部门的任务，它也是其他国家机关、社会组织以及每个公民应当遵守、执行的义务和责任。

### （三）技术性

治安管理法律规范调整的社会公共安全领域的技术性、专业性较强。随着现代科学技术的发展，治安管理大量引入、利用现代科技手段、方法，安全防范的科技含量不断提高。因此，治安管理法律规范所涉及的专业技术规范、专门技术手段和科学技术方法越来越得以显现。

### （四）强制性

治安管理法律规范与其他部门法相比而言，其中带有强制性的手段、措施和制裁方法较为突出。治安管理法律规范规定的主要执法主体公安机关的某些强制权，与其他行政执法主体相比具有独特性和专门性，如治安强制中对人身采取的约束、拘留、传唤等措施，是其他法律规范中所没有的。

### （五）数量多、形式各异

治安管理法律规范的数量众多，因为它所涉及的社会生活领域十分广泛，内容纷繁复杂；而且治安管理法律规范的立法主体多，各种立法主体制定的治安管理法律规范层次不同，效力有差别，调整范围各异。所以，治安管理法律规范表现出数量众多、形式各异的特征，它在整个警察法律规范中占有相当大的比例。

## 第二节　治安管理法律规范的内容

**一、公共安全与社会秩序管理法律规范**

公共安全与社会秩序管理法律规范是指为保障公共安全、维护社会公共秩序和社会正常生活秩序而制定的，有关调整公共场所、群众性文体活动、集会游行示威活动、社会复杂场所等治安管理关系的法律、法规、规章。由于公共安全和社会秩序管理是治安管理机关的经常性任务，这方面法律规范的制定与实施对于保障社会安定和人民群众的正常工作、生活非常必要。这方面的法律规范主要有：《集会游行示威法》、《娱乐场所管理条例》、《群众性文化体育活动治安管理办法》、《营业性歌舞娱乐场所管理办法》、《港口治安管理规定》、《公安机关处置群体性治安事件规定》、《客船治安管理规定》，以及有关文物、旅游、名胜游览区治安管理等方面的法律规范。

**二、特种行业管理法律规范**

特种行业管理法律规范主要是指涉及那些容易被违法犯罪分子利用的工商服务行业，如旅馆业、印刷印章业、旧货业、典当拍卖业等的治安管理法律、法规、规章。制定、实施特种行业管理的法律规范，对于保障合法经营，取缔非法经营，预防、查处各类治安灾害事故，预防、打击各种违法犯罪分子，保护人民群众的合法权益具有重要作用。有关这方面的法律规范主要有：《旅馆业治安管理办法》、《印刷业管理条例》、《废旧金属收购业治安管理办法》、《典当业治安管理办法》、《拍卖法》、《机动车修理业、报废机动车回收业治安管理办法》、《旧货流通管理办法》、《租赁房屋治安管理规定》等。

**三、危险物品管理法律规范**

危险物品管理法律规范是指涉及对社会安定构成危胁的物品，具有杀伤力、易燃易爆、腐蚀性、放射性物品的生产、储存、运输、购销、使用、销毁等实施安全管理、监督检查的法律、法规、规章。制定与实施危险物品管理法律规范，对于保障危险物品的生产、使用、流通、储存等环节的安全，防止危险物品引发治安灾害事故和刑事案件，维护社会秩序，保障人民群众的生命财产安全，保障社会主义经济建设的顺利进行，具有重要意义。有关这方面的法律规范主要有：《枪支管理法》、《化学危险品管理条例》、《民用爆炸物品管理条例》、《对部分刀具实行管制的暂行规定》、《放射性同位素与射线装置放射保护条例》、《猎枪弹具管理办法》、《放射事故管理规定》等。

## 四、道路交通管理法律规范

道路交通管理法律规范是指有关城市道路交通管理、公路交通管理、机动车交通管理、非机动机交通管理和步行交通管理等方面的法律、法规、规章。我国道路交通管理从性质上来讲属于治安管理的组成部分，是由公安交通管理机关具体负责，依法进行管理，其目的在于达到道路交通的安全、畅通、低公害、低能耗。有关这方面的法律规范主要有：《道路交通管理条例》、《道路交通事故处理办法》、《高速公路交通管理办法》、《机动车驾驶证管理办法》、《机动车驾驶员考试办法》、《机动车登记办法》、《交通事故处罚程序规定》、《道路交通事故处理程序规定》、《城市出租汽车管理暂行办法》、《城市机动车辆安全检验暂行标准》、《机动车辆安全技术检测站管理办法》等。此外，地方权力机关和地方政府结合地方实际，根据法律、行政法规，也制定了一批有关地方道路交通管理的地方性法规和政府规章。

## 五、消防管理法律规范

消防管理法律规范是指有关消防监督管理过程中的火灾预防与补救、消防组织与监督、消防技术器材装备、消防统计等一系列管理控制火灾业务内容的法律、法规、规章。消防监督管理是公安消防机关依法开展的一项专门工作，也属于治安管理的组成部分。有关消防监督管理的法律规范主要有：《消防法》、《公共娱乐场所消防安全管理规定》、《消防监督检查规定》、《火灾统计管理规定》、《火灾事故调查规定》、《集贸市场消防管理办法》、《易燃易爆化学物品消防安全监督管理办法》、《古建筑消防管理规则》、《仓库防火安全管理规则》、《高层建筑消防管理规则》、《城市消防规划建设管理规定》、《城市燃气安全管理规定》、《消防监督程序规定》等。

## 六、户政管理法律规范

户政管理法律规范是指有关公民身份、亲属关系和法定住址等一系列户籍制度管理的法律、法规、规章。户政管理是由公安户政管理机关依照有关法律规范进行的一项管理活动，是治安管理的重要内容。它对于证明公民身份、维护正常社会秩序和服务国家经济建设具有重要意义。有关户政管理的法律规范主要有：《户口登记条例》、《居民身份证条例》、《关于城镇暂住人口管理暂行规定》、《关于处理户口迁移的规定》、《暂住证申领办法》、《重点人口管理工作规定》等。

## 七、边防与出入境管理法律规范

边防与出入境管理法律规范是指有关边境管理、边防检查、边境涉外事务处理、公民出境入境管理等一系列法律、法规、规章。现行边防与出入境管理的法律规范主要有：《出境入境边防检查条例》、《中国公民出境入境管理法》及其实施细则、《外国人入境出境管理法》及其实施细则、《中国公民往来台湾地区管理办法》、《中国公民因私事往来香港地区或者澳门地区的暂行管理办法》、《关于出入境管理处罚和强制性管理措施执行程序的规定》、《关于处理涉外案件若干问题规定》等。

## 第三节 治安管理法律关系

### 一、治安管理法律关系的概念

治安管理法律关系是指由治安管理法律规范调整的，以治安管理主体与治安管理对象的权利义务为内容的，因行使治安管理职权而形成的社会关系。对这一定义从以下方面加以理解。

1. 治安管理法律关系是受治安管理法律规范调整和确认的一种社会关系。这种由治安管理法律规范调整的社会关系也就是治安管理关系。治安管理关系按照其在社会治安管理过程中的地位和作用的不同，其中一部分是受治安管理法律规范的调整，另一部分则不受治安管理法律规范的调整，而受政策、其他规范性文件的调整，以及受风俗习惯、道德关系的调整。受到治安管理法律规范调整的治安管理关系就形成为治安管理法律关系，这部分社会关系在治安管理活动中是大量的、普遍的。

2. 治安管理法律关系的内容是治安管理主体与治安管理对象的权利义务。治安管理法律规范设定公安机关是治安管理的主体，并赋予其治安管理职权，并对治安管理职权的行使和运用程序加以规范，规定其职权内容和责任后果。同时，治安管理法律规范也确定了对治安管理的对象包括公民和组织在治安管理关系中应享有的权利和应承担的义务。

3. 治安管理法律关系是治安管理主体与治安管理对象之间构成的法律关系。任何一种法律关系的构成都不是单方面的，必然要有相对的一方。治安管理法律关系是由行使治安管理职权的主体即公安机关，与治安管理职权作用的对象两者所构成的一种法律关系。这种法律关系一方面表现为管理与被管理的关系，支配与服从关系；另一方面也表现为法律关系中双方主体间的权利义务关系，任何一方在享有权利的同时必须承担义务，在承担义务的同时享有权利。

4. 治安管理法律关系是治安管理关系的法律化。治安管理法律关系与治安管理关系有着密切的联系，因为，治安管理关系是治安管理法律规范的调整对象，这种社会关系一旦被治安管理法律规范所调整，就成为治安管理法律关系。治安管理关系与治安管理法律关系的区别在于，治安管理关系是在治安管理职权行使过程中形成的一种社会关系，这是一种事实关系而非法律关系；而治安管理法律关系则是思想意志关系，是法律上的权利义务关系。另外，治安管理关系的范围要较治安管理法律关系为大，治安管理法律关系必然是治安管理关系，但治安管理关系并非都是治安管理法律关系。

## 二、治安管理法律关系的要素

### (一) 治安管理法律关系的主体

治安管理法律关系的主体是指治安管理法律关系的参加者。它是各种具体治安管理法律关系中享有权利和承担义务的当事人，包括治安管理主体即行使治安管理职权的公安机关，也包括治安管理的对象即公民、法人或其他组织。

治安管理法律关系的主体不同于治安管理主体。因为，治安管理主体是行使治安管理职权的主体，它必然是治安管理法律关系的主体，但仅仅是其中的一方主体。而治安管理法律关系主体是指法律关系的双方当事人，作为管理对象的另一方当事人，即公民、法人或其他组织也是治安管理法律关系的主体。由此可见，治安管理法律关系主体有两种，即治安管理主体和治安管理对象。治安管理主体是指行使治安管理职权的公安机关；治安管理对象，也称治安管理相对人，是指在治安管理法律关系中与治安管理主体相对的公民、法人、其他组织、外国人以及受委托的组织、人员等。

### (二) 治安管理法律关系的内容

治安管理法律关系的内容是指治安管理法律关系主体双方享有的权利和所承担的义务。

治安管理主体的权利主要有：治安管理规章和其他规范性文件的制定权、治安管理命令权、治安处理决定权、治安监督检查权、治安强制权、治安处罚权、治安裁决权、治安调解权、治安奖励权等。治安管理主体的义务主要有：执行治安管理法律规范，依法行使治安管理职权，履行法定管理职责，遵守法定程序，纠正违法和不当行为，依法赔偿、补偿等。不同层级的治安管理主体法律规范对其设定的权利义务不同；在不同的治安管理法律关系中，治安管理主体的权利义务也不同。

治安管理对象的权利主要有：参与治安管理的权利，依法受保障和受益的权利，依法获得救济的权利，以及请求权、监督权等。治安管理对象的义务主要有：遵守治安管理法律规范的义务，服从治安管理的义务，配合协助治安管理的义务等。

### (三) 治安管理法律关系的客体

治安管理法律关系的客体是指治安管理法律关系中主体双方的权利义务所指向的对象。治安管理法律关系的客体包括：行为、物及物质利益、精神财富或智力成果。

行为是指治安管理法律关系主体有目的、有意识的活动，如治安管理主体的监督检查行为，紧急状态下的调用、征用行为，指挥疏导交通的行为等；治安管理对象的协助证明行为，参与治安防范的行为，以及交通违章行为，扰乱社会秩序的行为，侵犯他人人身权、财产权的行为等。治安管理法律关系客体中的行为包括合法行为与违法行为，作为与不作为等。

物及物质财富是客观存在的、本身没有意识的物品。治安管理法律关系客体中的物及物质财富，往往成为主体之间权利义务关系的对象。如枪支、管制刀具、化学危险物品、文物、道路等均可成为主体权利义务指向的对象。

精神财富或智力成果包括发明、专利、计算机软件等。根据治安管理法律规范的规定，有些精神财富或智力成果受到保护，有的则受到限制禁止。它们均可作为治安管理法律关系主体权利义务的对象。

## 第四节　治安管理法律规范的地位和作用

### 一、治安管理法律规范在法律体系中的地位

法律体系是由各级各类法律规范有序组成的统一体。这些法律规范分属不同层级，调整着不同领域，规范着不同的内容。治安管理法律规范调整着治安管理领域中的治安管理关系，规范治安管理主体及其职权的设定、行使等内容，它是我国法律体系中的组成部分。根据法学理论，作为国家根本法的宪法是法律体系中地位最高、调整范围最广的第一层次的法律；刑法、民法、行政法等基本部门法，属第二层次的法律；行政法体系中又可划分为经济、文教、环保、工商、税务、公安等部门行政法，它们在法律体系中属第三层次的法律；而治安管理法律规范则是公安行政法以及警察法的一个重要分支和组成部分，它所调整的治安管理关系是一个重要且十分广泛的社会关系领域，主要以规定治安管理职权的取得、行使及对其监督为内容的法律规范。从治安管理法律规范调整的对象和内容的重要性、广泛性和相对独立性来看，它在我国法律体系中应当占有重要的地位。

### 二、治安管理法律规范的作用

1. 维护公共利益和社会治安秩序。随着社会的发展，在社会生活的各个领域中，各种社会问题、社会关系越来越多并愈加复杂，对人们生活的影响作用也越来越大。这些社会现象、社会问题和社会关系需要通过法律规范加以调整。治安管理法律规范就是用以调整治安管理领域中的各种社会关系的，从而保护支持有利于维护社会公共利益，促进社会政治、经济的进步和发展，制止危害公共利

益的违法行为，实现社会治安秩序的稳定。

2. 保护公民、法人和其他组织的合法权益。治安管理法律规范赋予治安管理主体通过行使治安管理职权，对公民、法人和其他组织的合法权益予以积极地保护，对于损害社会公共利益和他人合法权益的行为依法予以打击制裁，保护公民、法人和其他组织的合法权益。并且，规范治安管理职权的合法、合理行使，对违法行使或滥用权力造成治安管理相对人合法权益受损害的，给予补救。

3. 制裁处罚治安违法行为。治安管理法律规范是国家有权机关依照法定权限和程序制定的法律、法规、规章，具有普遍约束力和强制性。它是治安管理主体制裁惩处治安违法行为的直接法律依据，对于治安管理过程中的违法行为，依法应当受到惩戒制裁，及其承担相应的法律责任。治安处罚是法律责任形式中的一种制裁措施，也是行政制裁中程度较为严厉的形式。通过惩处制裁治安违法，达到维护良好社会治安秩序的目的。

# 第四章　治安管理主体

## 第一节　治安管理主体概述

### 一、治安管理主体的概念

所谓治安管理主体，是指在治安管理关系中，依法享有治安管理职权，履行治安管理职能，主动实施治安管理活动的组织。治安学研究的治安管理主体，是在对国家和社会组织研究的基础上，通过对不同组织的性质、职能、特征、责任能力为对象进行研究，分析、归纳治安管理主体不同于其他组织的特殊性。治安管理主体这个概念具有以下内涵：

第一，治安管理主体是依法享有治安管理职权的组织。在治安管理主体中，既有主管治安管理的公安机关及其所属的治安管理机构、部门，也有其他社会组织。公安机关及其所属的治安管理部门是治安管理的主管机关，法律赋予其治安管理职权，使得它成为最主要的治安管理主体。其他社会组织能否成为治安管理主体，应当以其是否取得治安管理职权为先决条件，只有依法取得了治安管理职权后，才可以成为治安管理主体。从治安管理作为国家的一种职能的角度来看，公安机关及其所属的治安管理部门之外的社会组织，并非治安管理职权的享有者。但是，面对纷繁复杂的社会治安管理事务和不断发展变化的社会治安管理形势，有必要将部分治安管理职权通过法定形式授予公安机关之外的其他社会组织行使。如《治安管理处罚条例》规定，没有设置公安派出所的乡镇人民政府行使部分治安处罚权；《村民委员会组织法》规定，村民委员会设治安保卫组织，负责治安保卫工作；《治安保卫委员会暂行组织条例》规定在企事业等基层单位，设置维护社会治安秩序的群众性治安保卫组织，并赋予其一定的治安管理权限；此外，在一些基层单位设置的保卫部门依法享有部分内部治安管理权。因此，其他社会组织依法取得治安管理职权，可以成为治安管理主体。也可以称之为“准治安管理主体”，即它们在程度上虽不完全具备治安管理主体的资格和权能，但可以作为治安管理主体来看待。

第二，治安管理主体既是治安管理关系的当事人，又是治安管理职能的承担者。治安管理主体首先是治安管理关系中的一方当事人，它在与治安管理的对象即公民、法人或其他组织之间形成的治安管理关系中，处于组织、指挥和管理的地位，这种治安管理关系经由法律确认和调整后，则上升为法律上的权利义务关系。此时，治安管理主体享有法定治安管理职权，同时承担着法定义务；它在行使自己法定职权的同时，必须履行自己的法定职责，并对其治安管理行为后果负责，承担相应的法律责任。

第三，治安管理主体是治安管理活动的主动实施者。治安管理活动是以解决治安管理关系中的问题，以及处理特定社会治安现象、矛盾、问题的社会实践活动。在治安管理实践活动中，治安管理主体是具体的实施者，具有主动性。治安管理主体应当主动地运用治安管理职权，并不能消极或者放弃法定职权；通过运用各种治安管理的行为、措施、方法，积极有效地实现治安管理的目的。当然，治安管理主体实施治安管理活动离不开对具体管理措施和方法的选择运用，选择和使用各种具体的管理措施和管理方法，是治安管理主体能动性得以发挥的过程。要使治安管理主体能动性得到最大程度的发挥，治安管理效果得到社会普遍认可，取决于治安管理主体的管理目标和指导思想明确，行为措施有效，权责利分配恰当，以及法律规范健全，自由裁量的运作过程合理。

## 二、治安管理主体的分类

根据治安管理主体的法律地位、组织性质、管理职责为划分标准，可以将治安管理主体分为以下类型。

1．根据治安管理主体的法律地位不同，可以分为中央治安管理机关和地方各级治安管理机关。中央治安管理机关是国务院公安部，它是全国治安管理的最高领导机关；地方各级治安管理机关包括省级公安机关、市级公安机关和县级公安机关，它们是同级人民政府的职能部门，分别管理本行政区域内的治安管理事务。

2．根据治安管理主体的组织性质不同，可以分为治安管理机关、治安管理机构和群众性治安保卫组织。治安管理机关是指中央和地方各级公安机关，它们是国务院和地方各级人民政府的职能部门，是依法设置的国家行政机关，也是履行治安管理职能的法定主体；治安管理机构是指各级公安机关所属的治安管理业务部门，包括治安、户政、交通、消防等机构、部门，以及县市公安机关的派出机构公安派出所，它们是直接实施治安管理的组织，是依法行使所在公安机关治安管理职权的主体；群众性治安保卫组织是指依照有关法律、法规享有部分治安管理职能的组织，是在公安机关指导下，协助公安机关维护社会治安的组织，它们只有在法律授权或法定委托的情况下，才可成为治安管理主体。目前这类治安管理主体，主要是企事业单位内部保卫组织，群众性治安防范组织，以及社会保安服务组织。

3. 根据治安管理主体的具体业务不同，可以分为社会公共秩序管理部门、特种行业管理部门、危险物品管理部门、户政管理部门、道路交通管理部门、消防监督管理部门、计算机安全监督管理部门以及社会安全防范监督管理部门等。

4. 根据治安管理主体的职责和功能不同，可以分为治安管理决策指挥机关、治安管理执行实施机构、治安管理其他辅助组织。

### 三、确立治安管理主体概念的意义

治安管理主体是对治安管理组织资格的确定。哪些国家行政机关、行政机构和社会组织享有法律赋予的治安管理资格和权能，是治安管理学应当研究的重要问题。因此，只有确定治安管理主体不同的法律地位、资格权能，明确它们享有的治安管理权限范围和权力内容，以及相互之间的关系，才能使不同的治安管理主体做到正确、合理、充分地行使治安管理职权，有效地履行治安管理职责。

1. 保证治安管理主体依法行使职权。由于不同法律地位、不同层级的治安管理主体存在着性质、权限上的差别，因而，它们进行治安管理的范围和效力有所不同，权限范围和职责内容也存在着差异。如中央治安管理机关与地方治安管理机关，在权限职责方面有着明显的区别；治安管理机关与其所属治安管理机构之间，治安管理机构与群众性治安保卫组织之间，均存在着管理职责和管理权限上的差异。因此，依法确定不同治安管理主体的地位，对于明确其治安管理的权限，防止超越权限和滥用权力十分必要。

2. 保证治安管理主体管理目标的确定和实现。治安管理主体的管理活动有一定的目标，不同治安管理主体的管理目标和任务应当有所不同。只有根据治安管理主体的实际情况，科学合理地确立治安管理目标，才能保证其管理目标的实现和任务的完成。如果对不同的治安管理主体制定相同的管理目标，或者不考虑治安管理主体的不同地位、职责，以及不同的实际情况而制定管理目标，就不可能达到预期的效果。因此，研究治安管理主体，对于保证治安管理任务的完成很有必要。

3. 保证有效监督治安管理主体的活动。治安管理主体的治安管理活动需要进行监督，针对不同治安管理主体，监督的内容、方式有所不同。对治安管理机关和治安管理机构的监督，就不同于对治安保卫组织的监督；对高层级治安管理机关的监督，就不同于对基层治安管理机构的监督。

## 第二节　治安管理机构

所谓治安管理机构，是指公安机关内部设置的负责治安管理的业务部门，它是旨在维护社会治安秩序、履行治安管理职能的专门组织。治安管理机构是一种治安管理主体，它有广义和狭义之分：广义的治安管理机构包括各级公安机关所属的治安管理、户政管理、交通管理、消防管理等部门；狭义的治安管理机构专指公安机关的治安管理部门。治安管理学通常是从广义上理解治安管理机构的。

### 一、中央治安管理机构及其职责

中央治安管理机构是指国务院公安部所属的治安、交通、消防、户政、出入境等业务部门，它们是主管全国治安管理的领导机构。其主要职责是：

1. 研究和制定全国性治安管理的方针、政策和原则，并组织贯彻执行。

2. 草拟全国性的治安管理法律规范性文件，分别提请国家有权机关制定、审核、批准或通过颁布实施。

3. 制定全国性的治安管理规划、工作要点以及各时期的工作任务，调查研究全国的治安状况，检查、指导全国的治安管理工作。

4. 指导全国治安管理的业务建设，队伍建设和后勤保障建设。

5. 统计、分析全国治安案件、治安事件、治安灾害事故和其他社会治安情况，掌握各种违法犯罪活动的情况和社会治安动向，并提出相应的对策和措施。

### 二、省级治安管理机构及其职责

省、自治区、直辖市的公安厅、局是同级人民政府的职能部门，是省级治安管理机关。省级公安机关所属的治安局处（总队）、交通管理局（总队）、消防局（总队）、户政处等业务部门，是省级治安管理机构，它们分别管理本行政区各项治安管理业务。其主要职责是：

1. 根据上级治安管理机关、治安管理机构制定的治安管理方针、政策和原则，结合本地区的实际情况，组织贯彻执行。

2. 贯彻实施治安管理法律、法规、规章，并结合本地区实际情况，制定有关实施细则、实施办法以及补充规定，报请省级权力机关或省级人民政府批准实施。

3. 制定本地区治安管理的规划、工作要点，布置不同时期的治安管理工作任务，指导本地区治安管理工作。

4. 指导下级治安管理机关、治安管理机构的队伍建设和业务建设，负责本地区警用器械和装备的规划、配备和管理。

5. 统计、分析本地区治安案件、治安事件、治安灾害事故以及其他社会治安情况，根据违法犯罪活动情况和社会治安动向，制定相应的对策和措施。

6. 指导和组织协调本地区、跨地区的有重大影响的治安案件和治安灾害事故的查处工作。

**三、市级治安管理机构及其职责**

市、地、州公安机关是同级人民政府的职能部门，也是地方治安管理机关。市级公安机关下设治安管理支队（处科）、户政管理处（科）、交通警察支队、消防支队等业务部门，是市级治安管理机构，它们分别管理本地区各项治安管理业务。其主要职责是：

1. 贯彻执行上级机关制定的治安管理方针、政策、原则和决定、指示、命令，实施治安管理法律、法规、规章，组织实施具体的治安管理业务活动。

2. 结合本地区的实际情况，制定治安管理的规划和工作要点，布置、指导本地区治安管理工作。

3. 指导下级治安管理机关和治安管理机构的业务建设、队伍建设；组织社会各方面的力量，开展社会治安综合治理。

4. 负责本地区治安案件、治安事件、治安灾害事故以及其他治安信息的统计和综合分析，根据社会治安情况，制定相应的对策和措施。

5. 指导和组织对本地区有重大影响的治安灾害事故的查处工作；组织力量查破本地区有重大影响的治安案件和治安事件。

**四、县级治安管理机构及其职责**

县级公安机关是同级人民政府的职能部门，也是治安管理的基层机关和具体执行机关。县级公安机关下属的治安科（队）、户政科、交通警察大队、消防科（队）等业务部门，是县级治安管理机构，它们分别负责各项具体的治安管理业务。其主要职责是：

1. 贯彻执行治安管理法律、法规、规章，执行上级机关治安管理的方针、政策，以及上级机关的决定、指示和命令。

2. 结合本地区治安管理的实际情况，制定治安管理的实施计划和方案，组织、实施公共秩序管理、特种行业管理、危险物品管理、户政管理、消防管理、道路交通管理等各项具体管理业务。

3. 组织查破治安案件、治安事件和治安灾害事故，实施执行治安处罚。

4. 指导基层治安管理工作和群众性安全防范工作；组织社会各方面力量，开展社会治安综合治理。

5. 统计、分析本地区违法犯罪情况和社会治安动向；根据本地区社会治安具体情况，制定相应的对策和方案。

6. 指导基层治安管理机构和群众性治安保卫组织，开展治安管理和安全防范工作。

## 五、基层治安管理机构

基层治安管理机构是指市、县级公安机关下属的公安派出所、治安检查站、治安拘留所、收容教育所、强制戒毒所、治安巡逻队、防暴队等，它们是市、县公安机关的派出机构，依法行使所在公安机关的治安管理职权，实施具体的治安管理业务。

### (一) 公安派出所

公安派出所是县级公安机关的派出机构，是具有综合功能的治安管理基层组织机构。公安派出所是根据工作需要、方便群众、布局合理的原则设置的。除地方公安机关下设的公安派出所外，在铁路、交通、林业、民航等公安机关系统内，设置有专门公安派出所。

公安派出所治安管理的主要职责是：进行人口管理，企事业单位治安管理，特种行业管理，复杂场所的公共秩序管理，危险物品管理，消防监督管理等；同时开展安全防范工作，预防各种违法犯罪和治安灾害事故的发生。

公安派出所为了完成治安管理的任务，实施各种警察业务活动的程式和规则的勤务制度，实行规范化管理，从而促进勤政廉政建设，改善警民关系，更好地发动组织群众，共同维护社会治安；为了提高工作效率，增强管理和防范能力，把警力投在社会面上，实行动态管理；派出所民警做到一警多用，提高民警素质和整体作战能力，实行巡逻勤务制度。此外，公安派出所还建立有岗位责任制度、信息收集制度、联系配合制度、请示报告制度、奖励制度等。

### (二) 治安检查站

治安检查站是公安机关为维护城市社会治安，设在大城市周围主要交通道口，用以检查过往行人和车辆、船只的站、所。它是公安机关的派出机构，通常按公安派出所一级建制，由所在公安机关领导和布置日常治安检查工作。

治安检查站的主要任务是：盘查可疑人员、物品和车辆，防范、发现违法犯罪；根据上级指令和通缉、通报，及时堵截被通缉、通报的罪犯；查缉赃物，检查取缔非法运输的枪支弹药、易燃易爆等危险品，以及其他违禁物品；维护当地的治安秩序，处理扰乱治安、影响交通安全畅通的违法活动；协助公安交通管理部门，检查各种机动车辆的安全状况，防范有安全隐患的车辆进入城市。

### (二) 治安拘留所

治安拘留所是公安机关对被处以治安拘留的人员执行拘留处罚的场所。治安拘留所是由县级公安机关设置的治安管理机构。相当于县级的铁路、民航等专门公安机关根据需要，经省级公安机关批准，也可设置治安拘留所。治安拘留所实行所长负责制，根据需要配备一定数量的男、女民警。

治安拘留所的主要管理职责是：对被拘留人员进行法律、道德教育，组织其参加适当的劳动，建立和实施值班制度、岗位责任制度、登记制度，依法保护被拘留人员的申诉、检举、揭发和通信等权利，对违法违纪的被拘留人员及时报送上级主管部门处理。

（三）收容教育所

收容教育所是公安机关对卖淫、嫖娼人员集中进行教育矫治的场所。收容教育所由省、市公安机关决定，报同级人民政府批准设立，属于公安机关的下属机构，也是一种治安管理机构。收容教育所实行所长负责制，根据需要配备一定数量的男、女民警以及医务工作人员。

收容教育所对被收容人员进行法律和道德教育，组织被收容人员参加生产劳动，劳动收入主要用于被收容人员的生活、医疗、学习费用；对被收容人员进行性病检查和治疗。收容教育所应设置收容室和教育、学习、劳动、医疗、文体活动等场所，建立和实施值班制度、岗位责任制度、出入登记制度、报送制度等。

（四）强制戒毒所

强制戒毒所是公安机关对吸食、注射毒品成瘾的人员进行强制性戒毒的专门场所。强制戒毒所由县以上公安机关提出方案，报同级人民政府批准设立；它是公安机关的下属机构，也是一种治安管理机构。强制性戒毒由公安机关负责，卫生、民政等部门予以配合。强制戒毒所实行所长负责制，根据需要配备一定数量的男、女民警和医务工作人员。

强制戒毒所通过对戒毒人员进行药物、心理治疗和法制、道德教育，组织戒毒人员参加适度的劳动，使其戒除毒瘾、矫正吸毒恶习。强制戒毒所应设置治疗、教育、活动场地，开辟劳动场所；建立和实施值班、岗位责任、出入登记等各项管理制度。

（五）治安巡逻组织

根据新时期治安形势的需要，为了提高公安机关对付突发事件的能力，经国务院批准，从1990年开始在重点城市组建治安巡逻组织，称为巡警队、防暴队、特警队等。它们是公安机关的下属机构，也是一种治安管理机构。治安巡逻组织主要担负城市的巡逻任务，维护社会治安，具有实战性、应急性的特点。

治安巡逻组织的主要职责是：维护社会治安秩序，预防和制止违法犯罪和违反治安管理的行为；处置动乱、骚乱事件；制止和处置非法集会、游行、示威活动，以及严重流氓滋扰、聚众哄抢国家财产、群众性械斗等严重危害社会治安的重大事件；参加处置灾害事故，维护秩序、抢救人员和财产；维护重大政治活动、重要节日活动、大型文体活动以及合法的集会、游行、示威活动秩序，处置突发事件的发生；进行经常性的治安巡逻，接受报警，处置治安紧急事件，及时救援群众危难等。

## 第三节 群众性治安保卫组织

群众性治安保卫组织也称社会治安防范组织，它相对于治安管理机关和治安管理机构而言，其性质属于社会自治组织，并非国家行政机关或行政机构。因此，它并不当然享有国家治安管理职能和治安管理行政职权。但是，群众性治安保卫组织之所以能够作为一种特殊的治安管理主体，只有在特定情形下，经过法定授权或委托，履行部分治安管理职能，行使有限的治安管理职权。目前，依法能够作为治安管理主体的群众性治安保卫组织主要有：单位内部保卫组织，群众性治安防范组织和社会保安服务组织。

### 一、企事业单位保卫组织

企事业单位保卫组织是在各类企事业单位内部设置的安全防范机构，其性质是内部保卫组织，在公安机关指导下和本单位领导下，负责本单位内部治安保卫工作。这种组织形式是由企事业单位根据实际需要，按照“精干高效，运转灵活”的原则设立，其人事管理和经费来源由本位负责和解决。其安全防范管理职责和治安保卫业务活动范围，限于本单位内部的安全防范和事故预防。这种企事业单位安全保卫组织由来已久，在我国长期沿用，被认为是我国警务体制和治安管理中的一个组成部分，它们在治安管理活动中发挥着重要的作用。企事业单位保卫组织在内部治安保卫工作中的主要职责是：

1. 贯彻执行有关治安保卫工作的法律、法规和规定，执行公安机关及其治安管理部门作出的有关单位内部安全防范的决定、指示。

2. 开展法制教育和安全防范教育，制订和落实内部安全保卫工作制度。

3. 预防和制止违法犯罪行为，维护单位内部的治安秩序；落实防火、防盗抢、防爆炸、防破坏、防诈骗、防窃密等治安防范措施。

4. 及时向公安机关报告发生在单位内部的刑事案件、治安案件、治安事故，并负责保护现场。

5. 调解、疏导内部纠纷，协助公安机关查处单位内发生的刑事案件和治安案件；协助公安机关管理本单位的集体户口、暂住人口和其他外来人员。

6. 协助公安机关监督、考察、教育本单位被管制、剥夺政治权利、缓刑、假释、监外执行的人员，以及被监视居住、取保候审和劳动教养所外执行的人员。

7. 参与所在地区的社会治安综合治理工作，以及承担其他治安保卫任务。

## 二、群众性治安防范组织

群众性治安防范组织是指建立、设置在机关、企事业单位、城市居民委员会、农村村民委员会的治安保卫委员会、治安联防队、义务消防队等。群众性治安防范组织是一种不脱产的、维护社会治安秩序的群众性治安保卫组织；由所在单位和当地公安机关领导、指导，开展治安防范工作，是公安机关联系群众的纽带和治安保卫的辅助力量。

治安保卫委员会的主要任务是：向群众进行法制教育和安全防范宣传教育，组织群众开展治安巡逻、看门护院、安全检查等群防群治工作，做好防火、防盗、防破坏、防其他治安灾害事故的工作；协助公安机关对有轻微违法犯罪行为的人进行教育、挽救工作，协助公安机关和其他部门做好民间纠纷的调解和教育疏导工作，协助公安机关保护发案现场，提供破案线索；协助公安机关依法对被管制、被剥夺政治权利、假释、缓刑和监外执行的罪犯，以及被监视居住的人进行监督、教育、考察。

治安联防队是在公安机关指导下，由基层单位、街道、乡村的人民群众参加的，维护当地社会治安秩序的群众性防范组织。治安联防队一般按公安派出所辖区组建，由有关单位和居民委员会参加，成员由单位派人，或从本地区居民和待业青年中聘用。治安联防队的主要任务是：协助公安机关维护社会治安秩序，向群众宣传治安管理法律规范；在公安机关组织带领下进行治安巡逻，预防不安全事故的发生，消除隐患，保护国家、集体和人民群众的财产及人身安全；对违反治安管理行为进行劝阻、制止，发现违法犯罪活动或犯罪嫌疑人员，扭送交由公安机关处理，向公安机关报告社会治安动向和情况。

## 三、保安服务公司

保安服务公司是一种企业性质的安全防范服务组织，实行有偿安全保卫服务，为客户提供安全保护，协助公安机关维护社会治安秩序，其业务活动由公安机关指导和监督。创办保安服务公司需经公安机关审批，并经工商管理机关注册登记，发给营业执照后，方可开展业务活动。保安人员要经过专门培训，经考试合格上岗。

保安服务公司的安全防范服务内容主要有：通过签订合同的方式，为客户提供门卫、守护、内部巡逻，为展览、展销、营业性文体活动提供安全服务，为客户押送现金、贵重物资和危险品，为个人提供仅限于维护合法权益的安全服务，承担安全技术防范设备的设计、安装、维修和咨询，经销或提供各种安全技术防范设备和器材，应客户要求并有能力承担其他安全服务项目。

保安人员可以配备非杀伤性防卫工具和通讯、报警用具，担负守护银行、重要仓库和运输押送货币、贵重物资任务的，经批准后可以配备一定数量的枪支。保安人员执勤时统一着装，佩带标志。保安公司和保安人员不得提供私人保镖服务，不允许参与客户的经济纠纷和催款讨债。

# 第五章　治安管理职权

## 第一节　治安管理职权概述

### 一、治安管理职权的涵义

所谓治安管理职权，是指治安管理主体为有效维护社会治安，执行治安管理法律规范，依靠特定的强制手段，实施社会治安管理的一种资格和权能。一切的治安管理活动，无论是领导决策，还是组织实施，都是通过治安管理职权的运行来实现的。如果治安管理主体缺乏相应的职权，那么它在治安管理中就会失去实际的效力，就很难发挥应有的作用。因而，治安管理职权是治安管理的基础。作为一种权力现象，治安管理职权与国家行政权力、警察权力有着密切的联系，被认为是国家行政权和警察权的具体配置和转化形式，既有一般行政权的共同特征，又有着不同于其他行政职权的特殊内容和功能。对治安管理职权的这一定义，从以下几个方面理解。

第一，治安管理职权的享有者是治安管理主体。通常人们对治安管理职权的享有者的理解是不尽一致的，有狭义和广义之分。狭义的理解认为，治安管理职权的享有者，即职权主体，应该是国家机关中专司治安管理职能的公安机关，也就是治安管理机关。原因在于，公安机关具有行使国家权力的资格和能力，至于其他行政机构包括治安管理机构，以及其他社会组织，包括群众性治安保卫组织，由于不具备国家权力主体资格和条件，它们不能作为治安管理职权的享有者。也就是说，治安管理职权的主体只能是公安机关，即治安管理机关。广义的理解认为，治安管理职能不仅是治安管理机关的职能，它还普遍存在于其他社会公共组织当中；治安管理职权主要是治安管理机关及其治安管理机构的职权，但它在一定条件下也可以由其他公共组织行使。因为，除了公安机关即治安管理机关之外，各种治安管理机构，以及群众性治安保卫组织，它们也会有治安管理的职责，业务活动主要是进行治安管理，仅仅是治安管理的权限范围、管理的具体内容有所差异而已，应当做为治安管理的主体。所以说，治安管理职权的享有者，即治安管理职权的主体，不应作狭义的限定，而应当宽泛，既包括治安管理机关，也包括治安管理机构和群众性治安保卫组织。

我们认为，对治安管理职权享有者的理解，不能完全限于国家行政机关中的公安机关，也不能完全等同享有行政职权的行政主体。而是以其是否负有治安管理职责，是否作为实施治安管理活动的专门机关、专门机构和其他专门组织为界定的主要标准。所以说，治安管理职权的享有者并非只是单一的治安管理机关，还应当包括其他治安管理主体。

第二，设定治安管理职权的目的在于贯彻执行治安管理法律规范，有效地实现广大人民群众所需要的社会治安管理秩序。我国是人民民主专政的社会主义国家，国家制定的治安管理法律规范体现了人民的意志和利益，维系着广大人民所需要的社会治安状态，这也是治安管理职权体现社会公共性、获得合法性的基础。因此，治安管理主体运用治安管理职权，执行国家意志，维护社会公共利益，实现人民群众所期望的良好的社会治安状态，就成为治安管理职权的根本目标。治安管理职权作为执行性权力，它在实现维护社会治安秩序的过程中必须体现出有效性，也就是说，赋予治安管理职权切实可行，富有成效的职权内容，才能实现设定治安管理职权的目的。

第三，治安管理职权主要是以强制性的作用方式实施治安管理的。治安管理职权不仅需要合法性的基础，同时也离不开必要的强制手段。强制力作为治安管理的一种基本依靠力量经常存在，治安管理的有效实施总是以国家强制力的威慑作用为后盾的。治安管理职权相对于其他行政职权来说，它往往是以强制方法和手段实现其权力内容的，明显地反映出强制性的特征。治安管理职权由法律设定，并以国家法律为后盾和法律强制力的支持，它在实施过程中所采用的治安处罚、治安强制措施、紧急状态处置措施等职权手段，均明显地体现了强制性的特点。

第四，治安管理职权作用的对象具有普遍性，职权客体具有广泛性。各种社会主体，即公民、法人或其他组织，均可成为治安管理职权作用的对象。治安管理职权作用的对象即职权客体，涉及治安管理主体所管辖的所有领域，以及治安管理过程中的各种行为、物质和精神财富。治安管理职权作为行政管理职权的重要组成部分，通过对全社会的普遍作用，体现出其权力客体的普遍性。它不像其他社会组织的权力只限于一定的范围，只作用于某一单独的组织或团体及其成员。治安管理职权则普遍作用于整个社会，各种社会组织及其成员凡涉及治安管理事务或领域的，都将成为治安管理职权的客体。但是应当看到，治安管理职权在普遍作用于整个社会的同时，必须依治安管理事务的性质来确定自己的权力限度。也就是说，只有治安管理职权涉及治安管理事务的权力客体，才能作为自己的权力领域。

## 二、治安管理职权的特征

通过对治安管理职权涵义的认识，可以看出，治安管理职权有着一般行政管理职权所表现出的法定性、强制性、普遍性的特点。同时也看到，治安管理职权有其独特的结构，与其他行政管理职权相比较，还有着独自的特征。

### （一）社会公共性

治安管理职权作为一种公共管理职权，属于社会公共权力。它的实施是为了维护国家安全和社会治安秩序，为了保护公民、法人或其他组织的合法权益；集中体现了为公共秩序管理和社会大众服务的特点。无论是从治安管理职权的设定，还是治安管理职权的运作实施，其目的都在于维护国家和社会公共利益，而这种公共利益又是广大人民群众利益制度化的表现。作为公共权力之一的治安管理职权，就是实现公共利益的一种重要手段。

### （二）独立自主性

治安管理职权具有相对的独立性、自主性。一方面，它相对于社会组织或个体的权力来说，具有独立自主性。因为，作为一种公共权力所代表和体现的公共利益，是独立于各种社会组织或个体形式存在的特殊利益之外；这种公共权力所体现的公共利益，应当高于个体或团体利益，治安管理职权应该免受个别势力的直接干预。另一方面，它对于其他国家行政职权来说，具有独立自主性。因为，各种国家职权执行管理国家事务和社会公共事务的功能不同，治安管理职权有自己相对独立的作用领域和作用对象。作为一种法律的执行权力，它是由治安管理法律规范加以确立，与其他国家职权存在着不同的分工，实施目标有所差异，它们各自的职权内容，以及职权形式有所区别。此外，治安管理职权本身所具有的操作性、技术性和事务性，也说明它是一种独立自主的职权。

### （三）单方主动性

治安管理职权的单方性表现为，在治安管理关系中，拥有和行使职权的主体只能是一方，即治安管理主体；职权作用的对象不能够拥有和行使治安管理职权。治安管理主体在运用和实施职权的过程中，体现了其单方面的意思表示，无须征得职权作用对象的同意，治安管理关系的对方应当服从和遵守。由此可见，它反映了一种并非对等的权力关系，这是由治安管理法律规范预先对治安管理职权运行的状态加以确定的。治安管理职权的主动性，是指职权的行使是主动积极的，而不是消极被动的。因为，这种职权是与国家法律所规定的治安管理职权以及治安管理主体的任务相联系的。职权不是孤立存在的，它意味着相应的职责，而职责的履行不是消极被动的，必须积极主动地按照法定的目的、内容、方式来行使；治安管理主体既不能消极行使职权，更不能随意转让或放弃职权。

#### （四）手段多样性

治安管理职权的实施手段有着多样性，是因为它涉及社会许多方面，治安管理的内容极其丰富，管理事项呈现多样化，单一的职权手段无法适从。从治安管理职权功能来看，既有制定规范、决策、指挥、命令，又有执行、裁决、处罚、强制、处置等方法、手段、措施；从其内容来看，既有涉及公共秩序、危险物品、特种行业、户政等管理事项，又有道路交通、消防监督、边防外事、计算机安全监督、治安保卫指导等专门管理业务。对此，治安管理职权必须针对不同的管理事项，不同的职权作用要求，相应地采取不同的手段、方法、措施。既有刚性的强制手段，又有柔性的非强制手段；既有处罚、强制措施，又有指导、调解和说服教育的方法；既有抽象的制定规范、作出决定、发布命令等形式，又有具体的执行、处置、检查、监督等措施。所以说，治安管理职权的实现手段呈现多样性的特点。

### 三、治安管理职权与其他权力的关系

#### （一）与警察权的关系

治安管理职权是警察权的具体配置和转化形式，从属于警察权，与警察权有着密切的联系。一般认为，警察权是警察机关依法实施警务活动的资格和权能。它所涉及的权力范围广，权力内容多，调整的社会关系领域相对庞杂，被认为是各种警察职权的集合体。主要包括治安管理职权、刑事侦查职权等。治安管理职权则为具体的治安管理机关、治安管理机构和治安保卫组织等治安管理主体所拥有的职权，是各类治安管理主体实施治安管理活动所具有的资格和权能。各项具体的治安管理职权与各类治安管理主体的法律地位、组织性质、职责范围和管理任务相适应；不同的治安管理主体所拥有的职权内容和权限范围有所不同。

#### （二）与行政权的关系

行政权是由法律赋予行政机关执行法律规范，实施行政管理活动的权力，是国家政权的组成部分。治安管理职权与行政权都是来源于法律的确认或规定，均属于国家管理和服务社会的公共权力，都具有法定性、公共性、强制命令性、普遍性等特征。但是，行政权内容多而复杂，是各类国家行政机关管理国家事务的权力，是各种行政职权的集合体。而治安管理职权则是治安管理主体所拥有的，与治安管理主体的目标、职责相适应的权能，既是行政职权的组成部分，也是行政权的具体配置形式。

#### （三）与刑事职权的关系

刑事职权是指公安、司法机关为履行国家赋予的刑事司法职能，依照刑事法律规范，在刑事侦查、诉讼、执行过程中行使的职权。它是有关国家机关为履行

刑事职能所具有的资格和权能。治安管理职权与刑事职权虽都是国家职权的具体转化形式，职权主体有部分重合，但并不完全相同。除此以外，这两种职权所实施的权力客体，即职权对象的性质不同，治安管理职权是针对治安管理关系中的相对方主体，而刑事职权则针对刑事关系中的犯罪嫌疑人；二者适用的法律规范不同，治安管理职权适用治安管理法律规范，刑事职权则适用刑事法律规范；二者运用的职权手段和措施不同，治安管理职权主要适用行政管理手段，以及具体的治安管理措施、方法，刑事职权则采用刑事制裁手段和刑事强制方法。

## 第二节　治安管理职权的类型

### 一、普遍的治安管理职权

所谓普遍的治安管理职权，是指治安管理主体以不特定的人或事为管理对象，实施的具有普遍约束力的治安管理职权。其特征在于，职权所针对的是不特定的人或事，职权效力具有普遍性。这类职权形式主要有：

#### （一）制规权

治安管理制规权，是指制定治安管理规章和规范性文件的权力。它是由治安管理机关，依法定权限和程序，制定治安管理规章和规范性文件的职权。根据宪法、法律规定，拥有治安管理制规权的主体是中央治安管理机关及其所属治安管理机构，以及地方县以上治安管理机关及其所属治安管理机构。但是，依法有权制定治安管理部门规章的主体，只能是中央治安管理机关，即公安部，其他治安管理机关、治安管理机构可以制定治安管理的规范性文件。

#### （二）命令权

治安管理命令权，是指治安管理主体依照治安管理法律规范，对治安管理关系中的相对一方当事人，作出的某种命令或发布指令的权力。治安管理命令权具有规范性，它要求权力对象必须作出某种行为或不得作出某种行为，允许或者禁止权力对象履行或者变更某种权利义务关系。如治安管理主体命令任何人不准生产、销售、使用管制刀具，禁止制造、贩卖、运输、吸食毒品，禁止无证驾驶，禁止非法入境等，均为限制、禁止性命令。再如要求权力对象登记、申报、申领有关经营许可证、安全证、准运证、暂住证等，均为要求权力对象积极作为的命令。命令权根据权力对象是否具体特定，可以分为普遍性的命令权和特定的命令权。

#### （三）指挥权

治安管理指挥权，是指治安管理主体在治安管理活动中，为协调某些治安管理关系或某些治安管理事项，依法行使的职权。对于治安管理指挥权的法定性要求，权力对象必须遵守和服从，不得拒绝拖延，否则要承担相应的法律责任。指挥权经常表现为说服、劝阻、要求、责令、通知、告示等形式，虽是一种劝导和说服，但仍以强制力作保障。治安管理指挥权在一般情况下，是针对普遍对象而实施的，如在道路交通管理中的协调、疏导，在紧急事件中的调动人力、物力，实施交通管制、禁止通行、紧急援救的措施等；也有在特定情况下，针对具体组织、个人或事件而实施的。

#### （四）指导监督权

治安管理的指导监督权，是指治安管理主体在治安管理过程中，对治安管理关系当事人执行治安管理法律规范和有关管理制度的情况，进行的检查、督促，提出整改要求，消除治安隐患的职权。如指导基层组织的治安防范工作，监督防火规范的落实情况，检查、指导计算机信息系统安全保护工作等。

### 二、具体的治安管理职权

所谓具体的治安管理职权，是指治安管理主体在治安管理过程中，针对特定的人或事实施的，直接影响其权利义务内容的权力。这类职权形式主要有：

#### （一）执行权

治安管理执行权，是指治安管理主体为实施法律、法规或上级机关的决定、命令，依法对治安管理关系的对象采取的具体执行措施的权力。例如，对拒不交纳罚款的扣押财物折抵，对拒绝交纳罚款的执行交纳，执行扣押、查封，查验许可证、暂住证，审核验收化学危险物品场所，查验居民身份证等。治安管理执行权直接体现为治安管理主体与相对人之间的命令与服从关系，是基于法律、法规的规定，由治安管理主体及其人员直接实施的。治安管理执行权根据强制程度的不同，可以分为一般执行和强制执行。一般执行是指不附加特殊强制手段的执行，如执行检查、审核、检验等；强制执行是指带有强制手段的执行，如对醉酒者的约束，对财物的强制扣押查封，对违法建筑的强行拆除，收容教育违法人员等，强制执行往往是以当事人不履行法定义务为前提条件。

#### （二）许可权

治安管理许可权，是指治安管理主体应治安管理关系中对方当事人的申请，通过颁发许可证、执照等形式，依法赋予其从事某种活动的资格或实施某种行为的能力的职权。这种职权的实施，必须以对方提出申请为前提，治安管理主体不能主动予以许可。常见的许可有集会、游行、示威许可，占道许可，经营特种行业许可，驾驶许可等。此外，治安管理许可必须有特定的形式要件，这种形式要件主要是许可证、执照。这便于治安管理主体对获得许可者与未获得许可的社会主体加以区别，也便于对它们进行监督检查。

### （三）确认权

治安管理确认权，是指治安管理主体依法对治安管理关系中的相对人的法律地位、法律关系和事实进行甄别，给予确定、认可、证明的职权。治安管理确认权是针对治安管理法律规范所规定的需确认的事项，并根据法定条件和程序实施的。治安管理主体通过确定某种特定的事实或法律关系是否存在，从而达到确定或否定当事人法律地位或权利义务的目的。如户籍管理中对家庭成员关系的确认，对当事人姓名、年龄等的证明，对身份、出生死亡的证明，对交通事故等级、责任的认定等。

### （四）调解权

治安管理调解权，是指治安管理主体为了解决和处理发生在治安管理过程中特定的民事纠纷，依法采取说服、教育的方法，使纠纷双方当事人在自愿的基础上达成调解协议，实现和解的职权。治安调解是在治安管理主体的主持下进行的，目的在于解决发生在治安管理过程中特定的民事纠纷，如对交通事故损害赔偿的调解，对违反治安管理需要赔偿和负担医疗费用的调解等。治安调解所要解决的民事纠纷，通常与当事人的治安违法行为相联系，治安管理主体在依法制裁和处理违法行为的前提下进行调解。治安管理调解权的实施，必须依照法定范围、内容和程序进行，以双方当事人自愿为基础，采取说服教育的方法进行。

### （五）裁决权

治安管理裁决权有广义和狭义之分。广义的治安管理裁决权，是指治安管理主体依法对治安管理中所发生的行政争议和部分民事争议进行处理并作出决定的权力。狭义的治安管理裁决权，是指对发生在治安管理活动中的平等主体间的民事争议进行处理，并作出决定的权力。诸如，上级治安管理机关针对下级机关与相对人之间发生纠纷的裁决，包括相对人不服下级机关的处罚、强制或其他处置行为而发生的纠纷，提起申诉或复议所作的裁决，就属于广义的治安管理裁决。治安管理主体在管理过程中，依法对管理相对人之间发生的部分民事争议进行裁决，则为狭义的治安管理裁决，如治安管理中对因违反治安管理造成对方损失因赔偿费用争议的裁决，道路交通管理中对因交通事故造成损失，因赔偿纠纷的裁决等。

治安管理裁决权根据性质的不同，可以划分为对行政纠纷的裁决和对民事纠纷的裁决；根据管理对象的不同，可以划分为对外部纠纷的裁决和对内部纠纷的裁决。鉴于治安管理裁决权是法定的权力，要求由特定的治安管理主体来行使，并且依照法定程序、在法定权限范围内行使，如裁决民事纠纷，必须是法律规定的特定的民事纠纷，并且这些民事纠纷只能由特定的治安管理主体进行裁决；裁决行政纠纷，必须是因治安行政管理而引起的行政纠纷，在相对人提起申诉或复议后，由上级机关或其他法定机构进行裁决。对于不同性质的纠纷所作的治安裁决引起的法律效果是不同的，一般情况下，对内部纠纷的裁决为终局解决，当事人不能提起诉讼；对外部纠纷的裁决，当事人不服的，则可以提起诉讼。但是，对不同的纠纷，提起诉讼的途径有所不同，对于民事纠纷的裁决，当事人不服的，一般应以对方当事人为被告，提起民事诉讼；对于行政纠纷的裁决，当事人不服的，则可以裁决机关为被告，提起行政诉讼。

（六）处罚权

治安管理处罚权，是指治安管理主体对违反治安管理法律规范的当事人，依法予以制裁的权力。治安管理处罚权由治安管理主体行使，处罚的对象是违反法定义务的治安管理关系中的相对人，是针对相对人违法行为所作的处罚。治安管理处罚在治安管理过程中适用的比较广泛，涉及到治安管理的各个方面，如对违反边防管理行为人的处罚，对违反消防管理行为人的处罚，对违反道路交通管理行为人的处罚等。治安处罚的具体处罚形式包括警告、罚款、拘留、劳动教养、没收、吊销执照、停业整顿、限期出境、驱逐出境等。行使治安处罚权的机关，必须是法定的治安管理主体，并且只能在法定的权限范围内进行处罚；治安管理主体在实施处罚时，必须符合法定的处罚内容和处罚形式，不能随意设定罚则和扩大处罚适用的范围，必须遵守法定的处罚程序。

（七）强制权

治安管理强制权，是指治安管理主体对不履行治安管理法律规范义务的当事人，以及对某些违法行为人，采取强制手段，迫使其履行义务或实现法定强制目的的权力。治安管理强制权充分体现了强制性的特点，它是治安管理活动中经常适用的一项重要权力。行使治安强制权情形是，一方面针对相对人不履行法定的义务而采取，如对于治安管理中经合法传唤，当事人拒不履行传唤义务的，可强制传唤；对于违反集会、示威的人员，经命令解散无效时，依法强行驱散；对于违法使用枪支、管制刀具的，强行收缴；对某些传染病或性病患者，不服从隔离治疗和检查的，可强制隔离、强制检查和治疗等。另一方面，是针对某些违法行为而采取，法律规定可以采取强制手段的情况，通常是为了实现某些特定的治安管理目的，例如，对违法行为人的收容教育，强制戒毒，强行铲除非法种植的罂粟，对有碍灭火救灾的建筑物强行拆除等。治安管理强制权是治安管理主体的一项特有权力，有关强制的内容必须有法律的明确规定。我国治安强制的主要形式有：对违法行为人的留置，对吸毒行为人的强制戒毒，以及强制扣押财物、强制检查治疗、强制传唤、强行隔离、强行驱散、强行拆除、强行收缴等。治安强制具有国家法律的拘束力和强制性，主要是针对治安管理关系相对人不履行法定义务，以及其他需要采取强制的情况，依照法定强制程序实施的。

## 第三节　治安管理职权的实现手段

### 一、治安处罚

#### （一）治安处罚的涵义

治安处罚是指治安管理主体依法定权限和程序，对违反治安管理法律规范的管理相对人给予制裁的行为。对于治安处罚的定义从以下几个方面理解：

1. 处罚的主体是国家治安管理机关或法律、法规授权的其他组织。治安处罚由依法享有处罚权的治安管理主体实施，并且只能依照法定权限和程序实施；其他机关、组织和个人不享有治安处罚权。但是，在特定情况下，经法律、法规授权或治安管理机关的委托，其他机关或组织也可以作为治安处罚的实施主体。如《治安管理处罚条例》授权在没有公安派出所的乡镇人民政府，可以实施有限的治安处罚。

2. 治安处罚的对象是治安管理相对人，即在治安管理关系中因违反治安管理法律规范的管理相对一方的公民、法人或其他组织。治安处罚是基于治安管理主体与相对人之间存在着治安管理关系，这是治安管理主体实施处罚的基础，也是治安处罚与内部纪律处分的主要区别。

3. 治安处罚的前提条件是相对人违反了治安管理法律规范，构成了治安违法。

4. 治安处罚是具有制裁性质的具体行为。也就是说，治安处罚属于具体治安管理手段，是一种治安行政制裁；对于相对人来说，是其承担治安行政违法责任的一种形式。

#### （二）治安处罚的原则

治安管理主体在实施处罚的过程中，必须遵守以下原则：

1. 处罚法定原则。它要求处罚必须有法定依据，实施处罚的主体和处罚职权是法定的，并且必须依照法定程序实施。也就是说，对于治安管理相对人的处罚，必须有法定依据，法无明文规定不得处罚；治安管理主体的处罚权要有法律规定，并且只能在法定职权范围内实施；处罚必须遵守法定程序，违反程序的处罚无效。

2. 公正、公开原则。治安处罚不仅要求形式合法，而且要求内容合法，应当符合法律的精神和行政目的。公开、公正原则是指一切有关治安处罚都应公开进行，做到客观、公正、合理，处罚的轻重程度与当事人违法行为的事实、性质、情节及危害程度相适应，实施处罚必须建立在正当考虑的基础上，出于正当的动机，只涉及相关的因素，要合乎法律的宗旨和立法旨意，符合治安管理的目的。

3. 处罚与教育相结合的原则。治安管理主体在实施处罚的同时，要加强对被处罚者的法制教育，使其认识自己行为的违法性和应受惩罚性，提高法律意识，做到自觉守法，这样才能达到处罚的真正目的。治安处罚绝不是单纯为了惩罚违法行为人，而是通过处罚纠正违法行为，使其认识违法，改正错误。因此，治安管理主体不能为了处罚而处罚，一罚了之；必须坚持处罚与教育相结合，在处罚中辅以教育，二者不可偏废。

（三）治安处罚的种类

1. 警告。警告是治安管理主体对违反治安管理法律规范的行为人，给予的一种谴责和警诫，具有惩戒性质，使被警告的违法行为人认识其行为的社会危害性，从而约束自己的行为，履行法定的义务。治安处罚中的警告，从程度上看，是处罚种类中最轻的一种，适用于违法行为情节较轻微的行为人。它不同于一般的批评教育，而是一种强制性的谴责，以此告诫、责令行为人改正违法行为并不再重犯。警告采取书面的形式，向本人宣布和送达，不是简单的口头批评。

2. 罚款。罚款是治安管理主体依法对违法行为人科以金钱给付义务，并令其限期交纳一定数额金钱的处罚形式。罚款具有经济内容，是涉及违法行为人经济利益的一种行政制裁，在处罚程度上重于警告。实施罚款时，必须按照法定的内容、数额、幅度，并按法定的形式进行；罚款应采用书面的形式，要求被处罚人按规定的期限交纳罚款。

治安处罚中的罚款与刑罚中的罚金不同，虽然二者都具有经济惩罚性，但它们所依据的法律、适用的对象、作出处罚的机关以及处罚数额和处罚程序等，有着明显的区别。治安处罚中的罚款与经济赔偿也不同，罚款是对违法行为的制裁，而经济赔偿则是对被害人经济损失的赔偿，是对因违法行为造成损害所承担的民事赔偿责任，具有民事赔偿性质，而并非行政制裁性质。

关于罚款的数额，在治安管理法律现范中，因适用范围或对象的不同，目前规定的并不统一，如《治安管理处罚条例》规定对一般违反治安管理行为处罚数额为1元以上200元以下；对几种严重违反治安管理的行为罚款的数额为5 000元或3 000元以下；《外国人入境出境管理法实施细则》规定的罚款数额为50元以上1 000元以下；《计算机信息系统安全保护条例》规定的对个人处以5 000元以下罚款，对单位处以15 000元以下罚款，有违法所得的，除予以没收外，可以处违法所得1～3倍的罚款。

3. 没收。没收是指治安管理主体依法对违法行为人的违法所得和非法财物收归国家所有的行政制裁。违法所得包括行为人违法取得的金钱、财产及其他物质利益，非法财物包括非法获取和占有的金钱、财物以及没有合法来源的财物，包括违禁品和违法行为工具，如武器弹药、管制刀具、淫秽物品、非法出版物、赌资赌具等。治安处罚中的没收是经常采用的处罚形式之一，它不同于刑罚附加刑中的没收财产。

4．暂扣或吊销许可证、执照。许可证、执照是指由治安管理主体准许当事人从事某种特许权利或资格的凭证，吊销就意味着撤销这种法律上的承认，使当事人丧失从事某项活动或进行某种行为的权利。依法暂扣或吊销许可证和执照的范围，涉及治安、交通、消防、出入境等管理部门，主要有暂扣或吊销生产、经营、使用化学危险物品、民用爆炸物品或许可证，暂扣或吊销停车场建筑许可证、舞会安全许可证、烟花爆竹生产、销售许可证，暂扣或吊销驾驶执照、营业执照、护照和出入境证件等。这是一种较为严励的处罚，目的在于取消违法行为人原享有的某种资格，限制或剥夺其原获得的某种特许权利。

5．责令停产、停业。这是治安管理主体依法对从事某种经营活动的违法行为人给予的行政制裁，是对违法行为人从事生产、经营活动权利的限制。这种处罚一般附有改正违法行为的期限要求或其他条件，被处罚人在期限内纠正了违法行为的，经治安管理机关认可，可以恢复生产经营。责令停产停业主要有：对违反旅馆行业治安管理的责令停业，对违反化学危险物品和民用爆炸物品生产经营的责令停业，对违法营业性舞会管理、娱乐场所治安秩序管理的责令停业，对违反消防产品质量管理的责令停业等。

6．治安拘留。这是治安管理主体依法对违法行为人实施的在短期内限制其人身自由的行政制裁。治安拘留是治安处罚较严厉的一种处罚形式，它涉及行为人的人身权利。治安拘留只能由治安管理机关实施，而且只能对自然人适用，其他机关、组织和个人不得作出治安拘留。

治安管理机关在决定拘留处罚时，应制作拘留裁决书，被处罚人应在限定的时间到指定拘留所接受处罚。治安拘留的期限法律规定为1日以上、15日以下；如果一人实施两种以上违法行为，都被处以拘留的，则合并执行期限可以超过15日。治安拘留不同于刑事拘留和司法拘留，它们在实施的主体、法律依据、适用的对象及执行方法等方面有着明显区别。

7．限期出境和驱逐出境。这两种治安处罚是治安管理机关对违反出入境管理的行为人依法采取的行政制裁。它是限制或取消违法行为人在我国境内居留和活动权利的治安处罚。根据出入境管理法的规定，对非法入境、出境的，在中国境内非法居留和停留的，未持有效旅行证件前往不对外国人开放的地区旅行的，伪造、涂改、冒用、转让入境、出境证件的外籍人，治安管理机关可以处以限期出境或驱逐出境的处罚。根据法律规定，这两种处罚的对象是违法的外籍人，处罚决定由公安部作出，被处罚人接到限期出境裁决书后，应在限期内自动离境，如果拒绝出境，由所在地公安机关强制其出境。被处罚人在接到驱逐出境裁决书后，由所在地公安机关派警察人员执行驱逐出境。治安处罚中的驱逐出境，不同于刑罚附加刑中的驱逐出境，虽然二者名称相同，但在制裁的性质、适用的对象、实施的机关等方面有着根本区别。

8. 劳动教养。劳动教养是行政机关对有劳动能力的违法行为人采取的具有强制劳动教育性质的行政处罚，这是行政处罚中最严厉的一种。劳动教养处罚由劳动教养管理委员会审查批准决定，劳教委员会由公安、民政、司法、劳动等部门组成；处罚由劳教机关具体负责执行。根据目前适用的《劳动教养试行办法》的规定，劳动教养的对象主要是那些罪行轻微，尚不够刑事处分的违法行为人，劳动教养的期限为1年至3年，必要时可延长1年。一些治安管理法律、法规和规章也对适用劳动教养作了具体规定，如《治安管理处罚条例》、《全国人大常委会关于禁毒的决定》等，对赌博、卖淫嫖娼、制造贩卖吸食毒品等违法行为，可依法实行劳动教养。

## 二、治安强制措施

### （一）治安强制措施的涵义

治安强制措施是指治安管理主体及其人员在治安管理过程中，为了预防、控制或制止违法行为的发生和危害社会状态的扩展，以及为及时查明案件或事实情况，依法对违法行为人采取的暂时性限制其人身或财产权的特殊强制手段和方法。治安强制措施具有以下特点：

1. 治安强制措施的主体是依法具有治安强制权的治安管理机关。这项职权源于警察法的规定，不同职级、不同部门的治安管理机关依法具有强制措施职权有所差异，职权范围和内容有所区别。警察法对此规定的比较严格，要求治安管理机关必须依法实施。其他机关、组织和个人不具有治安强制权。

2. 治安强制措施的目的在于预防、控制或制止违法行为和危害社会状态的发生或扩展，以及为了查明案件或事实情况。如治安管理机关对吸毒人员采取的强制戒毒，对违反集会游行示威规定的行为人采取强行驱散、强行带离现场，对醉酒的人采取强行约束等强制措施，目的是为了制止或预防违法行为或危害社会状态的发生、扩展；治安管理机关依法查封、扣押、冻结违法行为人的财物、资金等强制措施，目的是为了保全证据或确保案件的查处。

3. 治安强制措施是一种应急性、暂时性的具体行为。这种行为必须在法定的情形下实施，一旦法定事由消除，强制措施则应解除。如对于财物的查封、扣押，在查明事实情况后，应当解除查封、扣押，发还当事人，或者作出没收财物的处罚决定；在特定情形下对人身的应急性强制措施，当法定事由消除后，即应解除强制措施，如对醉酒的人采取的强行约束，以其酒醒为止。

治安强制措施与治安处罚虽然在实施主体、行为性质等方面有相同之处，但仍属两种不同的行为手段，二者的主要区别在于：(1) 实施的目的不同，采取治安强制措施的目的是为了预防或制止违法行为的发生和继续，治安处罚的目的是为了惩戒制裁治安违法；(2) 实施的情形不同，治安强制措施通常是在紧急情况下采取的应急方法，治安处罚则是在认定违法行为以后实施的；(3) 种类不同，法律规定的治安强制措施方法与治安处罚的种类是截然有别的；(4) 法律后果不同，治安强制措施本身不对相对人增加新的义务，而治安处罚则表现为对相对人科以新的义务。

治安强制措施与刑事强制措施在强制性、暂时性等方面有着共同之处，但二者在实施的主体、适用的对象、所依据的法律和适用程序，以及适用种类和法律后果等方面存在着明显的区别。

(二) 治安强制措施的种类

1. 强制戒毒。根据国务院发布的《强制戒毒办法》规定，强制戒毒是指对吸食、注射毒品成瘾人员在一定时期内通过采取治安行政措施对其强制进行药物治疗、心理治疗和法制教育、道德教育，使其戒除毒瘾的治安强制行为。强制戒毒由公安机关实施，期限为3个月至6个月，实际执行的强制戒毒期限连续计算不超过1年。

2. 强制收容教育。这是公安机关依法对卖淫嫖娼违法行为人采取的强令其集中进行教育的治安强制措施。根据有关治安法规、规章的规定，如《国务院关于坚决取缔卖淫活动和制止性病蔓延的通知》，《陕西省禁止卖淫嫖娼条例》等，对于收容教育的对象、范围、期限、实施机关等作了具体规定。

3. 强制隔离。根据《传染病防治法》的规定，对患有某些传染病者应予隔离治疗，如果拒绝隔离治疗或隔离期未满擅自脱离治疗的，公安机关依法配合协助医疗部门采取强制隔离。

4. 强制治疗。根据有关法规的规定，对某些传染病患者、性病患者以及卖淫嫖娼违法行为人，公安机关与其他部门依法采取强制检查治疗。

5. 强行驱散、强行带离现场。根据《集会游行示威法》的规定，对违反集会游行示威规定，不服从命令解散的行为人，可采取强行驱散或强行带离现场等强制方法。《人民警察法》第17条规定，对严重危害社会治安秩序的突发事件，公安机关可以必要手段强行驱散，并对拒不服从的人员强行带离现场。

6. 强行遣送。强行遣送是公安机关依法对违反治安管理的人所实施的强制送回原居住地的一种强制措施。这项措施目前只适用于在本人居住地以外的城市，组织、发动当地公民违反规定非法集会、游行、示威的行为人。

7. 强制传唤。根据《治安管理处罚条例》的规定，在治安管理中，如果需要对行为人传唤讯问，当事人必须服从，没有正当理由不到或逃避的，公安机关可以强制传唤。

8. 强制约束。对于不能控制自己行为的人，如醉酒的人和精神病人，在本人有危险或者对社会秩序公共安全有威胁时，公安机关可予以约束，直到其酒醒或被监护人领走。

9. 查封。这是公安机关对违法行为人的财产或与案件有关的财物就地封存的强制行为。财产包括动产、不动产，通常是就地查封，财产不发生异地转移。如查封容留卖淫旅店，查封非法生产设备，查封非法出版物等。

10. 冻结。这是公安机关为防止违法行为人转移资金，依法将其在金融机构的款项予以冻结，不允许动用的强制方法。

11. 扣押财物。这是公安机关为了防止案件当事人处分、转移财产，对涉案财产采取扣押的强制方法。被扣押的财产一般是动产，即可移动的物品。根据《治安管理处罚条例》规定，被处罚人因其违法行为造成受害人损失，拒不交纳赔偿费用的，可采取扣押财物折抵的强制措施。

12. 强行铲除罂粟。根据《治安管理处罚条例》和其他禁毒法规的规定，私自种植罂粟的，公安机关应予以强行铲除。

13. 强行收缴。根据《枪支管理法》及有关刀具、爆炸物品管理的规定，公安机关对于私自保存、藏匿枪支弹药、爆炸物品、凶器等拒不上缴的，可采取强行收缴的措施。

14. 强行拆除。根据《消防法》规定，对于妨碍灭火救灾的建筑物，对毗连火场的建筑物，公安机关可予以强行拆除。

15. 强行清障。这是公安机关为维护治安管理秩序，对妨碍正常管理秩序的障碍物予以强行清除的方法。根据《消防法》、《道路交通管理条例》等有关法规、规章的规定，对于阻碍防火通道的障碍物，对于违章占道停放的机动车辆等，可采取强行清除或拖移。

16. 强制检查。强制检查是公安机关在特定情形下，为了维护社会治安，依法对一定范围内的人员、物品、车辆进行的检查、询问、收集信息的行为措施。如根据《戒严法》规定，对进入戒严交通管制区域的人员、车辆、物品进行检查。

## 三、治安处置措施

### （一）治安处置的涵义

治安处置措施是指治安管理主体为维护社会秩序、公共安全和国家利益，依法对特定对象或意外突发事件，采取具体方法和行为的活动。治安处置措施是在治安管理范围内由治安管理主体及其人员依法实施的，它以国家赋予的治安管理职权为基础，通过运用各种具体的权力形式和手段加以实现，治安管理主体及其人员必须严格依法行使，不允许滥用治安处置权。

治安处置通常可以划分为主动采取的治安处置和被动采取的治安处置。主动的治安处置，是指治安管理机关依职权积极主动采取的，要求相对人作出某种行为或不得作出某种行为的措施，如命令、禁止等行为。被动的治安处置，是指治安管理机关根据相对人的申请而被动采取的行为，如相对人申请某些危险物品的生产、运输，申请经营某些特种行业等，治安管理机关依法作出准许、批准或许可等行为。治安处置根据法律规定的不同情况，还可以分为一般治安处置和紧急治安处置。一般治安处置，是指治安机关对经常性的治安管理事务，采取法律规定通常使用的处置方法，如治安许可、批准、查验等。紧急治安处置，是指治安管理机关对意外突发事件和重大事故依法采取的非常措施和特殊方法。

（二）一般治安处置的形式

1. 命令。这是指治安管理机关及其人员，运用治安管理职权实施的为相对人设定某项义务的行为。命令是治安管理机关依法主动采取的，具有法律约束的治安管理行为。通常为相对人设定义务，要求相对人为某种行为或不为某种行为。因此，命令就其内容看，可分为作为的命令和不作为的命令。所谓作为的命令，是指治安管理机关要求相对人积极地进行某种行为，如要求相对人拆除违章建筑，主动上缴非法持有的武器、刀具，主动申报、申领暂住证等证件。不作为的命令则是治安管理机关要求相对人不得从事某种行为，如要求相对人在有些特定场合不能明火作业，不准携带易燃易爆物品乘机、车、船，在特定地区无关人员不得进入，不准从事某些危险物品的生产等。

根据命令适用对象的不同，可以分为对于特定对象的命令和对于普遍对象的命令。对特定对象的命令，包括对特定人的命令和对特定事件的命令，如要求某人不得从事某项生产经营活动，要求某单位限期消除火灾隐患。对违法行为轻微不予处罚的行为人，责令其具结悔过等，是对特定人作出的命令。因意外事故或突发事件，对某道路实行管制，对某一地区实行封闭等，则是对特定事件作出的命令。对普遍对象的命令，是指就某类情况作出的命令，它不针对具体对象，而是针对某一方面或某一类情况，如禁止城市噪声、不许汽车鸣笛、不许携带危险品乘车等命令，均属对普遍对象作出的命令。

命令主要采用布告、公告、通告等形式，通常是治安管理机关就特定事项，但针对不特定的人作出的；还有以指令、指示、决定、通报等形式作出的命令。命令能直接产生法律效力，它作用的对象必须履行命令所规定的义务。命令由治安管理主体在法定权限内作出，否则，不具法律效力，有权机关可以依法予以撤销。

2．禁止。这是治安管理机关依法实施的，对特定行为或特定物品予以禁止、限制和取缔的行为。如禁止从事封建迷信活动，禁止生产、制作和使用违禁物品等。禁止是治安管理机关依职权采取的一种主动行为，其目的在于维护社会秩序和公共安全，预防、制止和消除可能危及社会秩序公共安全的违法行为。

禁止可以分为对特定行为的禁止和对特定物品的禁止。禁止的内容通常由法律、法规定加以明确规定。对特定行为的禁止，是指对行为本身的禁止，这种行为不附带其他属禁止之列的物质内容。如禁止封建迷信活动，禁止赌博，禁止和取缔伤风败俗、危害社会治安的娱乐活动等。对特定物品的禁止，是指被禁止行为中包含有被限制和禁止的物品，实际上也是对行为的禁止。如禁止贩卖毒品，禁止制作、出售、传播淫秽物品，禁止伪造货币、证件、公章等。治安管理机关实施禁止这种处置的条件是：其一，有法律、法规有关禁止内容的规定，或者依据有权机关发布有关禁止的规范性文件，明确规定了禁止的具体内容，确认哪些行为和物品属禁止之列，以及如何预防、制裁违禁行为和处理违禁物品；其二，治安管理机关应当针对具体对象采取查禁、取缔、制止等处置行为，对违禁行为人、违禁物品依法予以制裁、取缔和处理。

3．许可。这是指治安管理机关应当事人的申请，在符合法定条件时，解除对于一般人禁止的处置行为。许可是规定对一般人禁止，而对特定人依法定条件解除禁止，给予其许可。如对于生产、销售、使用枪支、管制刀具、危险物品，以及经营旅馆、旧货、印刻字行业等，经当事人申请，公安机关审查合格后，给予许可。

许可是在当事人提出申请的前提下，治安管理机关实施的处置行为。在许可的同时，应当规定当事人应承担与权利内容相应的义务，如接受监督、检查，在许可范围内活动等义务，因此，许可是一种负有义务的许可。许可一般分为附条件的许可和附期限的许可。附条件的许可，是指申请者获得许可，实施某种行为或经营某种行业时，须具备法定条件。如经营某种行业，必须具备设备、技术和管理条件，生产危险品必须具备环境条件等。附期限的许可，是指规定许可行为的有效期限。如出入境许可的期限，驾驶执照的期限等。当事人取得许可后，必须遵守许可的范围和法定的许可条件以及许可期限，不得超越许可范围、违反许可条件和超过许可期限。否则，治安管理机关可以撤销许可。许可还具有专属性，即获得许可的当事人不得转让许可。如被许可从事生产、销售、使用、运输危险物品，获得驾驶许可证等，这些许可不得转让，否则，不仅会失去许可，而且构成违法，应承担法律责任。

根据治安许可管理部门的不同，可分为治安秩序管理许可、交通管理许可、消防管理许可和外事管理许可等。治安秩序管理许可包括枪支购买、携带、使用许可，设置射击场所许可，生产、储存、运输、销售爆炸物品、剧毒物品、放射性物品许可，特种刀具生产、销售、使用许可，开办特种行业许可等；交通管理许可包括占道许可，批准发放机动车辆牌号、驾驶证、行驶证等；消防管理许可包括消防器材生产许可，批准审核防火安全建筑设计，批准许可使用液化石油气站、库，批准发放油库、燃料库防火安全合格证等；外事管理许可包括批准发放边境通行证，批准领发护照，批准入境、过境、居留、旅行等。

4. 确认。这是治安管理机关证明、确定治安管理相对人的有关某种法律事实或法律关系是否存在而采取的处置行为。如对公民年龄、民族、籍贯、户籍所在地的证明，对车辆所有关系的确认等。

5. 查验。这是治安管理机关依法对治安管理相对人采取的审核、检查、验收等处置行为。如对居民身份证的查验，对机动车辆的检验，对建筑防火设计的审核，对文物展出场所的检查，对建设燃料站、库的审核验收等。查验是治安管理机关经常使用的一种处置措施，对当事人具有法律拘束力。因此，要求治安管理机关依法进行查验，严格按照法定的内容和形式进行，特别是对于人身检查，直接涉及人身权利和自由，必须严格依法实施。

### （三）紧急治安处置的形式

紧急治安处置，也称紧急状态处置。是指治安管理机关及其人员在出现意外突发事件和重大事故的情况下，为维护国家安全，保护公民合法权益，依法采取的非常措施和特殊方法。具体形式有：

1. 紧急排险。当遇到重大灾害事故和突发事件时，为了防止灾害事故的蔓延和发展，治安管理机关依法采取有利于消除灾害和减少损失的非常措施和特殊方法。如为扑救重大火灾事故，拆除现场毗连的建筑物，封堵道路或其他设施等。

紧急排险是为了使国家利益、公共安全和人民生命财产免受正在发生的危险，在不得已的情况下所采取的减轻损害的行为，它以小的代价避免遭受大的损失。治安管理机关在采取紧急排险行为时，应依法进行，在紧急排险中受到损失的当事人，应当服从，不得拒绝。

2. 交通管制。交通管制是公安机关为了迅速控制突发事态的发展，维护社会治安秩序，对需要实行管制的道路采取的在一定时间内禁止或限制通行的处置行为。《人民警察法》第 15 条规定，公安机关为预防和制止严重危害社会治安秩序的行为，可以在一定区域和时间，限制人员、车辆的通行或者停留，必要时可以实行交通管制。根据《消防法》的规定，公安机关为灭火救灾，必要时可使用一般不准通行的道路、空地和水域。

交通管制是公安机关根据法律规定或法律授权采取的一种紧急情况下的处置行为。实行管制的地区，除有关人员和车辆准许进入外，其他人员、车辆禁止进入，如果违反交通管制，公安机关有权依法处理。实施交通管制应公开发布或内部下达实施管制的通告、通知，明确交通管制的具体内容，在紧急情况下，也可以直接采取交通管制措施。

3. 现场管制。《人民警察法》第 17 条规定，公安机关经上级批准，对严重危害社会治安秩序的突发事件，可以根据情况实行现场管制。《集会游行示威法》规定，公安机关为维护社会秩序，可以设置临时警戒线，未经许可，不得逾越；游行在进行中遇有不可预料的情况，不能按照许可的路线行进时，人民警察现场负责人有权改变游行队伍的行进路线，实行现场管制。

4. 封闭。封闭是公安机关在发生特大灾害事故、恶性传染病区或其他重大事件的现场，依法采取的禁止任何行人、车辆进出的控制措施，将该地区与外界隔离开来，除了特别许可的人员以外，不准其他人员进入封闭地区。

5. 戒严。戒严是公安机关根据国家有权机关发布的严令或公安机关依据授权作出的戒严决定，依法在有关地区采取戒严措施，限制和控制该地区人员、车辆的正常活动，并依法指挥该地区人们活动的一种处置行为。戒严通常是在出现战争、叛乱或其他重大政治事件的情况下，为了国家重大利益的需要而采取的紧急状态处置。

戒严是公安机关依法对特定地区采取的紧急治安处置行为，是治安管理职权的实现形式，必须依照法定权限采取。实施戒严时，应公布其原因、适用范围、公民的义务、生效时间等，在特别紧急的情况下，也可不作出公布直接实施。在戒严的控制地区，出入人员、车输必须持有公安机关签发的证件，按指定时间、路线出入，不得自由行动，必要时，公安机关还可决定实行宵禁。戒严措施具有法律效力，在控制区内的任何人都必须履行有关义务，如果违反或拒绝服从，公安机关有权依法采取强制措施或处罚。

6. 紧急征用。紧急征用是公安机关在特殊情况下征集、调用非警用物资、装备、车辆以及劳务的紧急措施。由于治安管理实际工作中，有些情况难以预料，公安机关自身的装备条件在履行职责中难免有无法满足实际需要的情形。因此，赋予公安机关及其民警在紧急情况下使用其他社会主体的交通工具、通信工具、建筑物等的紧急处置措施，有利于保障治安管理职责的履行和任务的完成。

## 四、治安教育措施

### （一）治安教育措施的涵义

治安教育措施是治安管理主体及其治安民警，在治安管理过程中，依照治安管理法律规范，对治安违法行为人以及其他治安管理相对人进行的说服、批评、劝解、责令等行为方法，促使相对人纠正违法，履行治安管理义务。

（二）治安教育措施的形式

1. 劝阻。劝阻是治安管理主体及其治安民警在治安管理过程中，对正在进行违反治安管理的行为人，或者预备从事违反治安管理的人员，依法对其进行的劝告阻止，批评教育，责令其停止实施违反治安管理行为的一种措施。

2. 训戒。训戒是治安管理主体及其治安民警在治安管理过程中，对违反治安管理行为情节轻微、尚不够治安处罚，或者依法免予处罚的当事人，给予口头批评教育、谴责，指出其违法性，并责令其改正的一种措施。这是以口头方式实施的一种方法，可由治安民警当场作出。

3. 责令具结悔过。责令具结悔过是指治安管理主体对违反治安管理的行为人，责令其以书面形式承认违法性，并保证悔改、不再重犯的一种强制性教育方法。责令具结悔过的目的在于教育违法行为人不再违法，要求其以书面悔过书的形式表示悔改。

4. 责令管教。责令管教是治安管理主体及其治安民警，对不满 14 周岁违反治安管理行为人的家长或监护人，进行批评教育，责令其履行管教义务而采取的措施。责令管教是以口头方式作出，在对违法行为人的家长或监护人进行批评教育的同时，要求其作出管教承诺，履行管教义务。

5. 治安调解。治安调解是治安管理主体在治安管理过程中，依法对特定的民事纠纷，采取说服教育的方法，使纠纷当事人在自愿的基础上达成调解协议的处理措施。对于一些轻微违反治安管理的行为所造成他人财物损失的，如对因民间纠纷引起的打架斗殴或损毁他人财物等违反治安管理的行为，依法可以实施治安调解。通过治安调解，妥善解决民间纠纷，化解矛盾，达到谅解，增强当事人的团结，有利于社会治安的稳定。

### 五、治安控制措施

（一）治安控制措施的涵义

所谓治安控制措施，是指治安管理主体在治安管理过程中，根据治安管理的特殊情况和实际需要，为保证治安管理的有效性，而采取的具有治安专业性的特殊方法和手段。

（二）治安控制措施的种类

1. 治安调查。治安调查是治安管理主体及其人员为了解和掌握社会治安情况，调查处理治安案件和治安灾害事故实施的专门措施。治安调查可以分为综合调查、专题调查、个案调查，以及公开调查、秘密调查等。

2. 治安巡逻。治安巡逻是治安管理主体为维护社会秩序，组织警力在一定区域内巡回观察和警戒的活动。治安巡逻的特点是具有良好的机动性和快速反映能力，能在较大范围内积极主动地预防和处置各种治安问题，是公安机关控制社会治安秩序的有效形式，也是社会治安动态管理的重要措施。

3. 守望。守望是根据治安管理的特殊情况和实际需要，治安管理人员在固定的位置上，观察治安情况，了解治安动向和及时处理治安问题的一种措施。守望岗哨根据治安实际情况设置，可分为警察执勤岗哨点和群众执勤岗哨点；根据守望岗哨功能的不同，可分为治安岗、流动检查站、交通岗、消防嘹望哨和街区楼栋执勤点等。

4. 堵卡。堵卡是为了加强治安管理，维护治安秩序，在交通要道和区域交界处设立专门关卡，以检查过往车辆、行人、堵截逃犯，以及发现截获违禁物品、赃物的治安措施。堵卡分为固定和临时两种，固定卡主要设在大城市周围的交通要道和区域交界处；临时卡设在治安情况复杂和违法犯罪分子经常出没的地点，或者是为了堵截逃犯、查获重要赃物而随机临时设置。

5. 治安耳目。治安耳目是治安管理机关为了收集、了解社会治安动态，以及掌握违法犯罪人员和其他可疑人员活动的情况，设置的一支隐蔽力量。布建治安耳目是进行治安管理的一种秘密手段。治安耳目是具有特殊身份，担负特殊任务，受基层治安管理部门布建使用的，在一定区域内进行隐蔽活动的，不公开身份的人员。治安耳目具备的条件是：具有发现和了解违法犯罪活动的条件，并能及时主动反映情况，愿为公安机关工作。

## 六、治安管理技术手段

### （一）治安管理技术手段的涵义

治安管理技术手段是指公安机关将现代科学技术方法运用到治安管理过程中，从而达到维护社会治安秩序，提高安全防范能力，有效遏制违法犯罪活动的各种专门安防技术方法、措施。由于治安管理范围广、内容复杂，涉及到许多自然现象和科学技术问题，需要相应的技术手段加以解决。随着社会的发展，治安管理只有利用科学技术手段，才能实现有效管理。目前信息通信、电子监控、报警装置、安全检测、计算机等现代科学技术在治安防范得到广泛应用，极大地提高了治安管理的综合效益，符合治安管理形势发展的需要。

### （二）治安管理技术手段的种类

1. 报警技术。报警技术是利用报警装置防止入侵者和危险情况发生的安全防范技术方法。主要应用在首脑机关、科研单位、机密材料存放地点、银行金库、弹药仓库、重要文物存放地点、易燃易爆剧毒等危险品存放地，以及商业网点、财贸、工商等财物集中、容易发生盗窃案件的部位。

报警装置根据探测器可探测的物理量的不同，可分为磁控、声控、震动、激波、红外线、微光、超声波、视频运动、感烟、感温等类型的报警器；根据探测工作方式不同，可分为主动式和被动式报警器；根据探测信号传输方式不同，可分为有线和无线报警器；根据警戒范围的不同，可分为点控、线控、空间控制等类型报警器；根据用途的不同，可分为防盗、防火、防爆炸、防毒害气体、防破坏等报警器。

2. 电子监控。电子监控技术主要是利用电视监控手段，监视、传递和记录现场情况的一种技术手段。电视监控手段主要由闭络电视监控系统，开路电视监控系统，以及辅助设施构成。电子监控在治安管理中广泛应用于公共复杂场所、道路交通控制点以及治安案件、事故易发地点。

3. 通信技术。在治安管理中，为了迅速、准确、秘密地传递信息，及时采取有效措施，提高公安机关的快速反应能力，以制约和预防违法犯罪，采用现代通信技术已成为治安管理中的一项重要技术手段。目前常用的通信手段有对讲机、移动通信电台、治安通信网络和无线电袖珍通讯工具等。

4. 安全检测技术。安全检测技术是公安机关用于检查、测试各种爆炸物、金属、武器、可疑信件，以及检测道路交通管理中各种参量的仪器、仪表等技术方法、手段。安检技术主要用于机场、车站等公共场所的安全检查和防止枪击、排除爆炸等事件，从而提高安全防范能力，有效地维护社会公共安全。常用的检测设备主要有X射线探测仪、金属武器探测器、爆炸物探测器、交通流量检测仪和车辆测速仪等。

# 第六章　治安巡逻

## 第一节　治安巡逻概述

### 一、治安巡逻的涵义

治安巡逻是指公安机关及其人民警察为了维护社会治安，依法组织实施的一种巡查警戒活动，以保护广大人民群众的合法权益，防范、查处、打击各种违法犯罪活动。

这里“治安巡逻”的涵义比作为一个警种的“巡警巡逻”的涵义要广。治安巡逻既包括巡警巡逻又包括治安管理部门组织的对公共场所、重点地区、大型群体活动场所以及居民区的治安巡逻工作。治安巡逻是警察为掌握辖区治安情况而使用的经常性、必要的工作方法，是一项经常性的勤务。它具有以下特点：

1．治安巡逻主体的多元性。在我国进行治安巡逻工作的既有专门巡警队伍，又有由防暴民警、治安民警、交通民警、武警和派出所抽调的警力等组成相对固定的警察队伍，还包括由民警组织和带领的群众性治安联防组织。

2．治安巡逻的灵活性。治安巡逻在巡逻方式上有步巡、车巡、舟巡和空巡等多种方式；在巡逻方法上有定线巡逻、乱线巡逻、白天巡逻、夜间巡罗、公开巡逻、秘密巡逻等。方便公安机关结合实际情况灵活选用。

3．治安巡逻的包容性。一方面，民警在治安巡逻时，具有相当多的职责和权限，进行治安巡逻时，民警可以采取其他的治安行政措施，甚至治安巡逻往往成为民警采取其他治安行政对措施的前提。另一方面，在巡逻、临检、守望、执勤、备勤和查察等警察勤务方式中，巡逻勤务一定程度上可包容其他勤务，而其他勤务决不能包括巡逻勤务。

4．治安巡逻功能的有效性。治安巡逻是动态管理、攻势防御。巡逻工作处于流动状态，可以主动发现问题，广泛地接触民众，收集资料、信息，适应社会发展对治安管理的要求。可以有效地防范、打击各种违法犯罪活动，建立良好的社会治安秩序。另外，作为专事治安巡逻任务的巡警队伍，可以充分发挥其跨部门、跨警种的作用，综合执法，协助、配合相关部门做好工作，实现社会治安综合治理。

**二、新中国巡逻制度的产生与发展**

我国人民警察巡逻制度，最早起源于中国共产党领导下的陕甘宁边区。1938年，经中央决定，成立陕甘宁边区人民警察（简称边警），这支队伍身着专门服装，执行巡逻任务，以维护边区政府延安的社会治安。建国后，治安巡逻作为公安工作的一部分，虽然发挥了一定作用，但由于我国实行高度计划经济体制，人们多固守本土，以家庭、单位为依托，活动范围小，人、财、物流动少，犯罪分子也多为本地作案。所以，我国公安机关形成了以户口管理为主的静态管理模式，民警依靠对户口的管理，从而控制本地区的治安。此时的治安巡逻只表现为在重大节假日和重要活动期间由公安派出所组织民警，带领群众联防力量，对繁华街道、重点部位进行分散、低密度、零星的、临时性的巡逻。这与当时相对封闭的静态的治安管理任务是相适应的。因此，从建国到改革开放前这一时期，我国没有严格意义的人民警察巡逻制度。

党的十一届三中全会后，我国实行了改革开放的政策，工作重点转变为以经济建设为中心，从而打破了过去单一的计划经济模式，初步建立了社会主义市场经济体制，大力发展社会主义市场经济。随着社会进步和经济发展，我国出现了前所未有的人、财、物大流动，社会治安也随之呈动态变化，出现了许多新情况，以前那种静态环境下的治安管理模式已经很难适应形势的变化。为了适应动态环境下社会治安管理的需要，公安机关的运作机制迫切需要改革。1984 年，公安部召开了全国公安基层工作会议，会议针对改革开放后城市治安出现的新情况、新问题，首次提出了“管理治安主要靠社会面的控制，派出所、分局、公安局要加强治安巡逻，使城市和乡镇经常处于有人管理治安的状态。”“为了严密控制社会治安局面，我国公安机关应把基层的大部分警力摆到街面上。”会后，一些大中城市公安机关开始成立治安大队，既从事巡逻，又充当机动力量。1986年 7 月，公安部在总结一些城市开展治安巡逻经验的基础上，下发了《关于组建城市治安巡逻网的意见》。随后，又提出“以动态管理为主的治安管理指导思想”。在实践中，公安机关也认识到巡逻是动态管理的有效勤务方式，而非可有可无的补充勤务，并开始朝着专业巡逻方向探索。1988 年，辽宁抚顺、江苏南京两市先后组建了专司巡逻的“巡逻队”。1989 年，根据中央决定，全国城市公安机关普遍组建了防暴队。至此，我国人民警察巡逻体制初步建立。

1991 年 11 月，公安部召开了第十八次全国公安工作会议，会议明确指出：“要争取在一两年内，首先在直辖市、省和自治区政府所在地、计划单列市建立人民警察巡逻体制。”并将此举视为整个公安体制和工作方式改革的突破口。会后，一些大中城市公安机关在公安部的组织领导下，在地方政府的支持下，开始积极筹建人民警察巡逻体制，北京、天津、南京、广州、大连、南昌等大中城市，结合本地情况，率先开展了此项工作。为了推动这一工作，1993年6月，公安部在天津召开了全国城市人民警察巡逻工作会议。这是我国关于巡逻工作的首次专业会议，这次会议对巡逻工作作了全面部署，初步制定了一些规范性文件。1994年2月24日公安部发布实施了《城市人民警察巡逻规定》，这是我国城市人民警察巡逻第一个法律性文件，为我国城市建立人民警察巡逻体制提供了法律依据，为人民警察巡逻体制逐步走上正规化、制度化和法律化奠定了基础，其标志着我国人民警察巡逻体制步入了规范化历程。

1996年公安部召开了第十九次全国公安会议，会议充分肯定了人民警察巡逻体制所发挥的作用，提出了更高的要求："加强巡逻、防暴力量建设，力争在今后五年中，在全国城市公安机关普遍建立巡逻制度，有条件的县也要逐步推广这项工作。同时，使巡逻的工作任务、勤务方式、队伍管理、后勤保障适应维护治安秩序的实践要求，并建立相应的制度。""加快巡逻与指挥中心、'110'报警设施、技术防范和犯罪情报信息系统的配套建设，逐步形成有效预防，及时接警、处警的城市防控体系，强化对社会安全的控制。"为了加快这一工作，同年8月，公安部在漳州召开了全国城市"110"报警服务台建设工作现场会。要求各地认真学习"漳州110"的精神，建立快速反应机制，提高快速反应能力。以此为契机，各地积极建立起快速反应机制，推动我国的人民警察巡逻体制建设迈向新的高度。

### 三、治安巡逻的作用

治安巡逻具有以下作用：

1. 治安巡逻是预防违法犯罪活动的有效措施。一方面治安巡逻作为控制时空的一种重要措施，通过"全天候全方位"的巡逻活动，压缩违法犯罪分子活动的时间和空间，有效预防违法犯罪活动；另一方面，通过强化治安巡逻，加强巡逻密度，客观上造成了警察无所不在的印象，给违法犯罪分子一种"法网恢恢，疏而不漏"的感觉，对其产生威慑作用，从而减少违法犯罪活动的发生。

2. 治安巡逻是及时打击现行违法犯罪活动的重要措施。治安巡逻通过对社会面的有效控制，可以及时发现、控制、打击各种违法犯罪活动，查获违法犯罪分子，减小其危害后果。同时，还能在无形中增强公众的安全感，使公民生活安宁、心理健康，有助于社会稳定和发展。

3. 治安巡逻是收集、传递和掌握治安信息的渠道。巡逻人员工作在社会基层，深入于民众之中，其"触角长"、"信息灵"，能及时收集、掌握各种治安信息、资料，发现安全防范中的各种漏洞和问题，为有关部门制定切实可行的安全防范措施提供第一手资料。

4. 治安巡逻能够促进警民关系。治安巡逻是密切警民关系的桥梁和纽带。由于巡逻警察的“办公室”处于街面上，容易深入到群众的生活中，与群众进行广泛的接触和联系，了解群众的疾苦、困难，及时为群众排忧解难，提供各种服务，办好事，办实事，有助于搞好警民关系。

## 四、我国城市治安巡逻体制的模式

治安巡逻体制是指从事巡逻勤务的警种构成、组成形式、相互间的分工协作等诸多方面的体系、制度、方法与形式。我国治安巡逻体制处在初创阶段，很多方面需要不断完善，加之我国幅员辽阔，各地经济发展、社会状况等方面差异较大，决定了巡逻体制也不尽相同。纵观近年来我国警察巡逻工作情况，当前警察巡逻体制的模式主要是综合执法型，并朝着专业化、警种化方向发展。

### （一）我国现行巡逻体制的两种主流模式

目前，我国大中城市都初步建立了警察巡逻体制，归纳起来主要有两种模式：静态散在制和动态集中制。

1. 静态散在制。即以派出所为主体，将巡逻警力分散到各派出所，以派出所为单位划分警区，警员在各自的警区内轮班巡逻。其典型代表是天津市，故也称为天津模式。它的建立是在原有公安组织机构的基础上，不改变结构，不增设警种，将新型的警察巡逻勤务方式与原有的组织机构相结合，即以派出所为主体，公安、武警协同配合的巡逻体制。天津的巡逻警力由派出所、防暴队和武警组成。他们之间通过“110”报警台，各分局及交通、消防、武警基地台，巡逻专用车的无线车载台及巡警手持对讲机统一编织的专用信道通讯网络而形成整体。为便于巡逻勤务组织实施，将派出所辖区划分为易于巡逻的警区，派出所在不打破原有户口管理模式的基础上，纳入巡逻工作内容，编制勤务。对市内的主要道路则划分为巡逻段，交由武警和防暴队负责巡逻。规定巡逻指挥的工作原则为：“统一调度，属地为主，系统为辅，分层指挥”。即市局负责对全市巡逻工作的指导、检查、督促和调查研究，遇有重大情况，实施对全市各警种的统一调度和协调；分局主要负责巡逻工作的组织实施；各派出所和驻区武警中队具体负责巡警工作的管理、教育、考核及巡逻勤务的安排和检查落实。

这种体制要有效运转就必须充实一线派出所的警力，因而符合公安体制改革方向，是适合我国国情的一种有效的模式。

2. 动态集中制。即将巡逻警力集中于公安局与公安分局，巡逻警察以巡逻队的形式，在指挥中心的指挥下，在辖区内作机动巡逻。其典型代表是上海市，故也称为上海模式。它的建立是在不打破原有公安体制的基础上，将巡逻勤务引向警种化、专业化方向发展的一种体制。担任巡逻勤务的力量主要有新成立的巡逻警、公安防暴队、武警及工人纠察队，具有极强的集中性和机动性。而各派出所的警力只作为巡逻勤务的辅助力量。其指挥执行机构是市局、分（县）局两级。为便于指挥，精确调度，上海市公安局将所属13个行政区按编码分成74个街区。其总体构思是：在不久的将来，逐步将街面上的警察统一起来，即将全部巡警，大部分防暴警（留500人左右的专业防暴队），交警的2/3（另1/3作为车辆、交通设施及事故处理等专业管理人员），以及目前投入巡逻的1000名左右的武警共约8000人，组成统一指挥、统一值勤标志、统一装备的巡逻队伍，形成新的巡逻体制，成为一支兼管治安、交通、市容等多项任务的综合执法型民警巡逻队。

这种体制是在以户口管理为中心的派出所组织模式之外建立的另一种街面治安管理体制，是一种新的动态治安管理，需增加大量的警员和装备，适合经济较为发达的城市。

（二）我国巡逻体制的总体规划

1993年6月，公安部在天津市召开了全国城市人民警察巡逻工作会议，这次会议根据我国公安体制的实际情况，对我国城市人民警察巡逻体制作了总体规划。会议认为，在当前，城市人民警察巡逻体制是指城市公安机关以民警、武警为主体，组成执行着装巡逻勤务的专门队伍或相对固定的力量，实行统一指挥和警区责任制，担负维护城市治安秩序，防止、制止违法犯罪，救助公众的任务，并使之制度化、规范化的体制。城市人民警察巡逻体制的发展方向，是经过改革和实践，最终形成一个装备精良、训练有素、专司巡逻勤务的警种，使巡逻成为城市人民警察一项最主要、最基本的工作制度和勤务方式；并设想将来的巡逻警种的组织形式以总队、支队、大队、中队的结构建立。其后对相关问题又作了明确规定，即直辖市设总队，地级市设支队，其他市设大队或队，各专职巡逻队的警力规定为：总队应不少于3 000人，支队不少于800人，大队不少于200人，队不少于80人。名省、自治区公安厅和地区公安处应在治安部门设置专门机构负责巡逻工作，部里指导巡逻工作的主管部门是治安管理局。至此，我国警察巡逻体制总体规划已经绘就，未来我国警察巡逻将朝着专业化、警种化方向发展。

## 第二节　警察巡逻的职责与权力

### 一、警察巡逻的职责

警察巡逻的职责，指警察巡逻工作的职责范围和责任。公安部于1994年2月24日发布施行了《城市人民警察巡逻规定》，明确规定我国人民警察在巡逻中应履行下列职责：

1. 维护警区内的治安秩序。

2. 预防和制止违反治安管理的行为。

3. 预防和制止犯罪行为。

4. 警戒突发性治安事件现场，疏导群众，维持秩序。

5. 参加处理非法集会、游行、示威活动。

6. 参加处置灾害事故、维持秩序、抢救人员和财物。

7. 维护交通秩序。

8. 制止妨碍国家工作人员依法执行职务的行为。

9. 接受公民报警。

10. 劝解、制止在公共场所发生的民间纠纷。

11. 制止精神病人、醉酒人的肇事行为。

12. 为行人指路，救助突然受伤、患病、遇险等处于无援状态的人，帮助遇到困难的残疾人、老人和儿童。

13. 受理拾遗物品，设法送还失主或送交失物招领部门。

14. 巡查警区安全防范情况，提示沿街有关单位、居民消除隐患。

15. 纠察人民警察警容风纪。

16. 执行法律、法规规定由人民警察执行的其他任务。

对警察巡逻职责作出明确、具体的法律规定，是我国警察巡逻工作的一大特色，无疑能对我国警察巡逻工作健康快速发展起到积极的推动作用。

**二、警察巡逻的权力**

警察巡逻的权力，指巡逻警察在其职责范围内依法可以行使的权威性行为。警察巡逻的权力是完成好巡逻任务、履行具体职责的重要保证。根据《城市人民警察巡逻规定》第5条之规定，我国人民警察在巡逻值勤中可依法行使以下权力：

1. 盘查有违法犯罪嫌疑的人员，检查涉嫌车辆、物品。

2. 查验居民身份证。

3. 对现行犯罪人员、重大犯罪嫌疑人员或者在逃案犯，可以依法先行拘留或者采取其他强制措施。

4. 纠正违反道路交通管理规定的行为。

5. 对违反治安管理规定的人，可以依照《中华人民共和国治安管理处罚条例》的规定，执行处罚。

6. 在追捕、救护、抢险等紧急情况下，经出示证件，可以优先使用机关、团体和企业、事业单位以及公民个人的交通工具、通讯工具，用后应及时归还，并支付适当费用，造成损坏的应当赔偿。

7. 行使法律、行政法规规定的其他职权。

## 三、警察巡逻职责与权力的关系

人民警察巡逻职责与权力问题是人民警察从事巡逻工作所必须搞清的两个基本问题，二者联系紧密，但又明显不同，实际工作中应注意以下几点：

1. 警察巡逻职责是法律法规所规定的，具有不可推卸性。巡逻职责没有选择余地，巡逻人员只有严格遵守方不至于出现失职行为。

2. 警察巡逻权力是法律法规所授予的，是巡逻警察在职责范围内依法可以行使的权威性行为。它是完成巡逻工作，履行职责的重要保证，但巡逻工作的完成、业务的执行并不以行使权力为必要。

3. 实践中，职责的履行不以法律规定为限，即在不违背法定职责原则的基础上可以根据实际情况的需要创造性地开展工作，多尽义务，提高巡逻效果。而权力的行使则一定要依法、合理，不可逾越。这样才能更好地保障人民群众的合法权益，有助于搞好警民关系。

# 第三节　治安巡逻勤务基本内容

## 一、巡　　逻

### （一）巡逻方式

1. 步巡。即徒步巡逻。它是一种简便易行、效果较好的巡逻方式。步巡一般不受天气、地形、地物的影响，各种地方均能到达，巡行地区普遍，便于服务群众、联系群众。步巡人员的注意力集中、行动自如、观察全面，有利于迅速发现、处理各种违法犯罪行为。步巡既适于公共复杂场所、繁华闹市地段，又适于林荫树丛、偏僻地段等块状区域。但步巡占用警力较多，巡逻人员体力消耗大，容易疲劳；且调动速度慢、机动性较差。目前，我国的巡逻勤务工作主要以步巡为主。

2. 自行车巡逻。这种巡逻方式以自行车代步，警员不易疲劳，且速度较快、方便灵活，是一种既经济又适用的巡逻方式，是一种较为普遍的巡逻方式。

3. 机动车巡逻。即驾驶汽车或摩托车执行巡逻勤务。其速度快、机动性强，控制范围大，便于集结。但存在着开支较大、易脱离群众、观察不细等问题。一般只适用于城市交通干线、重要街道和城乡结合部等。

4. 马巡。即骑马巡逻。这种方式视野开阔，巡察范围较大，便于观察情况，且颇显威严，威慑作用大。但存在着经费开支大等问题。较适合游牧地区或边境地区。我国大连、太原等城市建有骑警队。

5. 舟巡。即驾驶舰船等水上交通工具在水域执行巡逻勤务。只适于沿海、江河、湖泊等区域，且受气候、水域情况影响较大。

6. 空巡。即驾驶空中飞行器进行巡逻勤务，空巡居高临下，视野开阔，易于发现目标进行大范围监视。空巡的经费投入大，专业技术要求高，且易受气候条件限制，主要用于重大目标保卫和森林防护等工作。

#### （二）巡逻方法

治安巡逻方法是实现巡逻目的，完成巡逻任务的有效手段，必须根据实际情况（如巡逻时间、地点、天气以及违法犯罪情况等）合理选用，以达较好效果。

1. 定线巡逻与乱线巡逻相结合。定线巡逻是指巡逻人员在一定的时间内，循所规定的巡逻路线、方向巡逻。这种方法便于联络，对应该保护的处所及特定事物，能发挥保护作用；但巡逻的时间、方向、路线固定，巡逻人员所见仅限于巡逻路线所经过的地方，不能做到普遍查巡，且因有固定规律，易于被不法分子了解掌握乘虚而入。乱线巡逻指巡逻人员在一定时间、巡逻区域内，可以自由选定可能发生事件和案件的地点，没有固定路线的任意往返巡逻。这种方法巡逻范围能遍及整个辖区，时间、路线、方向均不固定，违法之徒无法掌握巡逻规律，能发生普遍警戒之效果。二者的有机结合，更能发挥巡逻的作用。

2. 一般巡逻与重点巡逻相结合。一般巡逻就是根据城市整体布局结构，划段分片、全方位地进行巡逻，不留死角。重点巡逻就是对城市重点区域、重点单位和要害部门进行重点控制和防护。二者的结合就是通过巡逻把对社会面的全面控制与重点巡查、要害保卫结合起来。

3. 白天巡逻与夜间巡逻相结合。无论白天还是黑夜，违法犯罪都可能发生，因而巡逻工作必须全时空进行，以防范打击各种违法犯罪活动。比较而言，白天巡逻震慑力较强，能及时查处取缔各类违法活动，起到预防犯罪作用，同时也可帮助群众，并调解纠纷；夜间巡逻，则便于发现和抓获现行，有利于保障社会的安全。

4. 公开巡逻与秘密巡逻相结合。公开与秘密相结合是指穿制服与着便装相结合的巡逻方法。公开巡逻能够产生警察无所不在的积极效果，威慑各种违法犯罪分子，增强公众安全感。这种方式巡逻人员在明处，易于被犯罪分子发现、掌握而逃避打击。而秘密巡逻则恰恰相反，可以攻敌不备，较好弥补前者的不足。

### 二、盘查

#### （一）盘查的概念

盘查是警察在巡逻勤务中，为发现违法犯罪分子对可疑人员进行盘问和检查的行为方式。其目的是核实嫌疑人的身份，查明有关事实，收缴盘查对象携带的违禁、危险物品和赃物，保护公民，维护社会安全。

### （二）盘查的对象及法律依据

盘查的对象主要是有现行违法犯罪行为或有违法犯罪嫌疑的人员。《中华人民共和国警察法》第9条规定：为维护社会治安秩序，公安机关的人民警察对有违法犯罪嫌疑的人员，经出示相应证件，可以当场盘问、检查。经盘问、检查，有下列情况之一的，可以将其带到公安机关，经该公安机关批准，对其继续盘问：

1. 被指控有犯罪行为的；
2. 有现场作案嫌疑的；
3. 有作案嫌疑，身份不明的；
4. 携带的物品有可能是赃物的。

对被盘问人的留置时间自带至公安机关起，不应超过24小时，在特殊情况下，经县级以上的公安机关批准，可以延长至48小时，并应当留有盘问记录。对于批准继续盘问的，应当立即通知其家属或者其所在单位。对于不批准继续盘问的，应当立即释放被盘问人。经继续盘问，公安机关认为对被盘问人需要依法采取拘留或者其他强制措施的，应当在继续盘问的48小时内作出决定，经48小时继续盘问仍不能作出上述决定的，应当立即释放被盘问人。

### （三）盘查对象的疑点与识别

1. 盘查对象的疑点。这里的疑点指巡逻过程中发现的具有违法犯罪可能性的现象在巡逻人员头脑中的反映。警察在巡逻中，发现疑点是进行盘查的前提条件，是盘查的必经阶段。没有发现可疑现象，就不可能进行盘查。实践中，疑点主要有以下几类：一是行为举止疑点；二是人身疑点；三是物品疑点；四是痕迹疑点；五是时事疑点；六是地事疑点；七是人群关系疑点。

2. 盘查对象的识别。这里的识别是指警察在巡逻过程中，运用观察能力、丰富经验和专业知识，结合违法犯罪分子活动的规律特点，以感知的外部特征为依据，对嫌疑人的行为性质或人身形象进行判别的过程。实践中应注意做好有疑点人员的识别工作，以及时发现、揭露、抓获各种违法犯罪分子。

### （四）盘查的步骤与技巧

盘查可分为四个步骤：启问、盘问、检查、处理。

正式盘问前应从策略和技巧上做好三方面准备：首先，判断对象的特点，可能有什么问题。其次，从对象的特点出发，设计启问的问题，如何展开等。再次，预测对象可能的猛烈攻击，逃跑、掏凶器、毁灭物证等行为，并准备可行的防范措施和对策。

1. 启问。对没有实质性疑点者，都应有一个初步的启问过程，而不能直接进行盘问。启问的形式有两种：

第一，一般性询问。指不涉及疑点的一些问话。如从哪来、到哪去、干什么工作、家住哪里、多大年龄等，目的是判断对象是否说假话，有无更多的疑点。

第二，交谈性询问。指以关心、友好的形式进行攀谈，寻找其疑点。如谈其住址、单位有什么特点，看其是否了解。

通过启问，可以排除怀疑的就没有必要盘问，若不能解除怀疑的，通过一般性询问交谈，发现新疑点，特别是发现实质性疑点时，即可进入盘问阶段。

2. 盘问。盘问是进行初步审查的过程，盘问的方法较多，应灵活运用。

第一，提问法。即提出问题引导对方自述，尽可能使之多讲细节，以发现其破绽。

第二，揭露谎言法。谎言是违法犯罪的伪装，揭露其谎言，就可以攻破其防线。

第三，分开盘问法。凡遇二人以上的可疑者时，应分开进行盘问，以便发现其矛盾之处，扩大疑点，发现违法犯罪分子。

第四，突破法。巡逻人员对多名可疑者盘问时，应找准突破口，选择较弱者，以瓦解其犯罪团伙，取得好的效果。

3. 检查。检查包括查检证件和检查实物。

查验证件主要查居民身份证、工作证、机动车驾驶证、营业证、证明等。

检查实物应区别于刑事强制手段的搜查。其主要特点是要求被检查人展示所携物品，巡逻人员可以触摸，仔细审视；同时，被检查者必须回答巡逻人员所提出的问题。一般在有重大疑点时才可使用。

巡逻人员在检查中应注意以下三点：第一，灵活运用多种方法技巧，如观察法、身体接触法等，查明疑点，以达盘查目的；第二，采取必要措施，作好安全防范，确保自身安全；第三，做好取证工作，力求保证证据的完整性，为依法处理作好充分准备。

4. 处理。盘查中的处理是指对被盘查对象的可疑点基本弄清后所采取的措施。依据不同的情况有以下处理方式：

第一，没有发现违法犯罪行为的，应立即放行。对他们应做必要的解释工作，以求谅解、支持工作。

第二，查明有轻微违法、违规行为的，应依据实际情况或批评教育或给予治安处罚。

第三，查明有犯罪嫌疑或有犯罪事实的，要采取强制措施，带回巡逻单位，依法处理。

第四，对有一定危险性的醉酒或精神病患者，应采取适当约束措施，送交当地派出所处理。

第五，对受害者，应及时给予帮助。

### 三、治安巡逻跟踪

治安巡逻跟踪是指巡逻人员秘密观察、监视可疑对象的行踪，获取违法犯罪证据的一种秘密手段。它不同于刑事侦查中的跟踪盯稍。

#### （一）跟踪的任务

跟踪的任务就是通过监视可疑人的活动，证实其有无违法犯罪活动；发现与跟踪对象有接触的其他人员，扩大线索；控制转移销赃，防止其毁灭罪证。

#### （二）跟踪的原则

巡逻跟踪的原则是“严密监控，细心观察，内紧外松，不露形迹”。贯彻这一原则要求巡逻人员在跟踪时要灵活机智，胆大心细，随机应变，既能有效监控跟踪对象，又不暴露自己的意图。

#### （三）跟踪的方法

跟踪主要有以下方法：

1. 徒步跟踪。巡逻人员应根据跟踪对象行走速度，所处场合、地段等情况，注意力高度精中，随时调整自己的步法快慢、与跟踪对象间的距离等。以便于监控，防止丢失目标。

2. 驾车跟踪。驾车跟踪时，要保持一定距离，不能同时停车。为防止暴露，在有条件时，最好二辆以上机动车分别跟踪。行车中要记清可疑人员所乘车辆的种类、牌号，以备调查取证之用。

3. 夜间跟踪。夜间跟踪应穿软底鞋、深色服装，距离应尽量靠近，并利用地形地物隐蔽掩护，注意听取被跟踪对象与有关人员的对话。

#### （四）跟踪中应注意的事项

1. 巡逻人员在跟踪中要带好可以证明自己警察身份的有效证件，以免与他人发生误会。

2. 巡逻人员注意力要高度集中，以免跟踪对象丢失或遗漏重要情况。

3. 加强防犯意识，确保自身安全。尤其是在夜间跟踪或对不熟习情况的地段、院落等更要提高警惕，防止跟踪对象报复、行凶。

# 第七章　公共场所管理

## 第一节　公共场所概述

### 一、公共场所的涵义

公共场所，是指社会成员可以自由到达、停留或往来涉足，进行社会活动的场所。

公安机关通常把那些人员特别集中、流动频繁、情况复杂，容易发生违法犯罪活动和治安灾害事故，可能影响治安秩序和社会安全的公共场所，称为公共复杂场所。

### 二、公共场所的特点

#### （一）分布面广，种类及数量多

这是由公共场所本身的功能所决定的。人们为满足物质与精神方面的需求而参加的政治、经济、文化以及社会服务等各类社会活动，大多是在公共场所进行的。在现代社会，公共场所的种类多，数量大，且分布面广，可以满足不同阶层人们的需要。

#### （二）人员构成复杂，彼此之间没有特定关系，缺乏约束力

由于这些场所往往汇集着社会各阶层的人员，且人们参与这些场所的活动都具有临时性。因此，公共场所人员构成极为复杂，而且彼此之间没有特定关系，一些不法人员也常常混迹其中，致使公共场所的人员构成和组织状态往往处于混乱的无序状态，易为犯罪分子所利用。

首先，人员构成复杂，其中不乏违法犯罪人员及危险分子从中寻找作案机会，给公共场所的治安秩序带来负面影响；其次，场所中人员彼此缺少约束，易做出过激行为，引发治安事件。

#### （三）人、财、物聚集，流动性大

公共场所是人、财、物高度聚集的场所，是人员流动的中转站和物资、财富的集散中心。人、财、物大量汇集和流动，对发展生产、繁荣市场经济、传播文

化与精神文明起着积极的作用，但也会给社会增加不安定因素，诱发一些治安问题。

(四) 信息交流量大，传递速度快

人作为信息的一种载体，在公共场所高度聚集、频繁交往和流动，决定了公共场所的信息交流不仅量大，而且迅速。尤其在现代科学技术特别是电子和通讯技术高度发达的时代，信息在人们社会生活中起着越来越重要的作用。对于公安机关来说，充分利用公共场所搜集信息，积极掌握社会动态，对侦查破案、预防治安事件和采取有效措施进行治安管理都是很重要的。

(五) 易于发生各种治安问题

公共场所的各类人员之间，容易产生各种矛盾、冲突和纠纷；公共场所中人员来自四面八方，一旦发生矛盾冲突，易发生连锁反应，诱发新的问题，而且影响面广，处理不当还会引起群众不满，诱发治安事件；公共场所的特殊环境容易隐藏、容纳违法犯罪分子，而某些场所的经营者，为了片面追求经济效益，常为违法犯罪提供条件；某些场所的管理者、活动的主办者违反禁令，置社会效益于不顾，片面追求经济效益，会产生治安隐患和灾害事故；公共场所人员密度高，一旦发生紧急意外事件，容易造成重大伤亡和财产损失，等等。

## 三、公共场所管理的范围和任务

(一) 公共场所管理的范围

由于公共场所具有易被不法分子利用进行各种违法犯罪，又易发生各类治安事件和治安灾害事故的特点，公安机关必须把它作为治安管理的重点。当前，由公安机关实行治安管理的公共场所主要有：公共娱乐场所；公共交通中转场所；参观游览场所；商品交易场所等。

(二) 公共场所管理的任务

公安机关管理公共场所的基本任务是：依法查处场所内各种违法犯罪案件、治安事件和治安灾害事故，督促指导公共场所搞好治安防范，保障场所内国家、集体和公民的财产安全和人身安全，保障公共场所的治安秩序。

公安机关管理公共场所的具体工作主要有：审批发证或对其变更、注销进行备案登记；指导场所及其负责人制定安全管理制度，落实安全保卫责任制；协助、督促场所维护自身秩序，预防影响秩序的行为和事件的发生；监督、检查危险物品的保管、使用和运输的安全，查禁场所内的违禁物品；对场所内有违法犯罪嫌疑的人进行依法审查；对在场所发生的突发性事件和灾害性事故进行现场处置；协助有关部门查缉罪犯、堵截逃犯，侦破一般刑事案件；查处治安案件、治安事件和治安灾害事故等。

## 第二节　公共娱乐场所治安管理

近些年来，公共娱乐场所的发展变化非常大。如今，各类娱乐场所遍布城镇及乡村的大街小巷，在人们休闲、娱乐活动中发挥着重要作用。

对娱乐场所的管理，一直是治安管理的难点和重点。如何管好娱乐场所，使娱乐场所不至于"一管就死"而丧失其活跃经济以及人们业余文化生活的功能，又不至于"一放就乱"而滋生蔓延社会丑恶现象，阻碍社会主义精神文明建设。这不仅需要治安部门依照现有法律、法规进行管理，还需要治安部门结合各地方实际，不断地探索和总结经验，逐步走向规范和成熟。

目前，公安机关管理公共娱乐场所时所依据的法律规范主要有：1999 年 3 月 17 日由国务院通过的《娱乐场所管理条例》；1999 年 5 月 25 日由公安部发布的《公共娱乐场所消防安全管理规定》以及 1998 年 11 月 3 日公安部颁布的《公安派出所实行公共娱乐服务场所治安管理责任制暂行规定》。这些法律、法规对娱乐场所的经营主体、经营内容、经营环境，对人员的要求及治安管理义务等，以及相关的法律责任等都做出了详细的规定。

### 一、公共娱乐场所概述

#### （一）公共娱乐场所的概念

根据《娱乐场所管理条例》的规定，娱乐场所是指"向公众开放的、消费者自娱自乐的营业性歌舞、游艺等场所"。这个概念说明，纳入公安机关治安管理的娱乐场所，是经工商行政管理部门登记的，向公众开放的营业性场所。单位内部举办的歌舞、游艺等娱乐活动以及向内部职工开放的非营业性的娱乐场馆，私人、家庭举办的娱乐活动，均不是治安管理的范围。

#### （二）公共娱乐场所的管理范围

娱乐场所的管理范围也即是在管理中对娱乐场所进行的分类。主要包括以下四类室内场所：

1. 演出、放映场所，如影剧院、录像厅、礼堂等；
2. 歌舞娱乐场所，如舞厅、卡拉 OK 厅以及具有娱乐功能的夜总会、音乐茶座和餐饮场所等；
3. 室内游艺、游乐场所，如电子游戏厅、台球室等；
4. 营业性健身、休闲场所，如保龄球馆、旱冰场、桑拿浴室等。

#### （三）公共娱乐场所的特点

1. 公共娱乐场所的数量及种类都在不断地增多

改革开放以前，我国的经济非常落后，人们的业余生活非常单一。甚至到1987年我们国家才放开了对营业性舞会的限制。1985年，全国各类公共娱乐场所不足万家，而进入到20世纪90年代以后，娱乐业的发展，不仅在数量上，而且在种类上都有了更多的变化，它已不再是单纯的唱歌、跳舞等娱乐活动，还出现了大量的电子游戏、台球等室内游艺、游乐场所，以及保龄球、桑拿浴室等休闲娱乐场所。娱乐场所也不再像以往一样仅仅集中于繁华闹市区，在市郊、县城、乡镇乃至农村都已出现了档次不一的娱乐场所。娱乐场所的种类及数量如此之多，分布面如此之广，不仅丰富了人们的业余生活，满足了不同文化程度、不同欣赏水平、不同消费水平的人们的休闲娱乐需求，而且，它对拉动我国第三产业的发展、刺激消费、解决一部分人的就业问题等，也都起到了积极的作用。

2. 公共娱乐场所向大型化、综合型发展。

现在，无论是传统的，还是新兴的娱乐场所，都正朝着集多种娱乐和其他消费于一体的方面发展，且规模越来越大，功能更加多样化。这种大型化、综合型娱乐场所的形成，弥补了单一经营的缺陷，使消费者在一个场所内就可以享受到多种娱乐服务，不但给消费者提供了方便，对经营者来说，也提高了综合效益。如有些电影院、剧场，增设了录像厅、小放映厅、台球厅、小商店等，一些有条件的餐饮场所内增设了卡拉OK、歌舞表演等娱乐项目。而集娱乐、餐饮、购物、健身、桑拿为一体的综合性娱乐场所，如夜总会、俱乐部等也越来越多。娱乐场所朝着大型化、综合型发展的这种趋势，虽然符合社会经济、文化发展的规律，但也给治安管理带来了新的问题和挑战。

3. 社会丑恶现象容易在娱乐场所滋生蔓延。

(1) 色情活动、赌博、卖淫嫖娼等违法活动在公共娱乐场所滋生、蔓延。如有的歌舞厅灯光过于黑暗，或播放不健康的音乐。甚至有的经营者以歌舞娱乐为幌子，实质上从事非法经营，如在歌舞厅、卡拉OK厅、夜总会、酒吧、发廊、足屋等提供以营利为目的的色情陪侍，或直接提供卖淫嫖娼的条件，场所内设置赌博项目等，甚至有的地方出现了变相的红灯区、赌博城，严重影响了娱乐场所的健康发展。

(2) 淫秽的影像及音乐制品在一些录像厅、录影厅大肆传播，严重污染了社会主义精神文明建设。近年来，录像、影碟技术发展迅速，由于国外一些淫秽的录像和光盘大量走私进入我国境内，国内也有一些地下工厂盗版制作淫秽光盘，虽然公安机关一再严厉打击制作、贩卖和传播淫秽物品的活动，但流入市场的淫秽光盘仍非常之多。而各地迅速增多的录像厅、录影厅，也为传播淫秽物品在客观上提供了一定的机会和条件。一些经营者，利欲熏心，无视国家法律，在录像厅、录影厅大肆传播淫秽的影像制品，严重污染了人们的精神生活，尤其对青少年的健康成长极为不利。

(3) 寻衅滋事、聚众斗殴现象屡禁不止。人们到娱乐场所娱乐，是为了休闲、放松和愉悦心情，在娱乐过程中产生兴奋、激动和冲动等情绪都是正常的，饮酒又通常成为娱乐时不可或缺的内容。但是，有些人在过于亢奋的情绪下，往往做出一些过激行为，或有些人借助亢奋的情绪故意滋事，因此，公共娱乐场所的寻衅滋事、聚众斗殴行为屡禁不绝，一直是公共娱乐场所突出的治安问题。所以，公安机关除了对娱乐场所进行经常性的监督检查外，督促娱乐场所加强保安力量，搞好自身的保安工作是非常必要的。

(4) 流氓滋扰、侮辱妇女的行为在公共娱乐场所不断发生，严重破坏了场所的秩序。在娱乐活动中，一些人趁人多拥挤对妇女进行流氓滋扰，也有的人仗钱多、势众，故意刁难、侮辱女服务员、女歌手，不仅危害了妇女的身心健康，而且影响了娱乐场所的正常秩序。

(5) 个别场所忽视安全防范工作，容易导致塌、砸、挤、压、溺水、火灾和爆炸等治安灾害事故的发生。营利，是开办娱乐场所的一个主要目的。但有的娱乐场所只为营利，忽视安全防范工作，如游泳场的救护、防范措施不力，射击场的防护措施不力，室内娱乐场所的防火措施不力或不符合防火安全规定等，都容易导致治安灾害事故的发生。

**二、对公共娱乐场所经营主体的管理**

娱乐业的经营主体，既可以是单位，也可以是公民个人，但都必须经过工商行政管理部门的登记和注册。根据《娱乐场所管理条例》的规定，设立娱乐场所，应当具备四个条件：一是有单位名称、住所、组织机构和章程；二是有确定的经营范围和娱乐项目；三是有与其提供的娱乐项目相适应的场地和器材设备；四是公共娱乐场所安全、消防设施和卫生条件符合国家规定的标准。

以上四个条件是对经营娱乐场所最起码的要求。除此之外，《娱乐场所管理条例》还对经营娱乐场所的法人及其法定代表人、经营娱乐场所的主管人员，给予了一定的限制。

1. 各级人民政府文化行政主管部门、公安机关及其工作人员不得举办公共娱乐场所，并不得参与或者变相参与娱乐场所的经营活动。

2. 下列人员不得担任娱乐场所经营单位的法定代表人和主管人员，并不得参与娱乐场所的经营管理活动：

(1) 因犯有强奸罪，强制猥亵、侮辱妇女罪，组织、强迫、引诱、容留、介绍卖淫罪，赌博罪，制作、贩卖、传播淫秽物品罪或者走私、贩卖、运输、制造毒品罪，曾被判处有期徒刑以上刑罚的；

(2) 因犯罪曾被剥夺政治权利的。

3. 外商不得独资经营娱乐场所。国家禁止设立外商独资经营的娱乐场所，如果外商投资我国境内的娱乐业，可以采取合资或者合作经营的方式。

## 三、对公共娱乐场所的经营环境管理

经营公共娱乐场所，必须选择适合进行娱乐活动以及便于营利的环境，一般经营者都选择繁华、热闹、流动人口多的地方设定娱乐场所；但是，这类场所必须不得干扰机关、团体、单位和其他公民正常的生活及办公秩序，不得对公共安全形成威胁。因此，在《娱乐场所管理条例》和《公共娱乐场所消防安全管理规定》中，对公共娱乐场所的设立的外部环境及娱乐场所内部环境提出了一定要求。

### （一）娱乐场所的外部环境

娱乐场所的外部环境，即是娱乐场所的经营地点，法律上称为“住所”。公共娱乐场，并非在任何地点都可以设立。法规规定，在以下地点不得设立公共娱乐场所：

1. 有可能干扰学校、医院、机关正常学习、工作秩序的地方；
2. 文物古建筑和博物馆、图书馆建筑内，以及居民住宅楼内；
3. 与重要仓库或者危险物品仓库相毗连的地方。

公安及工商行政管理部门在审核娱乐场所开业条件时，要对其设立的外部环境进行考查，不符合条件的，不应发给治安许可证及营业执照。

### （二）娱乐场所的内部环境

为了防止社会丑恶现象以及其他违法犯罪活动在娱乐场所内滋生蔓延，在《娱乐场所管理条例》中明令禁止某些违法犯罪活动。

然而，仅有禁止性规定并不能够当然地避免违法犯罪活动的发生，相关法规还对公共娱乐场所的内部环境，提出了一些较为具体的要求：

1. 歌舞娱乐场所内包房的要求。在歌舞娱乐场所内设置的包厢、包间必须符合两项标准：一是应当安装能够展现室内整体环境的透明门窗；二是包厢、包间不得有内锁装置。

2. 对疏散门的要求。公共娱乐场所的疏散门应向外开启，不得采用卷窗门、转门、吊门和侧拉门，门口不得设置门窗、屏风等影响疏散的遮挡物。

3. 对安全出口的要求。公共娱乐场的安全出口处不得设置门槛、台阶，在营业时，公共娱乐场所必须保持安全出口畅通，严禁将其上锁、阻塞。

4. 对在地下建筑内的公共娱乐场所的要求。地下建筑内设置公共娱乐场所，只允许设在地下一层，并且应当严格执行《公共娱乐场所消防安全管理规定》中对地下建筑物内娱乐场所的消防安全规定，即地下建筑物内设置公共娱乐场所，其通往地面的安全出口不应少于两个，应当设置防烟排烟设施、火灾自动报警系统和自动喷淋灭火系统，并且不允许使用液化石油气。

5. 消防要求。娱乐场所经营单位应当加强防火措施，保证消防设施的正常使用。在设立公共娱乐场所以及场所进行施工或改建时，公安机关消防部门应对公共娱乐场所是否符合有关消防要求进行审查，审查合格的，才允许其开业。开业后，娱乐场所内的消防情况主要由公安消防机构及当地治安管理机构进行监督。

6. 声响要求。公共娱乐场所的边界噪声必须符合国家规定的标准，[1] 声响不得过大，不得干扰场所周围的办公秩序和场所周围居民的休息，如果边界噪声超过国家规定的标准，公安机关及有关行政部门可以责令其整改，同时可提请环保行政部门予以处理。

## 四、娱乐场所的治安义务

由于娱乐场所容易成为违法犯罪的多发地，因此，法律、法规对其规定了特别的义务，要求娱乐场所经营单位及其人员在经营娱乐场所时，不仅应遵守有关法律、法规、而且应防范违法犯罪的发生。娱乐场所的经营单位及其人员，应承担以下治安义务：

### （一）确定消防安全责任人的义务

公共娱乐场所应当在法定代表人或者主要负责人中确定一名本单位的消防安全责任人，并向当地公安消防机构备案。消防安全责任人主管并负责场所内的消防安全工作，负责检查和落实本单位的各项消防安全措施。

公共娱乐场所的房产所有者在与其他单位、个人发生租赁、承包等关系后，公共娱乐场所的消防安全由经营者负责。

---

[1] 具体标准，参照1993年1月1日由国家环境保护局颁布，1993年1月1日起实施的《城市区域噪声标准》。

| 声级 区域 时间 | 0类 | 1类 | 2类 | 3类 | 4类 |
| --- | --- | --- | --- | --- | --- |
| 昼间 | 50分贝 | 55分贝 | 60分贝 | 65分贝 | 70分贝 |
| 夜间 | 40分贝 | 45分贝 | 50分贝 | 55分贝 | 55分贝 |

其中，0类标准适用于疗养区、高级别墅区、高级宾馆区等特别需要安静的区域，位于城郊和乡村的这一类区域分别按严于0类标准5dB执行。1类标准适用于以居住、文教机关为主的区域。乡村居住环境可参照执行该类标准。2类标准适用于居住、商业、工业混杂区。3类标准适用于工业区。4类标准适用于城市中的道路交通干线道路两侧区域。穿越城区的内河航道两侧区域，穿越城区的铁路主、次干线两侧区域的背景噪声（指不通过列车时的噪声水平）限值也执行该类标准。

(二) 娱乐场所雇佣的从业人员必须符合法律规定的义务

娱乐场所的从业人员，包括服务员、保安人员、表演人员、音响师、调酒师、厨师、勤杂工等等。《娱乐场所管理条列》对在娱乐场所的从业人员提出了一定条件。

1. 从业人员必须是年满16周岁的健康公民。年满16周岁的健康公民才可以在公共娱乐场所就业，未成年人不得在娱乐场所就业，这符合《未成年人保护法》对未成年人的保护。[1]

2. 从业人员应当持有相应证件，以备检查。居民身份证是从业人员应当持有的最基本的证件。除此之外，外地务工人员还应当持有《暂住证》和务工证明；外国人及其他境外人员在娱乐场所就业的，还应持有《外国人就业许可证》。娱乐场所经营单位不得雇佣没有证件或者证件不齐全的人员就业。

3. 娱乐场所应当配备保安人员。保安人员须经县级以上地方人民政府公安机关培训；经培训并取得资格证书的，方可上岗。

4. 娱乐场所的从业人员在营业时间内，应当统一着装并佩带工作标志。从业人员的服装样式，可以由娱乐场所自行决定。但是，至少是从事同一种服务的从业人员的服装应统一，并佩带相应的工作标志。

(三) 不得提供以营利为目的的陪侍或者为此活动提供方便和条件的义务

这项治安义务对公共娱乐场所的具体要求包括两层涵义；一是场所本身不得雇佣以营利为目的的陪侍活动的人员，不得提供此项“服务”(经营内容)；二是不得为此提供方便和条件，如给予开包房的便利和条件，等等。

(四) 歌舞娱乐场所不得接纳未成年人的义务

这是歌舞娱乐场所应承担的特殊的治安义务。未成年人自行进入娱乐场所消费的，娱乐场所可以要求查看其身份证件，发现是未成年人的，则不应接纳。“未成年人”应指根据《未成年人保护法》中规定的不满18周岁的人。

(五) 游艺娱乐场所中设置的电子游戏机，除国家法定节假日外，不得向未成年人提供的义务这是为保护未成年人健康成长所设定的义务

通常未成年人的自控能力较弱，因此单纯教育未成年人少玩电子游戏，并不能起到实际作用。因此，由法律来规定游艺娱乐场所不得提供的义务，则对保护未成年的健康成长具有非常深远的意义。在国家法定节假日以外，即使是未成年人主动要求玩电子游戏机，娱乐场所也不能向其提供，否则，即构成违法。

---

[1] 《未成人保护法》规定：“任何组织或者个人不得违反国家和自治区的有关规定招用、介绍、出具假证明给未满十六周岁的未成年从业”。“文艺、体育和特殊工艺单位，确需招用未满十六周岁的文艺工作者、运动员和艺徒时，须报经县级以上劳动行政部门批准，并保证他们接受义务教育的权利”。

（六）娱乐场所不得提供利用电子计算机从事的娱乐活动的义务

游艺娱乐场所不得设置使用具有退币、退钢珠、退奖券等赌博功能的电子游戏机机型、机种、电路板。

（七）制止和报告的义务

娱乐场所经营单位发现进入娱乐场所的人员进行违法犯罪活动的，有制止并向公安机关报告的义务。例如：《条例》第25条规定，娱乐场所经营单位发现进入娱乐场所的人员在娱乐场所卖淫、嫖娼、赌博、吸毒、贩卖、传播淫秽书刊、影片、录像带、录音带、图片及其他淫秽物品，从事淫秽、色情或者违背社会公德的活动和封建迷信活动，或者从事以营利为目的的陪侍的，必须予以制止，并立即向当地公安机关报告。

## 五、娱乐场所治安管理措施

（一）严格开业审批制度，取缔非法开业场所

经营娱乐业，一般需要三证，即治安合格证、文化许可证、工商营业执照。公安机关要与文化行政和工商行政机关密切配合，从三证的审批上严格把关。

首先，公安机关要审查开办娱乐场所的单位及人员是否有开办的资格。

其次，公安机关在娱乐场所的开办审批时，还应对场所进行治安调查和安全检查，对不符合治安条件的场所应当不予许可开办。如对娱乐场所经营面积的标准和配套设施的要求、照明要求和声级控制、人员容量标准、安全管理人员的配备、音像制品的使用、娱乐活动内容等均要进行调查；还要调查设立娱乐场所的地点，如法律规定禁止在公共图书馆、博物馆、美术馆、医院、烈士陵园、公墓、中小学校、幼儿园、少年儿童活动场所等举办营业性文化娱乐活动；禁止在中小学校周围200米的范围内开办游戏机房和游艺机房；不得在居民住宅楼内改建公共娱乐场所等。

（二）加强监督和检查

公安机关治安管理部门要经常对辖区内的娱乐场所进行监督检查。治安警察可以通过观察、检查、查阅、询问及向相关场所、单位的治安保卫组织或负有责任的人和工作人员进行了解，也可以适时采取突击检查方式。治安检查的内容主要包括：对经营场所结构和布局的安全检查；对经营场所的消防安全检查；对从业人员的检查；以及对娱乐场所活动内容的检查。

不仅公安机关要监督检查公共娱乐场所的治安状况，人民群众也可以监督公共娱乐场所是否合法、正当地经营。加强群众监督工作，公安机关应调动群众监督的积极性。针对公共娱乐场所的治安情况，公安机关可以设立群众举报箱，以便群众对发现的公共娱乐场所中的治安问题及时报告公安机关，公安机关及时查实处理。

（三）加强对从业人员的管理及治安培训

加强对从业人员的管理及培训，不仅可以防止一些从业人员利用工作上的便利从事违法犯罪活动，而且通过培训，可以加强从业人员的治安意识，以便更方便地了解场所违法犯罪的信息，预防违法犯罪行为的发生。

公安机关治安管理部门可以对辖区内所有的娱乐场所的从业人员进行登记造册，以便于监督管理。通过掌握辖区内娱乐场所从业人员的数量，定期以各种形式组织从业人员进行法制学习和教育，向他们宣讲当前的治安形势，提高他们的守法意识和维护场所治安秩序的能力，以及预防、发现违法犯罪及治安灾害事故的能力，并积极主动向公安机关提供线索，敢于同一切违法犯罪行为作斗争。

（四）搜集娱乐场所的治安信息，预测并预防违法犯罪活动

治安部门搜集娱乐场所治安信息的渠道可以是多样的，既可以通过正面询问向场所保安人员、服务人员、经理等了解治安信息，也可以向娱乐场所周围单位及群众进行侧面了解；既可以公开地调查了解娱乐场所的活动情况，也可以通过秘密力量了解场所的治安信息。治安部门准确掌握娱乐场所的治安信息，不仅可以及时打击发生在场所的不法行为及苗头，而且便于治安部门分析和研究场所治安问题发生的规律，有针对性地做好各种预防工作。

（五）依法查处违法犯罪案件

公安机关通过对公共娱乐场所的检查、调查，对发现的违法犯罪案件及时查处，及时整顿娱乐场所存在的突出的治安问题。如果场所出现严重的治安隐患，经责令整改仍不整改或整改不合格的，或经营者的违法经营情节严重，治安部门可在收回其治安许可证的同时，提请工商行政管理部门吊销其营业执照。

## 第三节　其他各类公共场所的管理

### 一、公共交通场所的管理

（一）公共交通场所的管理范围

公共交通场所，是指提供人们出行的交通工具和候乘交通工具的固定场所。主要包括客运列车和客运列车站，地铁及地铁站，长途客运汽车和客运汽车站，市内公共电车、汽车及候车站点，出租汽车及其出租站，客轮及其码头，渡船及其渡口，民用飞机和民航机场等。

（二）公共交通场所的治安特点

近些年来，随着我国交通事业的发展，我国交通状况大大改善，新建了许多铁路、公路、城市道路以及新增了许多空中及水上航线，各种交通工具也大量增

加和更新，交通环境随之改善，增建了更多的交通中转站点，我国的公共交通场所也呈现出新的局面，在交通运输和我国经济发展中起着重要作用。同时它也发生了许多变化，给我们治安管理部门带来了新的治安问题。目前，公共交通场所具有以下治安特点：

1. 公共交通场所往往是国内外敌对势力和恐怖分子进行破坏活动的重要目标，这些场所一旦发生问题，社会影响大，危害严重。近年来，国际社会恐怖活动日益猖獗，而公共交通设施及交通工具又是恐怖活动袭击的重点目标。

2. 公共交通场所还是违法犯罪分子容易混迹其间进行各类违法犯罪和逃逸、转移赃物的场所。公共交通场所既是旅客和物资的集散地，又是扒窃、偷窃、流氓滋扰、诈骗、高价倒卖车船票等各类违法犯罪分子经常活动的地方。由于公共交通场所还是各种交通工具停靠和必经之地，使其具有流动的便利性，成为一些违法犯罪分子逃逸、转移赃物的场所，给公安机关破案和追捕工作带来了困难。

（三）公共交通场所治安管理的方法

1. 加强交通场所的治安宣传教育。

交通场所不仅需要每个公民自觉遵守和维护其治安秩序，而且需要人们同违法犯罪行为作积极的斗争。但有些人抱着“事不关已，高高挂起”的态度，凡事“利”字当头，只要于己无利，就漠不关心。而交通场所流动的人们彼此间又互不相识，一些人往往对身边发生的违法犯罪行为既不制止，也不向公安机关报告，抱有“多一事不如少一事的心理”，这样，不仅纵容了违法犯罪行为，而且对社会风气带来了不良的影响。

加强交通场所的治安宣传教育工作，在当前具有非常重要的意义。公安机关的具体做法可以是：(1) 通过广播，电视、黑板报、宣传栏、警标标语等各种形式进行宣传教育，严禁旅客携带易燃易爆等危险物品和其他违禁物品乘坐交通工具，以免对交通运行带来治安隐患，并教育群众自觉遵守公共秩序，维护交通场所的公共安全；(2) 通过各种形式的宣传并普及群众防丢失、防盗窃、防诈骗等防范知识；(3) 教育及培训交通场所从业职工要有防盗窃、防破坏、防治安灾害事故的知识及基本技能；(4) 用一些先进事例做宣传，号召人人争做守法、护法，敢于见义勇为、敢于同违法犯罪作斗争的公民。

2、加强对交通场所的安全检查，严格查禁“三品”。

公安机关查禁的“三品”包括易燃化学物品、爆炸物品和腐蚀性物品。加强安全检查，首先，公安机关要在火车站、渡口、码头、飞机场等客运中转站对旅客携带的物品进行安全检查，严防旅客把“三品”带到交通工具上；第二，公安机关还对公共交通场所的各项设施及各个部位进行检查，检查有无“三品”等不安全物质隐藏其中；第三，公安机关要对交通场所的治安责任部门进行经常性的检查，检查各项安全制度是否得以贯彻实施，各种安全设施是否牢靠，以便及时发现隐患，及时进行整改。

## 二、游览场所的管理

### （一）游览场所的管理范围

游览场所是指人们参观、游玩、休息、消遣的游览区域和园林等场所。随着现代物质生活和精神生活的进步，人们对外出游玩观览的需求与日俱增。而近年来旅游事业的不断发展，使游览场所的数目也急剧增多。公安机关管理的游览场所的范围包括：供人参观的公共场所，如博物馆、展览馆、陈列馆等；供游人游览、游乐的公共场所，如历史古迹、风景名胜区、公园、游乐园等。

### （二）游览场所的治安特点

1. 游览场所呈现出多元化、复杂化的治安特点。现代游览场所往往融游玩、娱乐、饮食、食品、现代娱乐设施为一体，场所内不仅有可以观览的各种景点，一般还拥有各种特色商店、饮食服务项目及现代娱乐设施及游艺内容，游览场所还往往举办各种活动，如龙舟比赛、游园会、庙会、赏花节、图书节等。因此，游览场所内又包含了多种类型的公共场所，各场所的治安特点也都在游览场所有所反映，表现出游览场所的治安特点多元化、复杂化。

2. 各类案件均有可能在游览场所发生，给预防工作提出既要抓重点，又要顾全面的要求。游览场所一般面积较大，地形复杂，游人众多。一些最著名的风景点和热闹的娱乐项目吸引了大部分游人，使这些部位聚集了大量的游人，极容易发生种种矛盾和纠纷，引起争吵、围观，导致场内秩序的混乱，甚至小的纠纷演变为打架斗殴或其他恶性事件；同时，游览场所内的一些僻静、偏远的部位也并非无人涉足，这些地方更容易发生抢劫、强奸、杀人等重大刑事案件。因此，公安机关对游览场所既要加强重点部位的治安管理，又要重视整个场所的安全防范工作。

3. 参观场所内陈列的珍贵物品，成为一些高级盗贼侵犯的目标。一些参观场所内往往陈列着国家级保护文物、珍贵的字画、珍宝等非常贵重的物品，虽然这些场馆的防盗措施比其他场所要严密得多，但由于这些物品的惊人的价值，使得仍有一些胆大的、自认为是高明的盗贼在时刻“瞄准”着这些场所，伺机作案。我国历史上也曾发生过多起珍贵文物被盗的案件。这说明我们一刻也不能放松，并且要不断加强对这些场所的安全防范工作。

4. 意外事故时有发生，影响场所的正常秩序。在游览场所的地势险峻处，或游人在参加一些带有惊险、刺激的娱乐项目时，由于游人不小心，或安全防范措施不力，或天气骤变等原因，有可能会发生一些意外事故。事故发生后，不仅造成受害者的受伤或身亡，而且受害者或其他游人往往产生巨大的心理恐慌，场所的秩序也会暂时出现混乱。甚至会因恐慌和混乱而导致挤、压、伤、亡等治安灾害事故。因此，对意外事故的预防工作应常抓不懈，这也给我们的预防措施和技术提出了更高的要求。

(三) 游览场所的管理措施

1. 按照“谁主管，谁负责”的原则，落实场所内各项安全管理措施。

治安管理部门可根据情况将游览场所内划分成不同的区域，交由游览场所内各单位，负责各自区域内的治安责任。治安部门要帮助各单位落实场所内各项安全管理措施，使各单位负起责任，狠抓本区域的安全工作，尤其一些带有危险性的设施和活动，如架空索道、缆车、滑道、游船、快艇、跳伞以及新近出现的蹦极运动等等，公安机关要和承办这些服务或举办这些活动的单位签订安全责任协议书，按照“谁主管，谁负责”的原则，落实场所的安全责任。公安机关则要进行经常性的监督、检查和指导。

2. 抓好场所内的宣传教育，严格进行监督检查。

公安机关要在职工和游客中开展安全宣传教育，使群众在游玩时加强安全意识，注意自身的安全。公安机关应会同城建等部门，对游览场所的各项设施、各个部位进行定期或不定期的安全检查。对新开放的游览景点和游艺设施进行严格安全检查和技术检测，对检查中发现的不安全隐患要责令游览场所及时整改。安全不合格的场所及设施不准开放和投入使用。

3. 加强巡逻值勤，查处违法行为。

公园、游览区的地形复杂，阴暗角落、偏僻处颇多，是违法犯罪分子易于作案的地方。为了有效地预防和发现违法犯罪，必须加强游览场所的巡逻值勤，对其进行整体控制。治安部门可以根据警力和场所保安人员及单位保卫工作人员的情况，组成巡逻小组，分时、分段对游览场所进行全方位的巡逻。巡逻小组在巡逻中发现问题，可以当场处理的，及时进行处理；现场解决不了需要支援或救助的，报告治安管理部门和医疗部门请求支援和救助；可以带回公安机关处理的，带回公安机关处理。

4. 使用技术手段，增强防范能力。

随着现代科学技术的高速发展，现代化的大型游艺设施和风景名胜区内的架空索道、超长缆车、电梯等不断增多，对这些场所的安全防范工作，只靠“人防”难以确保万无一失，公安机关要督促有关部门加强技术手段、应急设备和报警装置，以应付突发情况。

**三、商品交易场所的管理**

(一) 商品交易场所的管理范围

商品交易场所是指人们购买生产、生活用品和进行商品、物资展示、交易的场所。商品交易场所类型繁多、规模各异，包括大中小型商场、展销会、集贸市场、农贸市场、旧物交易市场等。

（二）商品交易场所的治安特点

1. 侵犯公私财物件在商品交易场所尤为突出。

商品交易场所物资丰富，聚集和流通着大量商品和财物，这些商品和财物对违法犯罪分子有极大的诱惑，往往成为被侵害的对象。因此，在商品交易场所往往混迹着许多不法人员，伺机进行扒窃、偷盗、抢夺、欺诈等侵财行为。

2. 销赃、收赃等违法犯罪行为在商品交易场所活动猖獗。

由于商品交易场所的商品来源渠道广泛，各商家进货渠道不一，有从国有大企业订购的商品，也有私人、个体企业生产、推销的商品，在一些集贸市场、农贸市场、旧物交易市场更有旧物交易，众多的商品来源渠道极其复杂，其中不乏有被盗的物资充斥商品交易市场，也有一些人图便宜，以谋利为目的，在商品交易场所进行收赃。因此商品交易场所很容易被违法犯罪分子利用进行销赃、收赃的违法活动。

（三）商品交易场所的管理措施

1. 积极防范违法犯罪活动。

治安部门应会同商品交易场所管理部门，根据实际需要建立相应的治安保卫组织，确定专门人员负责商品交易场所的治安工作，治安部门应帮助、指导商品交易场所可以根据需要和经济能力，采用现代高科技的安全防范及报警系统，加强基础防范设施建设。

2. 加强巡逻和场所的安全检查。

治安部门可以组织商品交易场所的治保人员或保安人员组成巡逻队，对场所进行全方位的巡逻。公安人员也应经常到场所巡逻，并进行安全检查，检查场所的安全防范制度落实情况、场所的安全防范及报警系统是否正常运行、场所的各个部位是否存在火险隐患，以及场所内是否有现行扒窃、抢夺、欺诈、销赃、收赃等违法犯罪行为。安全检查，对于商品交易场所治安管理来讲，是一项经常性的安全保卫工作，治安部门应常抓不懈。

3. 专群结合，维护好市场内外秩序。

公安机关可以依靠治保会、治安积极分子等群众力量，组织群众巡逻执勤，对场所进行巡逻和监控，配合民警维护好场所内外秩序。公安人员还可以在商品交易场所选定治安积极分子，布建治安耳目，密切注意场所的治安动向，为公安机关提供信息和情报。

4. 严格执法，及时打击违法犯罪活动。

在商品交易场所，一些人欺行霸市、故意哄抬物价或强压物价，强买强卖，故意扰乱市场秩序，他们往往形成帮派、流氓团伙和流氓恶势力，公安机关发现一个要打击一个，及时摧毁活跃在商品交易场所的扒窃、偷盗、抢夺、诈骗等进行侵财活动的流氓团伙和流氓恶势力不法分子，要及时组织力量进行打击，以保障商品交易场所正常的交易活动；治安部门对商品交易场所中拒绝、阻碍国家工作人员依法执行职务的行为，可以依照《治安管理处罚条例》及有关地方法规给予处罚，情节严重者，可以依法追究其刑事责任。

# 第八章　特种行业管理

## 第一节　特种行业管理概述

### 一、特种行业管理的涵义

行业，指一种社会分工和职业划分，是一种约定俗成的说法，我国自古就用“行业”来概括社会分工。当今社会，随着社会主义市场经济的发展，新行业将越来越多。我国在1997年将职业分为八大门类。人们有从事行业和职业的自由，这在各国国家根本法中都有规定和体现。但实际上，关于人们可以从事的行业或职业的种类、主体、处所、方法等，世界各国都因公共利益的要求，从法律上加以限制。比如，规定某种人不得从事某种行业，某种行业在某个国家绝对禁止等。因此，就有法定禁止的行业（在我国如赌博业、色情业等是绝对禁止的行业），特许的行业，核准的行业等。

特种行业是一种特许的行业，即只有经过所有权机关特别许可才能从事或经营的行业。“特种行业”是公安机关的专业用语。所谓特种行业，是指工商、服务等社会行业中，由于业务内容和经营方式同社会治安密切相关，国家以法律法规规定由公安机关实行特别许可纳入特定的治安行政管理的行业。

特种行业管理是指国家警察机关为了维护公共秩序，保障公共安全，对一些容易被违法犯罪分子利用的工商服务行业依法列入管理范围，并对其安全保卫工作实施指导监督的行政管理活动，包括旅馆业管理、印刷业管理、刻字业管理、旧货业管理等。

特种行业管理的涵义，包括以下几个方面的内容：

第一，从主体上看，特种行业管理由国家警察机关负责。在我国特种行业管理由各级公安机关的治安行政管理部门负责。治安行政管理部门除了要加强特种行业的治安行政管理力量，强化公安机关的监督检查职能外，还要贯彻“谁主管，谁负责”的原则，依靠特种行业的党政领导和从业人员搞好特种行业管理工作。同时，要对职工加强教育，提高从业人员的治安意识和对违法犯罪活动的防控能力。

第二，从客体上看，目前列入公安机关治安行政管理的特种行业，包括旅馆业、印刷业、刻字业、旧货业（包括废旧金属收购业、信托寄卖业、典当业、拍卖业）。这些行业容易被违法犯罪分子所利用。各地根据本地区的实际情况，对认为有必要纳入特种行业管理的，可报经省一级人民政府批准列为地区性特种行业。

**二、特种行业管理的特点**

特种行业是社会行业的一部分，既具有普通行业的共同特点，又具有与一般行业不同的自身特点。特种行业主要有以下特点：

1. 特种行业必须是工商服务业中的部分行业。工商服务业是国计民生所必需，是社会发展和经济建设不可缺少的行业。特种行业仅仅是工商服务业中的一小部分；不是所有的工商服务业都是特种行业，尽管有些行业同样有可能被违法犯罪分子所利用进行违法犯罪活动。

2. 特种行业经营的业务必须是易被违法犯罪分子利用进行违法犯罪活动。特种行业在客观上具有被违法犯罪分子利用和存在产生各类治安问题的条件，具体地讲，一是特种行业的业务内容和经营方式，容易被利用作为进行违法犯罪活动的环境、条件；二是特种行业的经营性质容易诱发经营者和从业人员从事具有行业特点的违法犯罪活动；三是特种行业的环境条件决定了行业中潜在的不安全因素比较集中，治安灾害事故隐患突出；四是特种行业的经营活动复杂，运用公共治安秩序管理的一般手段难以进行有效控制。

3. 特种行业必须是由国家法律、法规明确规定的行业。在现实生活中，某些行业也具有易被违法犯罪分子利用的特性，但法律、法规没有将其纳入特种行业管理范围，这种行业就不是特种行业。特种行业必须由国家或地方政府根据当地、当时的治安形势，通过法律、法规加以明确规定，因此特种行业具有法定性。

4. 特种行业必须由公安机关实行特殊治安管理。纳入公安机关治安管理的行业较多，但是特种行业实行的是特殊治安管理。因为特种行业的经营活动复杂，运用公共治安秩序管理的一般手段难以进行有效控制，必须对其实行具有特定内容、特定方式和特定要求的治安管理办法。

**三、特种行业管理的范围**

目前，在全国性的特种行业治安管理法律规范尚未出台前，我国的特种行业管理范围呈全国性和地区性共存的特点，这与我国各地政治、经济和治安形势的具体状况密切相关。

（一）全国性的特种行业管理范围

全国性的特种行业管理范围有：旅馆业、刻字业、印刷业、旧货业（包括废旧金属收购业、信托寄卖业、典当业、拍卖业）等。

（二）地方性的特种行业管理范围

根据本地区治安管理的实际情况，经省一级人民政府批准或地方立法可以将某些行业列为地区性特种行业，如：有的省、市将桑拿洗浴业、美容美发业、机动车维修业、电子游戏业、度假村（寨）、旅游风景点、小件行李寄存、客运三轮车、钥匙配制业、路边店、汽车拆卸业、营业性射击场等作为本地区的特种行业加以管理。

## 第二节　特种行业管理的原则和任务

### 一、特种行业管理的原则

特种行业是我国公安机关依法实行治安管理的行业，根据犯罪分子在特种行业中进行违法犯罪活动的规律、特点，管理工作中应坚持以下原则：

（一）齐抓共管，综合治理的原则

特种行业是公安、工商行政和有关行业部门共同管理的行业，对其经营和安全负有双重职责。因此，公安机关在依法对其实行治安管理的同时，必须与工商行政管理部门密切配合，依靠行业党政领导，动员全社会的力量，发挥各个方面、各个阶层的积极性，切实把特定的治安管理寓于整个治安行政管理之中，实行齐抓共管。只有这样，才能塞源绝流，标本兼治。

（二）内紧外松，方便群众的原则

所谓内紧外松，方便群众，就是指公安机关要把特种行业管理工作的重点放在对特种行业内部各项安全保卫措施的监督检查上，督促指导特种行业的从业人员承担安全防范责任。同时，要注意保护特种行业的正常经营活动，维护公民的合法权益，防止把行业搞得壁垒森严，影响企业的经济效益，影响群众的正常生活。为此，公安机关要改进对特种行业的监督管理方法，善于在企业的经营范围内，以合法手段发现和控制违法犯罪人员；不断研究违法犯罪活动的新动向，提高发现违法犯罪分子的能力，把打击和预防有机地结合起来。

（三）保护合法，取缔非法的原则

特种行业在一定的条件下，具有合法经营和非法经营的两重性。因此，公安机关在对其实行管理的工作中，对特种行业经营者的合法经营活动应加以保护。对不具备开业条件，或从事非法经营活动的，公安机关要严格依法予以限制和取缔，以保障行业内部正常的治安秩序，促进企业生产的发展和繁荣。

（四）“谁主管，谁负责”的原则

特种行业中的“谁主管，谁负责”原则的涵义是：谁是开办特种行业的业主或法人代表，谁就是该特种行业的治安责任人，就应该对其行业内部的安全防范工作负责。“谁主管，谁负责”原则，是督促特种行业的业主或法人代表积极维护行业内部治安秩序，建立和完善各项安全管理措施，把安全防范的责任落实到人的有效方法。

（五）保障安全，服务社会的原则

保障安全，要求特种行业管理必须立足预防为主、管理从严的方针，确保特种行业的安全。服务社会，要求特种行业管理要有利于繁荣市场经济，为社会生产和群众生活服务。保障安全，服务社会的原则是特种行业管理的出发点和归宿，也是公安机关服从服务于党的路线、方针、政策，服从服务于社会主义经济建设基本原则的体现，是对特种行业管理的必然要求。

## 二、特种行业管理的任务

特种行业管理的任务主要是：依据国家的治安管理法律规范，依靠特种行业党政领导和职工群众，严格治安秩序管理，健全治安防范机制，严密行业阵地控制，提高预防、发现和打击违法犯罪活动与防止治安灾害事故的能力，维护特种行业的正常秩序，保护合法经营，维护社会治安，保障公共安全，为社会生产和群众生活服务，为社会主义现代化建设服务。主要表现在以下几个方面：

（一）维护特种行业的正常秩序，保障特种行业的合法经营

公安机关通过贯彻执行有关法律、法规、规章和制度，建立健全各项安全保卫制度，运用法律、行政、教育等手段，对特种行业从业人员和服务对象进行规范、引导，依法保护特种行业的合法经营和服务对象的正当活动，从而在特种行业中建立安全有序的良好秩序，这是特种行业管理的首要任务。

（二）预防和禁止特种行业中的违法经营行为

特种行业的部分从业人员和经营者为了片面追求经济效益而置行业经营规章于不顾，容易进行无照经营、超范围经营、违反规章制度经营；或者疏于管理，忽视防范，敷衍、拒绝甚至对抗公安机关的监督、检查、指导；或者借业务经营之便为违法犯罪活动提供条件，与其相勾结进行违法经营活动。因此，对特种行业的经营活动进行全面的监督、检查，及时发现并坚决取缔各种违法经营活动，成为公安机关特种行业管理的又一重要任务。

（三）预防和打击利用特种行业进行的各类违法犯罪活动

公安机关主要依靠特种行业的经营者和从业人员，通过贯彻执行各项管理制度，严密安全防范措施，减少违法犯罪分子可利用的条件，并通过日常服务和管

理，发现利用特种行业进行违法犯罪活动的不法分子及可疑人员。

（四）预防和查处治安灾害事故，保障公共安全

特种行业是人财物高度密集的场所，严防治安灾害事故，确保公共安全是公安机关特种行业管理的长期任务。

## 第三节 特种行业管理的制度与方法

### 一、特种行业管理的制度

每个具体的特种行业都有其自身的特点，比如，旅馆业与印刷业虽同属特种行业，因其行业特点不同，我们所实施的具体治安管理制度也不同；但它们都同属特种行业，都有其治安上的共同特点。所以，从整体上看，特种行业的管理制度可分为两部分：对于所有特种行业均适用的治安管理制度和每个行业自身独有的治安管理制度。

（一）特种行业普遍适用的治安管理制度

1．特种行业许可证制度。

对特种行业实行的不是一般的行政许可，而是特别许可，是具有法律意义上的治安行政许可。公民、法人申请经营特种行业，除符合一般行政许可，如工商、卫生、环保等许可外，还必须有治安许可的要求和标准。必须经所在地的县级以上人民政府公安机关批准，领取《特种行业许可证》后，向工商行政管理部门申请登记，领取营业执照，方可开业。实行特种行业许可证制度是特种行业区别于公共娱乐场所《安全许可证》或《治安许可证》的最重要的特征。

2．变更经营项目登记备案制度。

当特种行业的企业和个体工商户有关闭、歇业、合并、迁移、改变名称、变更法定代表人等情形之一时，应当在法定时限内向原发证公安机关申请办理注销、变更的备案手续或者向原备案的公安机关办理注销、变更的备案手续，并向工商行政管理部门办理注销、变更登记。

3．验证登记制度。

凡是特种行业都必须实行和适用登记验证制度。它是特种行业管理的一项基本制度，是发现违法犯罪活动、识别不法分子的重要手段。登记验证制度，是特种行业管理的标志，它可以使不法分子不敢涉足，而对守法公民又是一种保护。通过登记验证，可以有效地控制、预防和惩治违法犯罪活动，帮助公安机关核查各项被通缉、通报的违法嫌疑人员。

4．情况报告制度。

特种行业经营者在领取《特种行业许可证》取得治安许可后，必须承担一定的治安责任和义务，即特种行业的从业人员和业主，不得危害公共安全、从事违法犯罪活动，同时必须时刻警惕，注意在日常工作中发现不法分子及其违法犯罪活动，并及时向公安机关报告，不得知情不举或隐瞒包庇。

5．协助调查制度。

公安机关治安管理部门要经常到特种行业进行临检，特种行业工作人员和有关人员应当予以协助，不得无故拒绝。

6．从业人员上岗培训制度。

特种行业的经营方式多样，经营内容丰富，服务对象复杂，从业人员接触社会阴暗面多，容易受到不法分子的利诱，利用工作便利为犯罪分子提供方便，甚至与犯罪分子相互勾结共同犯罪。因此，必须对他们进行治安业务培训和治安防范意识及识别违法犯罪基本技能的训练，培训合格后才能上岗。

7．年度审验制度。

公安机关除对特种行业进行日常临检外，年度还要对其进行审验。年度审验，主要是审验包括特种行业许可证及有关手续、安全设施和管理制度、从业人员素质、治保联防、治安耳目建立、提供破案线索及抓获违法犯罪人员等情况。对审验不合格的，公安机关要依法采取限期整改、停业整顿、吊销许可证等措施。

（二）不同特种行业独有的治安管理制度

不同特种行业因其行业不同，治安特点也不同。每个行业都有其独有的治安管理制度。诸如，旅馆业独有的治安管理制度，相对于其他特种行业而言，主要是它的一系列内部安全管理制度；刻字业主要是刻制、保管、交货制度；印刷业主要是禁止印刷、承印验证制度、特殊印刷品的管理制度；废旧金属收购业主要是专点收购制度、设置“禁设区”制度、禁止收购制度；典当业有禁止承接制度；拍卖业有拍卖物申报检验制度等。

## 二、特种行业管理的方法

特种行业的管理方法是对于各类行业共同适用的基本方法，主要可分为以下几个方面：

（一）依靠行业领导和职工群众，加强特种行业自管自治

特种行业必须依靠行业的主管领导和广大职工群众，才能做好特行的管理工作。在这方面，公安机关的主要工作有以下几项：

1．督促特种行业严格执行各项治安管理规章制度；

2．协助特种行业建立健全治安保卫组织，落实治安保卫责任制；

3．指导特种行业搞好从业人员培训教育，提高行业职工整体素质。

（二）加强调查研究工作，深化对新时期特种行业治安特点和管理规律的认识

调查研究是公安机关最基本的工作方法和最有力的业务手段之一。针对特种行业在社会主义市场经济环境中快速发展所带来的新情况、新问题以及社会发展对特种行业管理提出的高标准、高要求，公安机关要对此采取应对措施，加强管理。

（三）加快特种行业管理规范体系建设，强化治安行政管理措施

加快特种行业管理规范化体系建设，是加强特种行业管理的必然要求。其主要措施有：

1. 发挥中央和地方两个积极性，增强特种行业法规的指导性、权威性和规范性作用；

2. 尽快形成一套较为严密的新的特种行业管理制度；

3. 加大执法力度，依法从严管理；

4. 加强公安机关特种行业管理体制改革；

5. 依法积极采用现代科技管理手段。

（四）切实深入特种行业管理实际，把握治安管理主动权

公安机关特种行业管理民警要坚持深入实际的工作方法，加强与行业主管领导、企业经营者和职工群众的联系，及时发现各种问题，把握工作主动权。

（五）重视特种行业管理档案建设，推行规范化管理

搞好特种行业管理档案建设，有助于了解特种行业管理的历史过程，借鉴以往特种行业管理的经验教训，有助于改进特种行业管理工作，提高特种行业管理效能。

## 第四节　特种行业管理的具体内容

### 一、旅馆业管理

（一）旅馆业的范围

旅馆是以给旅客提供住宿或食宿服务为主要社会功能的企业。其形式多种多样，名称五花八门。根据 1987 年 11 月 10 日经国务院批准、由公安部发布实行的《旅馆业治安管理办法》第 2 条规定，凡经营接待旅客住宿的旅馆、饭店、宾馆、招待所、客货栈、车马店、浴池等，不论国营、集体经营，还是合伙经营、个体经营、中外合资、中外合作经营，不论是专营还是兼营，不论是常年经营，还是季节性经营，都属于旅馆业治安管理范围。旅馆业治安管理是特种行业治安

管理中最复杂、最繁重的一项管理，必须实现以国家强制力为保证的一套行之有效的管理措施，使之逐步走上法律化、规范化、科学化、专业化的管理轨道，才能保障该行业的健康、顺利发展。

（二）旅馆业治安管理的基本制度

旅馆业治安管理的基本制度是规范旅馆合法经营，维护良好秩序，保障住宿旅客安全的重要措施，是旅馆业治安管理的主要内容和标准。当前，符合旅馆业治安管理共性要求的基本制度，主要有以下几个方面：

1．开业审批制度。

开业审批制度以《旅馆业管理办法》为依据，是旅馆业管理前置性的基本制度。公安机关对旅馆的开业审批，是指对申请开业的旅馆的经营安全条件进行检查，并对符合标准的颁发《特种行业许可证》。近年来，各地公安机关下放管理权限，简化审批手续，虽审批基本内容相对一致，但审批程序、手续不尽相同。公安机关主要是对选址地点、房屋建筑、设备设施、从业人员、治安保卫组织以及规章制度等方面进行审查。

2．住宿验证登记制度。

旅客住宿验证登记是有久远历史的旅馆管理基本制度。旅馆接待旅客住宿必须登记。验证登记，对不法分子具有相当的威慑力，使其不敢轻易涉足。旅客住宿验证登记制度的基本要求是，旅客临台当面验证，真实登记，坚持先验证后登记再安排住宿的程序。这就要求登记员仔细查验证件，坚持凭证住宿，规范地填写《旅客住宿登记簿》；认真核查可疑人员，及时向公安机关报告情况；对于无证投宿的旅客，应告诉其到当地公安机关指定的旅馆登记住宿；接待境外旅客住宿，还应当在24小时内向当地公安机关报送住宿登记表。

3．客房安全制度。

客房管理是旅馆管理的重点。在旅馆治安管理制度中，客房安全制度占有重要地位，是维护旅客安全、旅馆安全的重要工作。影响客房安全的主体因素主要是旅馆经营者和住宿旅客两个方面，其中，旅馆经营者居主导地位。因此，客房安全制度应包括对客房服务和旅客住宿两个方面的要求。对客房安全服务的要求主要有：一是旅馆经营者和客房服务人员、旅馆保安员、值班员等负有客房安全责任的人员，要认真执行客房钥匙管理、门卫值班、会客登记、巡逻守卫等有关客房安全的管理制度，认真履行所承担的岗位安全保卫责任；二是加强客房安全服务工作。对旅客住宿的要求是：住宿旅客必须遵守《旅客须知》等有关旅馆住宿的规章制度，积极配合旅馆管理，协助旅馆维护良好的住宿秩序。

4．旅客财物保管制度。

旅馆业认真执行旅客财物保管制度，这对于保障旅客的人身和财物安全，维护旅馆的良好秩序和严密的社会治安管理具有重要意义。旅馆应当设置旅客财物保管箱、柜或保管室，指定专人负责保管工作。对旅客寄存的财物，要建立登记、领取和交接制度。要提醒旅客将贵重财物、现金交店保管，督促旅客将携带的枪支、弹药交当地公安机关或军事机关保管。旅店对旅客存放的贵重物品要妥善保管，发生被盗和丢失，由旅馆负责赔偿。易燃、易爆、剧毒、放射性等危险物品，以及易腐、臭、霉烂物品不得存入。旅馆对旅客遗忘的物品，应当妥善保管，设法归还原主或揭示招领。经招领3个月后无人认领的，要登记造册，送当地公安机关，按拾遗物品处理。对违禁物品和可疑物品，应当及时报告公安机关处理。

5. 协查报告制度。

协助公安机关核查在旅馆落脚、藏身和进行不法活动的违法犯罪分子，及时报告可疑情况的制度，是旅馆业管理的重要制度。协查报告制度的核心，是要求旅馆工作人员发现违法犯罪分子、行迹可疑人员和被公安机关通缉的违法犯罪分子时，应当立刻向当地公安机关报告，不得知情不举或隐瞒包庇。

### （三）公安机关对旅馆业的监督管理

1. 加强对旅馆业的治安监督、检查和指导。

加强对旅馆业的治安监督、检查和指导，是公安机关旅馆业管理的主要工作方式。公安机关要采取多种形式，通过多种渠道，指导旅馆业建立和完善各项治安保卫规章制度，监督旅馆业遵章守法经营。协助旅馆业治理治安问题和减少治安事故隐患，严密治安防范，及时查处危害旅馆治安的违法犯罪活动，加大打击力度，确保旅馆安全。

2. 依法惩处违法犯罪分子。

对未经登记，私自开办旅馆的，公安机关应当协助工商行政管理部门依法处理。对于违反旅馆业治安管理基本制度的，依照《中华人民共和国治安管理处罚条例》有关条款的规定，处罚有关人员；对发生重大事故、造成严重后果、构成犯罪的，依法追究刑事责任。

## 二、印刷业管理

### （一）印刷业的范围

印刷业，是指专门经营或兼营文字、图画制版并使用油墨压制或用感光复制手段，承接印刷品业务的行业。纳入公安机关特种行业治安管理范畴的有印刷厂、制版厂、彩印厂，以及复印、油印、影印、铸字、晒图、誊印（写）、打字单位等。对于虽拥有印刷设备，但不对外从事商业性印刷业务的单位和个人，不属于特种行业管理范围。这种管理仅限于与治安有关方面以及具体的治安问题的管理，而不是全面管理。

### （二）印刷业治安管理制度

1．印刷业开业审批制度。

凡经营印刷业的，须经上级主管部门审查批准，并需向所在地的县以上公安机关申请，经审查同意后，到工商行政管理部门领取营业执照，方可筹建或开业。中途停业、歇业、转业，要向公安机关备案。

2．承印、登记制度。

印刷业在承印印刷、复印品时，对委印单位和委印人的姓名，承印物品的项目、数量、规格，出具证明的单位，交货日期、取货人姓名等，要设专人进行详细登记，以备公安机关查验。

3．委印验证制度。

承接印刷物品应凭证明委印者身份、介绍信和有关机关核准证明才准承印；印刷宗教用品须凭宗教事务管理部门证明和公安机关核准证明，由指定印刷厂印制；印刷、复印文件、图纸、资料和单位的信封、信笺、函头纸，要凭委印单位出具的证明；印刷能够证明公民身份的各种证件，社会上流通的票证、票据、有单位头衔的介绍信、带套印公章的印刷品等，必须凭市、县（区）公安局（分局）的证明，到指定的单位印刷。

4．保管和接交制度。

印刷业应建立严格的物品保管和接交制度，承接保密文件、图纸、资料，重要票据、证明等，要设立保密室，指定专人负责保管。接交时，应将存放印制物品的总数和记载的问题情况接交清楚，做到不丢、不借、不损坏。交货时，要办理签字手续，取货人要持单位证明和本人身份证件，在登记本上签收，并证明件数。严防泄密、被盗和丢失。

5．情况报告制度。

印刷业的从业人员发现非法印制反动、淫秽、迷信印刷品，或发现可疑人员、可疑情况，应立即向当地公安机关报告，并采取措施，严密控制，做好应急准备，防止发生逃跑、行凶、报复等事件。

## 三、刻字业管理

### （一）刻字业管理范围

刻字业是指使用手工、机械、电子等技术，经营刻制公章、名章、戳记、钢印等的行业。按生产资料所有制性质进行分类，刻字业可分为三类：国有刻字厂、集体经营的刻字厂以及个体经营的刻字店、刻字摊等。按规模大小划分为两类：一类是大中型刻字厂，一般设备比较多，技术复杂，人员分工较细；另一类是小型刻字店、刻字摊，人员少，设备简陋。小型刻字店、刻字摊从业人员情况复杂，是刻字业管理的重点。

（二）刻字业经营管理制度

1．根据公安部《关于加强刻字业治安管理打击伪造印章活动的通告》的规定，凡经营刻字业务的单位和个人须经所在地的县以上公安机关审查同意；申请经营原子印章的，还须经所在地省、自治区、直辖市公安厅（局）审查批准，向工商行政管理部门申请登记，领取营业执照后，方准开业。而未经审批备案、核准的单位和个人一律不准从事刻制公章业务。经营刻字业的单位和个人如有歇业、转业、合并、迁移、变更名称或其负责人的，应向当地工商行政部门进行变更登记手续，及时向原发《特种行业许可证》的公安机关备案。

2．需要刻制公章的单位，须凭上一级主管部门出具的证明或工商行政部门核发的营业执照，到所在地的县级以上公安机关办理准刻手续。需要跨省、市、县刻制公章的，须凭单位所在地的县以上公安机关出具的证明，到刻制地同级公安机关办理准刻手续。

3．刻字厂、点和门市部承接公章，须查验公安机关出具的准刻证明，对委刻单位和经办人的姓名、住址、居民身份证号码和刻制公章的名称、数量、规格等要逐项登记；不得承接手续不全、无公安机关出具准刻证明的公章；在承接公章中发现有违法犯罪嫌疑人员或公安机关查缉的要犯，要及时向公安机关报告，不得隐瞒、包庇。

## 四、旧货业管理

旧货业，是指以生产领域和生活领域中可以利用的废旧物品、闲置物资为经营范围，以购销、寄售、抵押等为经营方式，通过经营物品的再次社会流转，为经济建设和群众生活服务的商业性行业的总称。现阶段旧货业管理的范围包括：废旧金属收购业、信托寄卖业、典当业、拍卖业。不同行业的旧货业特点不同，但就其共性而言，旧货业具有中介服务、经营品种繁多和商品议价购销等一般特点。旧货业的经营性质和特点，容易成为被违法犯罪分子利用作为进行销赃、诈骗等不法活动的场所。

（一）废旧金属收购业的治安管理

1．废旧金属收购业的范围。废旧金属包括生产性和非生产性废旧金属。生产性废旧金属，是厂矿企业、事业单位在生产经营当中淘汰下来的废旧金属器材、设备、零配件和生产加工过程中的边角、屑末等金属废料。非生产性废旧金属，是机关、单位、团体、学校办公用品和群众日常生活中淘汰下来的废旧器皿、家具、用品中的金属制品。按照国务院有关规定，生产性废旧金属由有权经营生产性废旧金属收购业的企业来收购。收购废旧金属的其他企业和个体工商户只能收购非生产性废旧金属。

2．废旧金属收购业的管理制度。

(1) 开业审批制度。收购生产性废旧金属的企业，应当经其业务部门审查同意，向所在地县级人民政府公安机关申请核发特种行业许可证，并向同级工商行政管理部门申请登记，领取特种行业许可证和营业执照后，方准开业。收购非生产性废旧金属的企业和个人，应当向所在地县级人民政府工商行政部门申请登记，领取营业执照，并向同级公安机关备案，方准开业。

(2) 定点收购制度。生产性废旧金属，按照国务院有关规定由有权经营生产性废旧金属收购业的企业收购。非定点的废品收购站、点和其他任何单位和个人，一律不得经营生产性废旧金属收购业务。生产性废旧金属一律不得进入一般的集贸市场。无权收购生产性废旧金属的企业和个人只能收购非生产性废旧金属，不得收购生产性废旧金属。

(3) 验货验证登记制度。收购废旧金属的企业在收购生产性废旧金属时，应当查验出售单位开具的证明，对出售单位的名称和经办人的姓名、住址、身份证号码，以及物品的名称、数量、规格、新旧程度等，要如实进行登记。

(4) 情况报告制度。按照《废旧金属收购业治安管理办法》规定收购废旧金属的企业和个体工商户不得收购枪支、弹药和爆炸物品，剧毒、放射性物品及其容器，以及铁路、油田、供电、电信通讯、矿山、水利、测量和城市公用设施等专用器材。从业人员一旦发现有人出售，应立即向公安机关报告。

(5) 设置“禁设区”制度。按照《废旧金属收购业治安管理办法》，禁止在铁路、矿区、油田、港口、机场、施工工地、军事禁区和金属冶炼加工企业附近设点收购废旧金属。

### (二) 信托寄卖业治安管理

1. 信托寄卖业治安管理概述。

信托寄卖业，一般是指信托寄卖商店、委托商店、委托寄卖公司、古玩店、文物寄售商店等。

根据信托寄卖业的经营特点，对治安管理形成两点不利因素：一是容易被违法犯罪人员利用作为销赃的渠道；二是少数职工和业主利用工作之便，欺诈顾客，或是收购赃物，甚至内外勾结，违法犯罪。

2. 信托寄卖业治安管理制度。

(1) 开业审批制度。经营信托寄卖业的企业，根据有关规定，应先经主管部门审核批准，到当地公安机关办理特种行业登记手续，向工商行政管理部门申请登记，领取《营业执照》后，方可开业。未经批准、许可擅自开业的，视其情节给予处罚，追究法律责任。

(2) 登记查验制度。在收购物品或寄卖物品时，要实行登记、验证、验货制度。设置收购或寄卖物品登记簿，认真登记，并建立入库查验制度，检查有无可疑物品，一经发现要认真追查，并及时报告公安机关。

(3) 财务保管和值班制度。对收购或寄卖的贵重物品，应设置专室专柜，指定专人保管，夜间应设值班人员看守。

(4) 情况报告制度。在收购或寄卖物品时，发现赃物或与公安机关通报查寻物品一致的物品，有赃物嫌疑的物品，以及其他可疑物品，要设法稳住出售人或寄卖人，并立即向公安机关报告。

### (三) 典当业治安管理

1. 典当业治安管理概述。

根据中国人民银行公布的《典当业管理暂行办法》规定，典当业是以实物占有权转移形式为非国有中、小企业和公民个人临时抵押货款的特殊企业。典当是指出当人将其拥有所有权的动产物品实际地交付给承当人，取得一定现金，即典当金，在约定的期限内返还典当金而赎回典当物。根据1995年5月30日公安部发布的《典当业治安管理办法》，公安机关对典当业进行治安管理和监督检查。

2. 典当业治安管理基本制度。

(1) 开业审批登记制度。申请经营典当行，须持中国人民银行批准的文件，经所在地的县级公安机关审核，并经省、自治区、直辖市公安厅、局批准后，由市、县公安机关核发《特种行业许可证》，方可开业。经营典当行，房屋建筑和经营设施必须符合国家有关安全标准和消防管理规定；具有符合安全要求的典当物品保管库房和保险箱、柜；有治安保卫、消防安全制度和相应的安全保卫人员；因故意犯罪受过刑事处分的，不得经营典当行。

(2) 承接验证（物）、登记制度。典当行承接典当物品，应当查验典当单位或个人出具的有关证明。典当物品，属个人典当的，应当出具本人的居民身份证；属于单位典当的，应当出具单位证明和经办人的居民身份证；属于委托典当的，应当出具典当委托书和被委托人、委托人的居民身份证。典当行对典当者的姓名、住址、居民身份证及典当物品的名称、数量、规格、新旧程度、当据编号等逐项登记。

(3) 禁止承接制度。典当行严禁承接的物品有：赃物和来源不明的物品；依法被查封、扣押和采取其他保全措施的财产；管制刀具，枪支弹药，军警用标志、制服和器械；易燃、易爆、剧毒、放射性物品及其容器；法律、法规和国家有关规定禁止典当的其他物品。

### (四) 拍卖业治安管理

1. 拍卖业治安管理概述。拍卖一般是指拍卖机构在一定的时间和地点，按照一定的拍卖规则和程序，通过公开竟价将委托人财物出售给出价最高者的一种交易方式。根据《中华人民共和国拍卖法》的规定，国务院负责管理拍卖业的部门对全国拍卖业实施监督管理。省、自治区、直辖市的人民政府和设区的人民政府负责管理拍卖业的部门，对本行政区域内的拍卖业实施监督管理。公安机关对拍卖业按照特种行业实施治安管理。

2. 拍卖业开业登记制度。

拍卖企业可以在设区的市设立。设立拍卖业必须经所在地的省、自治区、直辖市人民政府负责管理拍卖业的部门审核许可，并向工商行政部门申请登记，领取营业执照。

3. 拍卖业的治安管理。

(1) 对拍卖场所要加强安全检查，拍卖场所的建筑设计和安全设施必须符合国家规定的要求和标准。

(2) 对拍卖业实行申报检验制度。凡是拍卖物品必须在拍卖前 15 天到公安机关审验，防止赃物、走私物品、伪造物品涉足拍卖市场。

(3) 公安机关应当积极协助拍卖业主管部门，加强对拍卖业日常经营活动的监督管理，保证拍卖活动严格按照有关法律、行政法规进行。

(4) 帮助拍卖业建立健全各项安全防范规章制度，教育、培训相应的安全保卫人员。

(5) 协助拍卖业维护大型拍卖活动场所的秩序，保障安全。

# 第九章　危险物品管理

## 第一节　危险物品管理概述

### 一、危险物品的涵义

#### （一）危险物品的概念

对于危险物品，不同行业、不同部门的人们对它的认识各异。人们通常把危险物品理解为具有特殊危险性能的一类物品的总称。这类物品既能够引起生命机体的重大损害或死亡，造成物质财产的毁灭，导致人们心理恐惧，危害社会安宁，带有很大的破坏性，但同时又是人类社会生产生活所必须的物品。具体而言，治安管理中的危险物品是指具有杀伤、爆炸、燃烧、毒害或放射性等性能，在生产、储存、销售、运输、使用过程中，若管理失当，易引起重大人身伤亡和物质毁损的物品。如枪支、弹药、爆炸物品、剧毒物品等。

#### （二）危险品的性能和特点

危险物品的性能即其性质和功用。就其自然属性而言，最集中、最基本的性能表现是具有严重的杀伤性和巨大的破坏能力。具体表现为以下几个方面：

1. 射穿性。危险物品中，有些具有强大的射穿性，可以射入或穿透人和动物的躯体，造成组织、器官的损伤，导致伤残或死亡。如枪弹击发、放射性同位素射线的辐射等都具有这种性能，会造成人和动物的伤残、死亡或病变。

2. 爆炸性。危险物品中，有些具有迅速而强烈的爆炸性，瞬息之间产生大量的光和热，造成巨大的冲击力，使人畜伤亡、财物毁损。

3. 燃烧性。危险物品中，许多化学物品的燃点很低，容易燃烧，引发火灾，造成生命财产的重大损失。如乙醇、汽油的燃点都在28℃以下，是极易燃烧的物质。

4. 腐蚀性。危险物品中，有些具有很强的腐蚀性，对人体、动植物、纤维制品、金属等能造成强烈的腐蚀。如硝酸、硫酸等，可以灼伤皮肤，进入人体则能迅速破坏肠胃等组织、器官，重者可很快致人死亡。

5. 麻醉性。危险物品中，有些具有麻痹神经的作用，可以导致中枢神经失去功用，严重的可以使肺、心脏停止工作而死亡。如乙醚、氯仿等麻醉药品。

6. 窒息性。危险物品中，有些化学危险物品在燃烧和爆炸中，释放出大量有毒、有害气体，直接损害人畜的呼吸系统，造成缺氧而致死。有些毒物进入人身的血液，会引起血红蛋白的损坏，失去结合及运输氧气的功能，导致肌体严重缺氧窒息死亡。如一氧化碳的过量吸入，往往立即昏倒，或者发生头痛、恶心、不省人事、痉挛等现象，继之呼吸困难，严重的会导致死亡。

危险物品与普通物品相比有以下特点：

1. 威力大，作用快。危险物品常常能以微小的体积和剂量在较短的时间内产生严重的破坏效果，这是普通物品所不及的。如炸药能在极短时间产生较大的冲击力；毒药尤其是剧毒药，会在较短的时间内产生作用，若用三氧化二砷0.1～0.3克剂量，几分钟内即可致死人命。

2. 不稳定性。许多危险物品由于其本身燃点、爆炸极限等特性，而容易发生物理、化学反应，具有明显的不稳定性。如易燃化学物品中的汽油、乙醇等有很强的挥发性，且容易燃烧。

3. 总量较小。许多危险品都只有特殊的用途，不具广泛性，因而其在社会上的总量较一般物品要少得多。如放射性物品、剧毒物品等都是如此，但因其给社会造成危害的可能性较大，故生产、使用等环节的管理都很严格。

## 二、危险物品管理的概念

### （一）危险物品管理的涵义

危险物品管理是指公安机关为维护社会秩序，保障公共安全，依法对危险物品实施的治安行政管理活动。

危险物品是国民经济发展所必须的物品，在工业、农业、科技、卫生、军事等领域以及人们的日常生活中发挥着重要作用。但同时由于其自身特性之所在，一旦管理不善或使用不当，就会发生严重的治安灾害事故，造成人员伤亡和财产损失。因此，必须对危险物品的生产、储存、销售、运输，使用和销毁等环节实施严格的治安管理。为此，我国先后制定颁布了一系列有关危险物品安全管理的法规，如《中华人民共和国枪支管理法》、《公安部对部分刀具实行管制的暂行规定》、《中华人民共和国民用爆炸物品管理条例》、《化学危险物品安全管理条例》、《放射防护规定》等。这些法规的公布施行，有力地促进了危险物品的安全管理，是公安机关实行监督检查的法律依据。

### （二）危险物品管理的范围

危险物品管理的范围，依不同时期社会治安形势和保护生产及人民生命财产安全的需要，以国家立法的形式予以确定。依法由公安机关实施管理的危险物品，主要是那些危险性大，容易造成治安灾害事故，或者可能被犯罪分子利用进行犯罪的物品。目前，列入我国公安机关危险物品管理范围的：一是枪支弹药；二是管制刀具；三是民用爆炸物品；四是剧毒物品；五是易燃化学物品；六是放射性物品。其中，枪支弹药、管制刀具、民用爆炸物品、剧毒物品和放射性物品由治安部门管理；易燃化学物品，作为危险物品，其安全管理与防火关系密切，由消防监督部门负责管理。

根据法律规定，公安机关主要负责管理地方生产、储存、运输和使用的危险物品，简称"民用危险物品"。属于武装部队使用、装备的军用危险物品，则由军队具体负责管理。

（三）危险物品管理的意义

随着社会的发展，危险物品在工农业生产、医疗卫生、军事、科技等领域的应用日益广泛，成为国民经济发展不可缺少的物品。但这些物品本身具有射穿性、爆炸性、燃烧性、腐蚀性等特殊性能，极易对人类以及人类赖以生存的环境造成危害。通过加强管理，就能有效地防止这些危害的发生，使危害物品物尽其用，造福人类和社会。

危险物品本身的性能和特点，使得其在生产、流通、使用过程中一旦管理不善或使用不当，很容易发生爆炸、火灾、中毒等治安灾害事故，给国家和人民生命财产造成重大损失。这就要求公安机关加强对危险物品的管理，对危险物品的生产、储存、运输、使用等各个环节进行严格的安全监督检查，促使各有关单位、企业安全管理工作科学化、文明化、制度化，以有效预防和减少治安灾害事故的发生，保障国家、集体和人民生命财产的安全。

加强对危险物品的管理，可以防止犯罪分子利用危险物品从事破坏活动。一些犯罪分子，往往利用危险物品作为抢劫、行凶、制造事端、劫机、劫船等犯罪活动的工具，严重危害人民群众人身安全和社会安宁，破坏国家声誉。这就要求公安机关加强对危险物品的管理，严密各项管理制度，堵塞漏洞，以防丢失、被盗，落入无关人员之手，使违法犯罪分子无机可乘，以保障社会安全、稳定。另外，通过加强危险物品管理，也可以为公安机关侦破案件提供相关信息、线索，有利于及时打击违法犯罪活动。

加强对危险物品的管理因意义重大，世界各国对危险物品，都进行严格管理。在我国，党和各级政府对危险物品的管理工作都极为重视，将其纳入我国公安机关安全管理的范围之内，并制定了相应的管理法规，培养了一大批专门管理人员，有效地保证了危险物品的正常生产、使用和社会的安全。

## 第二节　危险物品管理的任务和原则

### 一、危险物品管理的任务

危险物品管理的目的是保障公共安全，维护社会秩序。公安机关对危险物品的生产、储存、运输、销售和使用等各个环节严密安全管理制度，严格监督检查，一方面预防治安灾害事故的发生；另一方面严防危险物品非法流入社会，落入犯罪分子手中，预防犯罪案件的发生，以维护社会秩序，保障公共安全，保护人民群众生命财产安全，确保各项工作的顺利进行。其具体任务是：

（一）依法管理，确保安全，防止治安灾害事故的发生

公安机关对危险物品的管理是通过相关法律、法规、规章的规定，规范人们的行为，确保安全，维护社会秩序。危险物品的生产、储存、销售、运输、使用等各个环节都有以强制力为保证的法律法规、规章制度和操作规程来制约，体现着社会规范、技术规范相结合的科学管理方法和技术规程，反映着危险物品从生产到使用各个环节安全运转的规律、特点。危险物品的各个环节，严格按照规章制度、操作规程的要求进行，就可以确保安全，趋利避害，造福于人类和社会，发挥其特有的功能。反之，则容易引发各类治安灾害事故，给国家和人民带来灾难。因此公安机关一定要依法从严管理，做好安全防范工作。首先，要依法限制和取缔那些不符合安全条件的单位或个人从事危险物品的生产、经营和使用活动；发现、制止违反操作规程和管理制度的行为，从各个环节上杜绝灾害事故的发生，确保安全。这项工作必须常抓不懈，持之以恒。其次，治安机关要对从事危险物品工作的人员要进行专业培训和考核，提高其业务水平，增强其安全意识，确保安全。再次，要对各种可能出现的灾害事故有所准备，事先采取必要防范措施，制定处置预案，以尽可能减小其危害后果。对发生的治安灾害事故，要查清原因，总结教训，对相关人员要批评教育，对责任人要追究其相应责任，以防止各类事故的再次发生。

（二）严格管理，防止危险物品丢失、被盗、被抢，减少治安灾害事故和恶性案件的发生

危险物品一旦非法流入社会或落入违法犯罪者手中，由于破坏性很大，极易引发各种治安灾害事故或发生恶性案件，对社会的危害极大。近年我国先后发生了一些类似的案件，不仅给人民群众的生命财产造成了巨大的损失，也给国家造成了一些不良影响。因此，公安机关要督促涉及危险物品的有关单位、部门，建立健全各种危险物品管理制度，加强管理，周密布署，采取有力的防范措施；督

促、检查危险物品生产、经营、保管和使用的相关单位和工作人员遵守执行危险品管理制度的情况，堵塞漏洞，防止危险物品丢失、被盗或被抢事件的发生。一旦发生危险物品丢失、被盗、被抢案件，治安部门要会同有关单位认真查找，迅速破案，减少社会不安全因素。对盗窃、抢夺、抢劫枪支弹药、爆炸物品等危险物品，以及利用危险物品进行破坏活动的违法犯罪分子，要依法严加惩处，对失职的危险物品管理人员、从业人员等要区别情况，严肃处理。

危险物品管理工作还可以为公安机关侦破案件提供可靠准确的线索，从中发现有关作案使用的物品种类、规格、型号、数量、出厂日期、流向等基本情况，有利于及时侦破案件，打击处理犯罪分子。

## 二、危险物品管理的原则

危险物品管理的原则是公安机关依据国家的法律、法规和党的路线、方针、政策，以及公安工作的基本原则，针对新时期社会主义经济建设和社会生产力发展的需要，结合危险物品管理的规律、特点所确定的管理活动的准则。它是治安管理部门及其人民警察在危险物品管理工作中观察问题、处理问题的标准，是危险物品管理实践中必须遵守的行为准则。当前，危险物品管理应当认真贯彻“预防为主，管理从严，服务社会，保障安全”的方针，切实落实以下基本原则。

### （一）预防为主、保障安全的原则

预防为主、保障安全的原则，反映了危险物品管理工作的内在规律。保障安全就是维护社会治安秩序的稳定，保护公民的合法权益，保障国家、社会和人民生命财产的安全。这既是治安管理的根本目的，更是危险物品自身特点所要求的。所以，在危险物品管理业务工作中必须从安全出发，通过各种手段达到安全的目的。这就要求公安机关在危险物品管理工作中把工作的重点放在预防上，以预防为主。通过法律、行政、教育等手段，把预防犯罪分子破坏案件的发生，预防治安事件和治安案件的发生，预防治安灾害事故的发生，放在主要地位；做好各种日常管理工作，努力消除各种不安全因素，防患于未然，只有这样才能达到保障安全的目的。

### （二）严格管理的原则

对危险物品实行严格管理是治安管理工作的要求，是危险物品本身性能、特点所决定的。只有严格管理，才能消除各种隐患，保障安全。其具体要求是：

1. 执行规章制度要严。规章制度是危险物品从生产到使用等各个环节的基本要求。任何单位和个人都必须严格遵守各项管理制度，按章办事，不得有任何马虎、迁就。对任何违章行为，都要坚决纠正，严肃批评。

2. 建筑、设备要求要严。危险物品的生产、储存、运输等各个环节，都有可能发生危险，必须严格按照规定的各项技术等要求来设计、施工。达不到要求、不具备安全条件的厂房、车间、仓库、车辆等不能投入危险物品的生产、运输和运输等经营活动中。

3. 执行操作规程要严。危险物品的生产、运输、储存和使用，都有一套严格的技术操作规程。所有从事危险物品业务的人员，都必须严格遵守操作规程，不能有半点疏忽，以防酿成灾害。

4. 安全设施要严。为严防危险物品的丢失、被盗、被抢，对危险物品的储存场所和运输设施等，都有一整套严格规定，必须严格执行，以防差错和事故。

5. 用人制度要严。对从事危险物品工作的专业人员，政治上要严格审查，业务上要严格培训，掌握必需的专业知识和技能。只有各个方面条件符合要求，方可聘用上岗。

### （三）依法管理的原则

公安机关对危险物品的管理是一种行政活动，这种活动必须依法实施。国家立法机关和行政机关制定的有关危险物品管理的法律、法规、规章，以及相关的措施、办法等都是治安部门对危险物品进行管理的法律依据。治安部门对于从事生产、储存、运输、销售和使用危险物品的单位和个人进行安全管理、监督指导和事故查处等活动时，必须严格遵守，坚决贯彻。做到有法可依，有法必依，执法必严，违法必究。在实际工作中，对于从事危险物品的经营活动，凡是符合国家有关法律规定的，有利于国家经济建设和社会发展的，都应大力支持，依法予以保护，并提供方便；凡是违反国家法律规定，从事非法活动的，则应依法予以制止、取缔，并给予法律制裁。

### （四）专门机关管理与依靠群众相结合的原则

危险物品的管理是治安管理部门职权范围内的专业工作，充分发挥治安管理部门及其人民警察的职能作用，是搞好危险物品管理的决定因素。同时，危险物品的管理工作又极其复杂，许多工作与从业单位及其职工关系密切，管理工作的好坏与他们直接有关。因此，公安机关在做好本职工作的前提下，一定要充分利用这部分力量，依靠群众参与管理，要把危险物品管理工作做深做细。使广大群众充分认识到危险物品管理的重要意义，并把管理目标变成其自觉行动，只有这样才能彻底管理好危险物品，维护良好的社会治安秩序。

### （五）管理与服务相结合的原则

对危险物品进行治安管理的根本宗旨是为生产服务，为人民群众的安全服务，为保证社会主义市场经济的顺利进行服务。这是由社会主义建设的目的和治安管理的任务所决定的。为此，要求公安机关和治安民警树立生产观念和群众观念，增强为生产建设、为群众生活服务的自觉性。在对危险物品实施管理的过程中，要从有利生产建设、方便群众生活出发，做好治安管理工作。积极消除妨碍生产建设、影响人民生活的各种不安全因素，认真查处破坏生产建设，干扰群众生活的违法犯罪和治安事故，以达到保卫生产安全和群众正常生活的目的。同时，还要积极采取措施，为从事危险物品相关活动的单位、个人，以及广大群众提供看得见、摸得着的便利条件，为生产经营活动服务，为人民的利益服务。

## 第三节　危险物品管理的基本形式

治安部门对危险物品进行治安行政管理的基本内容主要有以下几方面：

**一、办理审批发证、登记注册手续**

凡生产、储存、销售、运输、使用和销毁危险物品，都必须经有关上级主管部门同意，并报当地公安机关的治安部门审查批准，办理登记注册、发证手续。凡未经公安机关准许或注册备案而经营危险物品的单位、企业或个人都是非法的，应当查禁和取缔。由于非法经营引发治安灾害事故的，要追究有关人员的法律责任。

**二、监督检查**

公安机关的治安部门，依法对生产经营危险物品的单位、企业及其从业人员进行监督指导和安全检查。对于检查中发现的各种违反安全规定的行为要及时予以纠正，对存在的安全隐患，应发送治安隐患通知书，限期整改或责令停业整顿。对拒不改正，严重威胁公共安全的单位、企业可以吊销其营业许可证，责令停业。对在安全检查中发现的影响社会安全的问题和处理情况，要及时通报有关部门和单位，以引起重视，采取措施，避免治安灾害事故的发生。

安全检查的方法多种多样，主要有：定期检查、不定期检查、临时抽查、普遍检查、公安机关单独检查、与有关部门联合检查等。实际工作中，可结合情况灵活运用，既可选用一种，也可几种方法配合使用。

**三、收缴散失在社会上的危险物品**

散失在社会上的危险物品，对社会安全构成巨大的潜在威胁。公安机关的治安部门要大力开展宣传教育工作，取得群众支持，动员群众主动上缴或提供有关线索。对发现的线索，要积极采取措施，一查到底，及时收缴。对私藏危险物品拒不上缴的单位和个人，要依照《中华人民共和国治安管理处罚条例》的规定，给予治安处罚。

**四、审查、考核和培训工作人员**

危险物品性能特殊，具有一定的破坏力和杀伤作用，容易对社会造成危害；而各种危害的发生与危险物品的从业人员关系密切。因而我国对从事危险物品工作的人员有严格的要求。除了必须具备必要的专业知识和熟练的操作技能外，还应当政治可靠，品行端正，责任心强，遵纪守法，身体健康等。因此，公安机关应当协助配合有关单位、企业认真做好危险物品从业人员的审查、考核、培训工作，挑选那些符合条件的人员持证上岗，严把用人关。同时，公安机关还要经常检查、监督有关部门和企业，加强对从业人员的经常性考察和了解，对那些不符合条件或不适合继续从事危险物品专业工作的人员，要及时进行调整和调离。从源头上堵塞漏洞，做好危险物品管理工作。

**五、防范教育**

广泛开展经常性的危险物品安全防范教育工作是治安部门管理工作的重要一面，必须常抓不懈。治安部门除了对危险物品的经营单位、企业及从业人员经常开展防止麻痹大意、注意安全的教育外，还要利用广播、电视、报刊、布告等多种形式对全社会广大人民群众进行法制教育、危险物品常识教育等，以增强群众的法制观念和安全防范意识，自觉遵守国家规定，积极协助治安部门做好危险物品的管理工作。

**六、查处事故**

对于危险物品从生产到使用的各个环节中发生的任何事故和案件，治安部门都应迅速赶赴现场，与有关单位密切配合，抢救受伤人员，调查事故原因，依法制裁、处理有关责任人员。同时还要总结经验教训，开展宣传教育，增强干部和群众的法制观念和安全意识，以防类似事故的再次发生。

## 第四节　危险物品管理的范围和内容

### 一、枪支、弹药的管理

（一）枪支管理的主管部门

国家严格管制枪支，禁止任何单位或个人非法持有、制造、买卖、运输、出租、出借枪支；国家严厉惩处违反枪支管理的违法犯罪行为；任何单位和个人对违反枪支管理的行为有检举的义务；国家对检举人给予保护，对检举违反枪支管理犯罪活动有功的人员，给予奖励。

根据法律规定，枪支管理的主管部门是公安机关。国务院公安部主管全国的枪支管理工作，县级以上地方各级人民政府公安机关主管本行政区域内的枪支管理工作。上级公安机关监督下级公安机关的枪支管理工作。

（二）枪支的配备与配置

1. 公务用枪的配备。公安机关、国家安全机关、监狱、劳动教养机关的人民警察，人民法院、人民检察院的司法警察和担负案件侦查任务的检察人员、海关的缉私人员，在依法履行职责确有必要使用枪支时，可以配备公务用枪。国家重要的军工、金融、仓储、科研等单位的专职守护、押运人员，在执行守护、押运任务时确有必要使用枪支的，可以配备公务用枪。

配备公务用枪，由国务院公安部门统一审批。配备公务用枪时，由公安部或者省级公安机关发给公务用枪持抢证件。

2. 民用枪支的配置。民用枪支的配置有以下情形：

(1) 经省级人民政府体育行政主管部门批准专门从事射击竞技体育运动的单位、经省级人民政府公安机关批准的营业性射击场，可以配置射击运动枪支。专门从事射击竞技体育运动的单位配置射击运动枪支，由国务院体育行政主管部门提出，由国务院公安部门审批。营业性射击场配置射击运动枪支，由省级人民政府公安机关报国务院公安部门批准。配置射击运动枪支时，由省级人民政府公安机关发给民用枪支持抢证。营业性射击场配置的民用枪支不得携带出营业性射击场。

(2) 经省级以上人民政府林业行政主管部门批准的狩猎场，可以配置猎枪。狩猎场配置猎枪，凭省级以上人民政府林业行政主管部门的批准文件，报省级人民政府公安机关审批，由设区的市级人民政府公安机关核发民用枪支配购证件。狩猎场配置的民用枪支不得携带出狩猎场。

(3) 野生动物保护、饲养、科研单位申请配置猎枪、麻醉注射枪的，应当凭其所在地的县级以上人民政府野生动物行政主管部门核发的狩猎证或特许猎捕证和单位营业执照，向所在地的县级人民政府公安机关提出；猎民申请配置猎枪的应当凭其所在地的县级人民政府野生动物行政主管部门核发的狩猎证和个人身份证件，向所在地的县级人民政府公安机关提出；牧民申请配置猎枪的，应当凭个人身份证件，向所在地的县级人民政府公安机关提出。受理申请的公安机关审查批准后，应当报请设区的市级人民政府公安机关核发民用枪支配购证件。配购猎枪、麻醉注射枪的单位和个人，必须在配购枪支后 30 日内，向核发民用枪支配购证件的公安机关申请领取民用枪支持抢证。猎民、牧民配置的猎枪不得携带出猎区、牧区。

（三）枪支的制造和民用枪支的配售

1. 国家对枪支的制造、配售实行特别许可制度。未经许可，任何单位或个人不得制造和买卖枪支。

2. 公务用枪，由国家指定的军工部门的工厂、企业承担。制造民用枪支的企业，由国务院有关主管部门提出，由国务院公安部门确定，并核发民用枪支制造许可证，其有效期为 3 年，期满作废。

3. 配售民用枪支的企业，由省级人民政府公安机关确定，并核发民用枪支配售许可证，其有效期为3年，期满作废。

4. 国家对制造、配售民用枪支的数量，实行限额管理。制造民用枪支额度，由国务院体育、林业等有关管理部门提出，或由省级人民政府公安机关提出，由国务院公安部门确定并统一编制枪支序号，下达民用枪支制造企业组织生产制造。配售民用枪支的额度，由国务院体育、林业等有关部门提出或由省级人民政府公安机关提出，由国务院公安部门确定并下达到民用枪支配售企业。

制造民用枪支的企业不得超额制造民用枪支，所制造的民用枪支必须全部交由指定的民用枪支配售企业配售，不得自行销售。配售民用枪支的企业应当在配售限额内，配售指定的企业制造的民用枪支。

5. 制造民用枪支的企业，必须严格按国家规定的技术标准制造民用枪支，不得改变民用枪支的性能和结构；必须在民用枪支指定的部位铸印制造厂的厂名、枪种代码和国务院公安部门统一编制的枪支序号，不得制造无号、重号、假号的民用枪支。

6. 制造民用枪支的企业，必须实行封闭管理，采取必要的安全保卫措施，防止民用枪支及其零部件丢失。

7. 配售民用枪支，必须核对配购证件，严格按照配购证件载明的品种、型号和数量配售；配售弹药，必须核对持枪证件。民用枪支配售企业必须按照国务院公安部门的规定，建立配售账册，长期保管备查。

8. 公安机关对制造、配售民用枪支的企业制造、配售、储存和账册登记情况，必须进行定期检查，必要时可派专人驻厂对制造企业进行监督、检查。

(四) 枪支的使用与保管

1. 枪支的安全使用。使用枪支的人员要经过专门的教育、训练，掌握枪支的性能和正确的使用方法，保证枪支的合法、安全使用。使用公务用枪的人员，必须经过专门培训。配备、配置枪支的单位和个人应遵守下列规定：

(1) 携带枪支必须随身携带《持枪证》备查，未携带《持枪证》的，由公安机关扣留枪支。

(2) 不得在禁止携带枪支的区域、场所携带枪支。

(3) 枪支被盗、被抢或丢失的，立即报告公安机关。

(4) 配备、配置枪支的单位和个人不再符合持枪条件的，必须及时将枪支连同持枪证件上缴公安机关。

(5) 持枪人员一律不准携枪饮酒；严禁持抢人员随意鸣枪；严禁用配发的枪支狩猎；严禁公务用枪、配枪单位和持枪人员转借、转让、赠送、买卖枪支弹药；严禁将枪支弹药交给亲友、子女玩要。

(6) 射击运动枪只准在射击场所使用。猎枪只能在允许的狩猎场所使用。注射枪，只准持枪单位用以对动物进行麻醉注射。营业射击场配置的民用枪支不得携带出营业性射击场。

2. 枪支的安全保管。配备、配置枪支的单位应建立枪支、弹药的安全保管制度，落实责任制。凡配备配置枪支的单位必须设置坚固安全，存置方便的枪支、弹药专用柜，由专人负责、严加保管，并应安装防盗、报警装置，严防丢失、被盗和发生其他事故。对交个人使用的枪支，必须建立严格的枪支登记、交接、检查、保养等管理制度，使用完毕，及时收回。遇有探亲、休假、离职、学习等原因较长时间不能履行职务时，应当将枪支上交所在单位认真保管，严防丢失、被盗。

如有特殊需要，经国务院公安部门批准，县级以上地方各级人民政府公安机关可以对局部地区合法配备、配置的枪支采取集中保管等特别管制措施。

### (五) 枪支的运输

任何单位和个人未经许可，不得运输枪支。需要运输枪支的，必须向公安机关如实申报运输枪支的品种、数量和运输的路线、方式，领取枪支运输许可证。

在本省、自治区、直辖市内运输的，向运往地设区的市级人民政府公安机关申请领取枪支运输许可证件；跨省、自治区、直辖市运输的，向运往地省级人民政府公安机关申请领取枪支运输许可证。

运输枪支必须按照规定使用安全可靠的封闭式运输设备，由专人押送；途中停留住宿，必须报告当地公安机关。运输枪支、弹药依照规定应分开、分批运输。

没有枪支运输许可证件，任何单位和个人不得承运，并应当报告所在地公安机关。公安机关对没有枪支运输许可证件或者没有按照枪支运输许可证的规定运输的，应当扣押运输的枪支。

严禁邮寄枪支，或者在邮寄的物品中夹带枪支。

### (六) 枪支的销毁

不符合国家技术标准、不能使用的枪支，应当报废。配备、持有枪支的单位和个人应当将报废的枪支连同持枪证件上缴核发持枪证件的公安机关，未及时上缴的，由公安机关收缴。

报废的枪支应当及时销毁。销毁枪支，由省级人民政府公安机关负责组织实施。实施销毁前，要逐枪检验、排除枪弹、登记造册、毁型处理。需销毁的枪支运达销毁现场后，要加强看管，防止零部件的流失；工人操作销毁时，公安机关要派人到场监督，确保销毁工作的顺利进行。

## 二、管制刀具的管理

### (一) 管制刀具管理的范围

根据 1983 年 8 月公安部颁布施行的《对部分刀具实行管制的暂行规定》, 管制刀具的范围具体包括:

1. 匕首;

2. 三棱刀;

3. 带有自锁装置的弹簧刀 (跳刀);

4. 其他类似的单刃、双刃、三棱尖刀等。

### (二) 管制刀具的制造与销售

凡是制造管制刀具的工厂、作坊, 必须经县、市以上主管部门审查同意和所在地的县、市公安局批准, 发给《特种刀具生产许可证》后, 方准生产。生产出来的刀具、样品及其说明, 应送所在地的县、市公安局备案, 产品须铸刻商标和号码。

经销管制刀具的商店, 必须经县、市以上主管部门审查同意和所在地的县、市公安局批准, 严禁非法销售和贩卖管制刀具。

### (三) 管制刀具的购买与佩带

购买管制刀具的单位和个人, 必须符合有关持有和使用的规定。专业狩猎人员和地质、勘探等野外作业人员出于工作需要购买匕首, 须持有其所属单位向所在地的县、市公安局 (公安分局) 申请领取的《特种刀具购买证》, 凭证购买。生产用的三棱刮刀, 可凭单位介绍信向批准经销的商店购买。

匕首的佩带, 除中国人民解放军和人民武装警察作为武器、警械配备以外, 专业狩猎人员和地质、勘探等野外作业人员必须持有的, 须由县以上主管单位出具证明, 经县级以上公安机关批准, 发给《匕首佩带证》方准持有和佩带。机械加工使用的三棱刮刀, 只限工作人员在工作场所使用, 不得随意带出工作场所。

少数民族佩带的刀具, 由民族自治区人民政府制定具体的管理办法。少数民族使用藏刀、腰刀、靴刀等, 只准在民族自治地方销售。

### (四) 管制刀具的使用和保管

持有《匕首佩带证》的专业狩猎人员和地质、勘探等野外作业人员可以在狩猎、勘探等野外作业时使用管制刀具。少数民族可在少数民族自治地方, 根据其生活需要使用管制刀具。

使用管制范围内刀具的单位, 必须建立健全使用保管制度, 加强刀具的管理和检查, 确保安全。持有管制刀具的个人, 对刀具应妥善保管, 不得随意赠送、转借他人使用。发现丢失、被盗, 要及时报告公安机关。

严禁任何单位和个人非法制造、销售或贩卖匕首、三棱刀、弹簧刀等属于管制范围内的各种刀具。严禁非法携带上述刀具进入车站、码头、机场、公园、商场、影剧院、展览馆以及其他公共场所和乘坐火车、汽车、轮船、飞机。有违反上述规定行为的，依法处理。

## 三、爆炸物品的管理

### （一）爆炸物品的概念及管理范围

爆炸物品是指在一定外界作用下，发生剧烈的化学反应，瞬时产生大量的气体和热量，使周围压力急剧上升，发出巨大声响，产生冲击作用，对周围环境造成破坏的物品。包括具有燃烧、抛射及较小爆炸危险，或仅产生热、光、声响、烟雾等作用的物品。能够发生爆炸的物品很多，从爆炸的性质来分，有物理爆炸、化学爆炸和原子爆炸三种。

根据《中华人民共和国民用爆炸物品管理条例》的有关规定，公安机关管理的爆炸物品的范围，主要包括以下非军用物品：一是爆破器材，包括各类炸药、雷管、导火索、非电导爆系统、起爆药和各类爆破剂；二是黑火药、烟火剂、民用信号弹和烟花爆竹；三是公安部门认为需要管理的其他爆炸物品。

### （二）民用爆炸物品的生产管理

国家对民用爆炸物品的生产实行严格管制。建立民用爆破器材的工厂，必须由其主管部门提请所在地省、自治区、直辖市主管爆破器材生产的部门同意，由国防科工委根据国家计划审查批准，持批准文件和设计图纸，向所在地县、市公安机关申请许可。经审查，符合《中华人民共和国民用爆炸物品管理条例》和《民用爆破器材工厂设计安全规范》的，由县、市公安机关发给《爆炸物品安全生产许可证》，并向所在地的县、市工商行政管理局办理登记手续，领取营业执照。按照国家下达的品种、产量计划组织生产。

生产爆破器材的工厂，必须建立严格的检验制度，保证产品质量合格。试验或试制爆破器材，必须在专门场地或专门试验室进行。严禁在生产车间或仓库内试验或试制。在生产爆破器材工厂外设置试验场地时，必须经所在地县、市公安机关批准。

生产黑火药、烟火剂、民用信号弹和烟花爆竹的企业，必须按照隶属关系报经省、市主管部门批准；季节性生产烟花的作坊，必须经所在地省、自治区、直辖市主管部门批准。然后，凭批准文件，向所在地县、市公安机关申请许可，经审查、符合国家有关安全规定的，发给《爆炸物品生产许可证》，并向所在地县、市工商行政管理部门办理登记手续，领取营业执照，方准生产。

### （三）爆炸物品的储存管理

储存爆炸物品的仓库应按储量的大小，使用单位、使用性质来确定安全级别，储存总量不得超过其设计容量。仓库的建立、与周围建筑物的安全距离应符合国家有关的安全标准，并报当地的县、市公安机关审查同意，发给其《爆炸物品储存许可证》方准从业。

建立爆炸物品仓库的单位，必须凭县、市以上主管部门批准文件及设计图纸和专职保管人员登记表，向所在地的县、市公安局申请，经审查符合《民用爆破器材工厂设计安全规范》、《爆破安全规程》和《建筑设计防火规范》的要求后，发给《爆炸物品储存许可证》，方准储存爆炸物品。

使用单位临时存放爆炸物品时，应经所在地县、市公安局批准，选择安全可靠的地方单独存放、专人看管。临时少量存放的，向所在地公安派出所备案；没有公安派出所的地方，向乡人民政府备案。

储存爆炸物品必须建立健全规章制度，必须建立入库、检查、登记制度。爆炸物品的收存必须进行登记，做到账目清楚、账物相符，储存数量不得超过设计容量。性质相抵触的爆破器材，必须分库储存。库房内严禁存放其他物品。严禁无关人员进入库区，严禁在库区吸烟和用火，严禁带入其他易燃易爆物品。发现爆炸物品丢失、被盗必须及时报告公安机关。

变质和过期失效的爆炸物品，应及时清理出库，予以销毁。在销毁前要登记造册，提出实施方案，报上级主管部门批准，并向所在地县、市公安局备案，在县、市公安局指定的适当地点妥善销毁。

(四) 爆炸物品的销售和购买管理

爆炸物品实行凭证销售和购买制度。爆炸物品的经销单位，由物资部门、公安机关和有关单位协商研究，由所在地县、市工商行政管理部门办理登记手续，领取营业执照，方准销售。

县级以上的厂矿企业单位需用爆炸物品时，要经上级主管部门同意，向主管爆炸物品的供应部门提出申请，按计划组织供应。签订的供销合同经主管供应部门鉴证盖章，并将合同副本及时送当地县、市公安机关以备查验。县级以下厂矿企业、农村基层生产单位以及科研、文艺、医疗等单位需要爆炸物品时，应报经上级主管部门审查同意，向所在地县、市公安局申请领取《爆炸物品购买证》，凭证到指定的供应点购买。

进口或出口爆炸物品，要先经国务院主管部委批准，所在地省、自治区、直辖市公安厅（局）同意，向外贸部门申领进口、出口货物许可证，海关依照规定实行监督，凭进口或出口货物许可证查验放行。

(五) 爆炸物品的运输管理

爆炸物品必须凭证运输。运输爆炸物品的单位必须向爆炸物品运输目的地的县、市公安机关申请领取《爆炸物品运输证》后，方可运输爆炸物品。

在本县、市范围内运输爆炸物品时，可免办《爆炸物品运输证》，但必须事先把运输的时间、路线、运输工具等情况报告县、市公安机关同意。

运输爆炸物品过程中，应严格遵守有关安全规定。

(六) 爆炸物品的使用管理

使用爆炸物品的必须建立和执行严格的安全操作规程和安全管理制度。使用单位必须报上级主管部门审查同意，并持说明使用爆炸物品的地点、品名、数量、用途、储存库房和专职看管人员等有关材料，以及四邻距离的文件和安全操作规程，向所在地县、市公安局申请领取《爆炸物品使用许可证》，方可使用。

爆破作业必须由经过公安机关考核并取得《爆破员作业证》的人员担任。公安机关对爆破员进行定期的考察，发现不合格或不宜做爆破工作的，应收回《爆破员作业证》，停止其从事爆破作业的权利。

进行爆破作业时，必须遵守爆破安全操作规程。爆破后，必须对现场进行检查，确认安全后，才能发出解除警戒信号。

## 四、剧毒物品的管理

### (一) 剧毒物品的概念和范围

剧毒物品是指少量进入机体即迅速发生中毒反应，很快致人、畜死亡或严重中毒的物品。通常把致死量在1克以下的有毒物品称为剧毒物品。

目前，剧毒物品管理的范围主要包括以下几类：

1. 氰化物类。其中毒特点是发作快。常见的有氰化氢、氰氢酸、氰化钠、氰化钾、乙腈、丙烯腈等。

2. 砷化物类。砷化物一般都有毒性。常见的有砷化氢、三氧化二砷（俗称砒霜）。

3. 汞化物类。汞及汞化物类普遍具有强烈毒性。常见的有氯化汞（又称升汞）、氯化亚汞（又称甘汞）、氧化汞、硝酸汞、典化汞等。

4. 磷化物类。含磷化合物中有相当大的一部分具有剧毒性。可分为无机磷化物和有机磷化物。剧毒的无机磷化合物常见的有黄磷、磷化氢等，剧毒的有机磷化物主要是有机磷类农药，常见的有内吸磷（1059)、对硫磷（1605)、甲拌磷(3911) 等。

5. 生物碱类。生物碱是一类含氮的碱性天然有机化合物，广泛存在于植物体内，也有存在于动物体中，如钩吻、颠茄、罂粟等植物，斑蝥、河豚、毒蛇等动物体内都含有生物碱，毒性很强。常见的生物碱有士的宁、马钱子碱、阿托品、吗啡等。

### (二) 剧毒物品的生产管理

国家对剧毒物品的生产统一规划、严格管理。新建、扩建、改建剧毒物品的工厂企业，必须经主管单位报省辖市以上人民政府同意，省级人民政府批准，并报化工部备案；工程竣工后，有关人员应组织当地化工、公安、卫生、环保、劳动等部门验收审查，合格后到工商行政管理部门登记，申领营业执照；向省级化工行政管理部门申领《剧毒物品生产许可证》，并到公安机关备案后方准生产。

生产剧毒物品的企业，应根据剧毒物品的种类、性能，设置相应的通风、防火、防爆、防毒、中和、监测、报警、降温、防潮、避雷等安全设施和防护用具，建立必要的消防和急救组织。剧毒物品的质量和包装必须符合国家标准。生产剧毒物品所排放的废水、废气、废渣等污染物，不得超出国家规定的环境标准。剧毒物品的生产应严格按照生产工艺和安全生产操作规程进行。盛装剧毒物品的容器在使用前后须进行检查，消除隐患。

（三）剧毒物品的储存

储存剧毒物品的仓库要根据所储存剧毒物品的不同专门设计建筑，符合有关安全防火的规定，并根据储存物品种类、性质、数量，设置相应的通风、防潮、防毒、防盗、防水、防晒、报警、调温等安全设施，仓库与办公区、生产区、职工生活区及主要设施，要有足够的安全距离并设置明显的警告标志。

储存剧毒物品的库、室、柜内不得存放其他物品，性质相抵触或防护方法不同的剧毒物品，不得混同存放。对存放的剧毒物品应经常检查，发现有泄露、分解、氧化等，要马上采取有效措施进行控制或报告有关部门处理。严格剧毒物品的保管、收发、领取等管理制度，设置专兼职人员负责，无关人员不得进入库房，发生被盗或意外事故要及时报告。

（四）剧毒物品的经营和购买管理

国家对剧毒物品实行经营许可证制度。销售剧毒物品的部门必须申领经营许可证。经营剧毒物品的企业必须建立健全严格的安全经营管理制度和安全操作规程，必须有符合安全要求的经营设施和熟练的专业技术人员。禁止无证经营剧毒物品。

需用剧毒物品作生产原材料的化工医疗单位，必须有县以上主管部门出具的证明，经同级公安机关批准，申领《剧毒物品购买证》，凭证到指定单位购买。临时需要剧毒物品的单位，凭县级以上主管部门出具的证明，并经公安机关批准，按所注明的品种、数量、用途采购。对日常生活等需要且采购量不超过五百克或五百毫升（有特殊限量和规定的除外）的零星有毒物品，可直接购买。

（五）剧毒物品的运输管理

运输剧毒物品须事先将运输剧毒物品的种类、数量和运输的起运地、路线、方式，向运往地县级人民政府公安机关申报，申领剧毒物品运输证。严禁无证运输，禁止个体运输户从事剧毒物品运输。严禁携带剧毒物品乘坐载客的交通工具或进入公共场所，严禁在托运、邮寄的行李、包裹和邮件中夹带剧毒物品。

运输剧毒物品，必须包装坚固，专人押运，中途停车有专人看守；运输剧毒物品必须使用专用车辆，化学性质相互抵触，灭火方法不同的剧毒物品，严禁混装；严禁无关人员搭乘运输剧毒物品的车辆；运载剧毒物品的车辆，要按照公安机关指定的时间、路线、时速行驶，不准在人口集中的居民区、村镇、公共场所等重要场所附近停留；运输剧毒物品的交通工具事后要清洗消毒。负责接收剧毒物品的保管人员，对运来的剧毒物品要认真清点，查对种类、数量，确认无误方可接收并妥善保管；如发现不符，应及时查清原因，进行适当处理。

(六) 剧毒物品的使用管理

使用剧毒物品的单位必须凭单位证明信向所在地公安机关登记，并经审查同意，核发《剧毒物品使用许可证》。严禁无证单位使用剧毒物品。

使用剧毒物品的单位或个人，必须遵守各项安全制度和操作规程。必须严格遵守领取、清退制度，当班剩余的剧毒物品下班前必须退回原发放部门保管。使用剧毒物品时，必须有安全防护措施和用具。盛装剧毒物品的容器，在使用前后，必须进行检查，消除隐患。使用剧毒物品的工作场所，要严格出入制度，严禁无关人员进入，严禁在工作场所从事妨害安全的活动。

## 五、放射性物品的管理

(一) 放射性物品的概念和范围

放射性物品是指某些元素和它们的化合物，结构不稳定，衰变时能从原子核中放射出肉眼看不见的、有穿透性的粒子——射线，具有这种性能的元素及它们的化合物，我们称之为放射性物品。

放射性物品，广义上应包括放射性同位素、放射性废物和具有放射性的核材料。因国家对核材料管理有专门规定，故这里不作论述。

常见的放射性物质主要有：工农业、医疗卫生、科研、地质等部门使用的钴-60，铯-137和铍钋中子源等；放射性的矿砂及其浓缩物，如独居石、铀矿砂、浓缩铀等；放射性化工制品，如夜光粉、硝酸钍等；放射性药剂、放射性废物、放射性同位素等。

根据1989年10月24日国务院发布试行的《放射性同位素与射线装置放射防护条例》的规定，列入公安、卫生、环保部门管理的是放射性同位素和射线装置。

(二) 放射性物品的许可登记制度

根据《放射性同位素与射线装置放射防护条例》的规定，国家对放射工作实行许可登记制度。凡从事生产、使用、销售放射性同位素和含放射源装置的单位和个人，必须向省级卫生行政部门申请许可，取得《放射性同位素工作许可证》；并同时向省级公安部门登记，取得《放射性同位素工作登记证》后，方可从事放射性物品的工作。

许可证、登记证每1至2年核查一次，核查情况由审批部门记录在许可证、登记证上。从事放射工作的单位需要改变许可登记的内容时，要持证到原审批部门办理变更手续。终止放射工作时，必须向原审批部门办理注销许可登记手续。

(三) 放射性物品的生产、使用和销售管理

任何单位在从事生产、使用、销售射线装置前，必须向省级卫生行政部门申请许可，在从事生产、使用、销售放射性同位素和含放射源的射线装置前，必须向省级卫生行政部门申请许可，并向同级公安部门登记。涉及到放射性废水、废气、固体废物排放的，还必须先向省级环保部门递交环境影响报告书（表)，经批准后可申请许可登记。取得许可登记证后，方可从事许可登记范围内的放射工作。

从事放射工作单位的负责人，应当采取有效措施保证本单位放射性物品生产、使用、销售等工作符合国家规定和标准。放射性同位素和射线装置的生产、使用场所必须设置防护设施；其入口处必须设置放射性标志和必要的防护安全联锁、报警装置或工作信号。在室外、野外从事放射工作时，必须划出安全防护区域，设置危险标志，并设专人警戒。在地面水和地下水中进行放射性同位素试验时，必须事先经所在省级环保、卫生行政部门批准。

进口装备有放射性同位素的仪表的单位或个人，必须向当地卫生、公安、环保部门登记备案；进口含有超过放射性豁免水平的矿品、成品、消费品的单位或个人，应当向口岸所在地的省级卫生行政部门申请放射性监测检查。凡从事含有放射性的来料加工工作的单位或个人，涉及到放射性废水、废气、固体废物排放的，必须事先向所在省级环保部门递交环境影响报告书（表)，经批准后，到所在地县级以上卫生行政部门申请办理许可证，并向公安机关登记。

生产装有放射性同位素的设备、射线装置、放射性防护器材，必须符合放射防护要求，不合格的产品不得出厂；生产含有放射性物质的消费品、物料和伴有产生x射线的电器产品，必须符合放射防护保护，不合格的产品不得销售。

从事放射工作的单位必须严格执行国家对放射工作人员和个人剂量监测和健康管理的规定；对从业人员还应进行必要的放射防护知识培训和法制教育等，以确保安全。

(四) 放射性物品的储存与运输管理

储存放射性物品的单位，必须设有专门的储存室，并设专人负责保管。储存室内不得存放其他物品，尤其是易燃、易爆等物品，储存室外应设置放射性物品的危险标志，周围不准堆放易燃易爆等危险物品。储存室的选建应符合有关要求，防火、防盗、防泄漏。储存、领取、使用、归还放射性物品，应进行登记、

检查，做到账物相符。公安机关要经常深入检查，对检查中发现存在的安全隐患或保管上有漏洞的，要提出要求，限期整改。

运输各种放射性物品，应按照国家有关运输规定，进行妥善包装或处理，并经县以上运输和卫生行政部门核查后方可运输。运输放射性物品必须专车运输，不得混装。运输工具应安全可靠，并派专人押运，途中不应在大城市繁华场所或人员较多的街道停车，如确需停车，要指定专人看管，以防意外。公安机关要对运输放射性物品的各个环节进行安全检查，发现问题及时处理。

（五）放射性物品的安全监督检查

县以上公安部门应对辖区放射性同位素应用中的安全保障实施监督检查。登记辖区放射性同位素和放射源，掌握基本情况；检查放射性同位素及放射源保存、保管的安全性，对检查中发现的各种问题要及时指出、限期整改。对于发生的放射性事故要及时赶赴现场，协同有关部门，采取有效措施，妥善处置；对违反规定的单位和直接责任人员要依法追究责任，严肃处理。

# 第十章　其他治安管理概述

## 第一节　户口管理

### 一、户口管理的概念

（一）户的涵义

户是指由若干有婚姻、血缘或收养关系或工作、学习等业缘关系的人组成的共住一起的小型群体。户一般分为家庭户和集体户两类。户是进行户口管理的基本单位。

（二）户口与户籍的涵义

1. 户口的涵义。户口，就是住户和人口的总称。但是严格的讲，户口一词还有其特定的法律和行政意义。户口管理学认为，所谓户口，是经国家依法确认并实际管辖的本国住户、居民及其基本的人口信息。

2. 户籍的涵义。户籍，就是户口登记机关依据有关法规，按户逐人记载居民有关身份、居住地和亲属关系等事项的簿册。户籍与户口虽然密切相关，但两者是不相同的。户口是户籍所登记的内容，户籍是户口的行政文书表现形式。

（三）户口管理的涵义

户口管理是依法搜集、确认和提供本国住户居民的公民身份、亲属关系、法定住址等人口基本信息的国家行政管理。亦称户口行政管理，简称户政管理或户政。

### 二、户口登记

（一）户口登记的涵义、范围、立户标准及登记机关

1. 户口登记的涵义。户口登记，是依法记载住户和人口基本信息并及时反映有关变化情况的户口管理业务。它是户口登记机关用统一的簿册，以户为单位，对每个公民的身份、居住地和亲属关系及变动情况等依法实施的记载。

2. 户口登记的范围。凡是中华人民共和国的公民都应履行户口登记。现役军人（包括武警）的户口，由军事机关按照现役军人（包括武警）的有关规定进

行登记。对公民实施户口登记，标志着法律对公民的身份、住址、亲属关系的确认，可以起到保障公民行使权利和履行义务的作用。

3. 立户标准。户口登记以户为单位进行。立户一般要具备三个条件：一是同住一处；二是共同生活；三是要有户主。户主是户中协助户口登记机关办理户口事务的负责人。一般应由具有民事责任能力的人担任。

户分为家庭户和集体户。以血缘婚姻关系为主而居住一处共同生活的应立为家庭户。以工作、学习等业缘关系居住在机关、团体、学校、企业、事业等单位内部集体宿舍的干部、职工、学生等应立为集体户。

4. 户口登记机关。我国户口管理工作由各级公安机关负责。具体的户口登记工作由公安派出所负责。未设公安派出所的乡、镇，由乡、镇人民政府代行户口登记机关的职权。

**三、户口登记制度**

我国现行户口登记制度，无论城乡一律实行常住、暂住、出生、死亡、迁出、迁入和变更更正等七项登记。

（一）常住登记

常住登记即常住户口登记。常住户口，是指在我国境内定居的中国公民在其经常居住的地方登记的户口。

根据《中华人民共和国户口登记条例》（以下简称《条例》）规定，在我国境内定居的中国公民，应按户口管辖区，到经常居住地所属的户口登记机关办理常住户口登记。现役军人（包括武警）的常住户口，由军事机关按照管理现役军人的有关规定进行登记；在押的犯人和正在接受劳动改造、劳动教养人员的常住户口，由执行单位负责登记。

公民到户口登记机关办理常住户口登记，是一种按照法定程序填写《常住人口登记表》的法律行为。《常住人口登记表》是公民取得常住户口的最具权威性的法律凭证。《常住人口登记表》由户口登记机关保存。在我国，一个公民可以有一处甚至几处居所，这些居所也可能分布在不同的户口管辖区，但公民必须且只能在一个经常居住的地方登记常住户口。

（二）暂住登记

暂住登记也称暂住人口登记。暂住人口是指公民在常住户口所在地以外的市、镇（乡）暂时居住 3 日以上的人口。定居在国外的华侨及港、澳、台同胞，因各种原因回大陆短期居住的也属于暂住人口。

根据现行暂住人口管理法规的规定，凡暂住人口不论是住在居民家中，租赁房屋，也不论公房私房，均应在当地户口登记机关办理暂住人口登记。对暂住于宾馆饭店的，由宾馆饭店进行住宿登记。

实行暂住人口登记，是加强对流动人口行政管理的一项重要措施，对掌握、分析辖区内现有人口数量，安排暂住人口就业，规划本地公共基础设施建设，调配基本生活资料，预防和打击流窜犯罪活动，维护社会治安秩序，保障公民合法权益有着非常重要的作用。

（三）出生登记

出生登记，是指户口登记机关为符合登记条件的新生儿注册常住户口的登记制度。通过出生登记，新生婴儿取得了常住户口，其身份、住址、亲属关系也得到了法律的确认，其合法权益便得到了保障。通过出生登记，户口登记机关能及时准确的掌握户籍人口的自然增长数量，严密户口管理。还可以为有关部门提供出生人口的原始统计资料。

根据户口登记条例及有关规定，婴儿出生1个月内，应由户主、家属、抚养人或邻居持《出生医学证明》，到新生儿母亲或父亲常住户口登记机关申报出生登记；户口登记机关凭《出生医学证明》办理出生登记手续，并保留《出生医学证明》副页，作为新生儿出生登记的原始凭证。

（四）死亡登记

死亡登记，是指户口登记机关注销户籍人口中死亡人员常住户口的登记制度。进行死亡登记，对于公民和国家都具有重要意义。就公民而言，通过死亡登记，注销死亡人员的常住户口，在法律上证明死者的死亡时间及死因，终止其权利和义务，便于家属处理死者的安葬或财产继承等善后事宜；就国家而言，死亡人数，是人口统计的重要指标，死亡人数和死亡年龄是计算人口平均寿命、预测人口发展趋势、制定人口规划不可缺少的指标。死亡原因，是发现疫情、预防疾病、发展卫生保健事业的重要依据。通过死亡登记，户口登记机关能及时准确地掌握辖区内户籍人口的自然减少数量，严密户口管理，提供死亡人员的原始统计资料。

根据户口登记条例规定，公民死亡，城镇在葬前，农村在一个月内，由户主、亲属、抚养人或邻居，向死者常住户口所在地户口登记机关申报，户口登记机关凭相应证明文件办理死亡登记，注销死者常住户口。

（五）迁出登记

迁出登记，是户口登记机关为欲迁往本户口管辖区以外的公民办理常住户口迁出手续的登记制度。户口登记机关对公民申报迁出的申请，经认真审查，符合迁移规定和手续的，及时办理迁出手续，发给《户口迁移证》。

（六）迁入登记

迁入登记，是户口登记机关为从外地迁至本户口管辖区定居的公民注册常住户口的登记制度。

### （七）变更、更正登记

变更、更正登记是指公民因户口登记项目中的内容需要变更或更正时，向户口登记机关申请办理变更或更正手续的一项登记制度。它是两种起因完全不同的登记制度。

1. 变更登记。变更登记，是指公民原来在户口簿上登记的事项正确，后来由于本人的实际情况发生了变化，为了使登记的内容符合该公民当前的实际情况而办理的一种变更登记活动。

2. 更正登记。更正登记，是指原来户口登记项目的内容不符合实际情况，经公民申请或户口登记机关发现，需要更正登记的。公民要求变更更正姓名、民族、出生日期的要严格掌握。一般项目可凭相关证件或书面申请即可办理。

## 四、户口分类管理

为了方便群众，便于管理，我国户口登记机关根据居民的居住地区和居民的不同情况，把户口分为城镇、农村、集体、船舶、边境等几种户口类型，分别采取不同的方法和措施进行管理。

### （一）城镇户口管理

城镇户口，是指在城市和设有派出所的集镇注册登记的户口。由于城镇人口集中，变动频繁，情况比较复杂。因此加强城镇户口管理，对于维护城镇社会治安秩序，保护公民的合法权益，促进经济发展，具有重要意义。城镇户口管理的基本要求是：登记全面准确，变动及时掌握，户口底数清楚，人口情况熟悉，充分发挥户口管理的基础作用。

城镇户口管理的主要方法是：广泛深入地向群众进行遵守户口登记制度和居民身份证制度的宣传教育；严格各项户口变动登记制度，及时、准确地办好户口登记和身份证的签发工作；认真搞好户口调查，熟悉人口基本情况，掌握动态，及时反映和报告可疑情况；做好户口核对，及时纠正登记差错，保证户口登记的完整、准确；派出所内勤和外勤民警紧密配合，及时交流工作情况，堵塞户口管理中的漏洞。

### （二）农村户口管理

农村户口，是农村地区的住户和人口的总称。它与城镇户口相对应。做好农村户口管理，及时掌握农村户口变动情况，准确提供人口资料，对国家建设及地方行政管理，保护公民合法权益，维护农村治安秩序都具有重要意义。

农村户口管理的方法主要是：向群众进行遵守户口管理制度的宣传教育；按村建立《常住人口登记表》，实行《居民户口簿》的管理制度；坚持七项登记制度；经常核对户口，定期进行人口统计工作；保管好户口簿册、证件、资料；进一步推进农村户口的城市化管理。

（三）集体户口管理

集体户口，又叫公共户口，是指相互之间不存在家庭关系的居住在机关、团体、企业、事业、寺庙等单位集体宿舍的公民的户口。管好集体户口，对于严密户口登记制度，掌握人口变动情况，提供准确人口数据，加强内部安全保卫工作都是十分重要的。

集体户口管理的要求是：登记制度严格，登记项目齐全，变动及时掌握，人口数字准确。集体户口管理的方法：选好户口员并对其加强业务指导；建立好集体户口登记簿；派出所要严格管理，定期核对人口，掌握变动情况；取得集体户口单位行政领导的支持。

（四）船舶户口管理

船舶户口，是指在水上常年以船舶从事生产运输、捕捞等职业的人和以船舶为家的人的户口。

船舶户口管理的基本要求是：登记制度健全；立户标准一致；户口管理严密；方便生产运输。

船舶户口管理的方法有：严格户口登记制度；经常核查户口；做好证件的签发工作；加强户口管理的监督检查；定期整顿船舶户口。

（五）边境户口管理

边境户口，即指边境地区的户口。其管理范围依据边境地区的区划确定。就是说，凡经政府明文公布为边境地区的，其当地居民的户口都应按边境户口进行管理。

边境户口管理的意义在于防止敌特分子和其他不法分子的潜入潜出，维护边境地区的社会治安秩序，证明公民身份，保护公民的合法权益，为国家提供人口资料。

边境户口管理的要求是：严格户口登记管理；严格边境地区流动人口的暂住管理；认真审查申请迁往边境地区人口的材料；坚持实行居民身份证制度和《边境通行证》制度；加强人口了解和重点人口管理；加强邻国公民来我边境地区探亲、访友的登记管理。

**五、户口调查**

（一）户口调查的涵义

户口调查，就是户籍民警运用国家赋予的权力，对户籍管辖区居住的人和户的情况进行的一种调查。

（二）户口调查的任务和内容

户口调查的主要任务是帮助党和政府弄清我国的社情，把握户口工作的基本动态和规律，为党和政府制定正确的方针、政策提供事实或理论上的根据，为国家经济建设社会稳定出谋划策。

户口调查的内容主要有：

1. 调查核实户口登记情况。户口登记是实施户政管理的重要基础，因此，必须保证户口登记的准确。核实户口登记情况，就是要注意常住人口登记是否准确，主要是姓名、性别、年龄、文化程度、服务处所和职业、民族、婚姻状况、住址以及与户主的关系等登记的是否准确，有无重漏差错；了解人户分离情况及原因；了解迁入人口和暂住人口申报登记情况；了解集体户口的登记管理情况。这些情况，对于确定公民个人在法律上的地位，准确的证明公民身份，为国家提供可靠的人口资料以及配合侦查破案，都具有重要意义。

2. 调查了解一般居民的基本情况。一是调查了解 14 周岁以上一般常住人口的基本情况，看有无违法犯罪迹象，发现违法犯罪迹象要随时掌握。二是调查了解暂住人口的基本情况和现实表现，弄清底数和来龙去脉，从中发现和掌握各种违法犯罪线索。年满 16 周岁、居住时间 3 个月以上的，要熟悉本人的基本情况，掌握现实表现；要特别注意调查了解和掌握混杂在暂住人口中的犯罪分子。

3. 调查了解重点人口的情况。主要是调查了解各层次人口中有危害国家安全活动和其他刑事犯罪活动的可疑人员；因矛盾纠纷激化，有闹事行凶报复苗头、可能铤而走险的人员；因故意违法犯罪被刑满释放、解除劳动教养不满 5 年的以及吸食毒品的人员。通过调查，发现和掌握重点人口的犯罪能力和条件，分析他们有无违法犯罪的可能，有针对性的制定出防范对策。

4. 调查了解社会动态。社会动态一般有敌情、政情和社情。敌情，是指有危害国家安全活动嫌疑人员和其他敌对分子，阴谋策划以推翻人民民主专政政权和社会主义制度为目的而进行的危害经济建设、破坏社会安定团结的活动。政情，是指社会各阶层对党和政府的路线、方针和政策的各种反映。社情，是指社会各阶层对国内外重大事件，各个时期党的方针、政策的各种反映和思想动向，以及群众中存在的一些影响安定团结的因素等等。这三种情况有时会交织在一起，要通过经常深入群众进行户口调查，认真加以鉴别，以便一方面向领导机关提供准确情况，供决策参考；另一方面有针对性的及时开展工作，使户口调查成为搞好社会治安管理、严密社会面控制的重要手段。

## 六、重点人口管理

### （一）重点人口的涵义

重点人口，是指有危害国家安全或社会治安嫌疑，由公安机关重点管理的人员。重点人口管理是公安机关内部掌握的基础工作，严禁对外泄露。“重点人口”一词，属于公安机关内部用语，严禁对外使用。目前，重点人口管理的主要法律依据是 1998 年 5 月 22 日公安部制定的《重点人口管理工作规定》。

（二）重点人口的列管范围

根据规定，有下列行为嫌疑的人员应当列为重点人口：

1. 有危害国家安全活动嫌疑的人员；

2. 有严重刑事犯罪活动嫌疑的人员；

3. 因矛盾纠纷激化，有闹事行凶报复苗头、可能铤而走险的；

4. 因故意违法犯罪被刑满释放、解除劳动教养不满5年的；

5. 吸食毒品的。

（三）重点人口管理的内容

重点人口的列管与撤管，由公安派出所责任区民警逐人整理列管（撤管）材料，填写《列管（撤管）重点人口呈报表》或者《派出所工作对象信息登记表》，经公安派出所领导集体审核后报县（市）公安局或者城市公安分局审批。对有危害国家安全活动嫌疑的重点人口的列管与撤管，经公安派出所领导集体审核后，由县（市）公安局或者城市公安分局核报地市公安处、局审批。

公安派出所负责重点人口日常管理工作。户政（治安）部门负责业务指导工作，有关业务部门应当协助做好重点人口管理工作。重点人口管理以现住地公安派出所管理为主。企业事业单位内部重点人口由现住地公安派出所管理。

重点人口管理实行专门工作与群众路线相结合的方针。主要方法有：调查了解；查证核实；重点控制；积极疏导；帮助教育。管理制度主要有：通报协查制度；材料转递制度；清理考察制度；档案管理制度。

## 七、居民身份证及其管理

（一）居民身份证的涵义

居民身份证，是我国政府依法对境内年满16周岁以上公民统一颁发的、具有证明公民身份效力的法定证件。居民身份证是中国公民的基本身份证件，具有与世界其他国家的身份证件相同的基本特征。

1. 权威法定性。居民身份证是经国家专门立法的法定证件。它不同于各机关、团体、学校、厂矿、企事业单位的工作证，具有法定的权威性。

2. 持证普遍性。它是我国年满16周岁以上公民所普遍持有的法定身份证件。

3. 技术先进性。我国居民身份证的制作，吸收了世界其他国家身份证件制作的先进的科学技术，采取了“聚酯薄膜密封，持证人相片和登记内容一体化的单页卡式”，即证件是经过翻拍印制后用塑封套塑封而制成的，同时还采用了先进的防伪技术。

4. 用证广泛性。随着国家改革开放和经济建设迅速发展，人民生活水平不断提高，旅游事业蓬勃发展，人民群众在政治、经济和生活诸方面的交往活动日益增多，社会主义民主、法制的不断完善，要求证明公民身份的事项大量增加。如选民登记，升学、就业，办理公证等等，都需要出示居民身份证证明自己的身份。

除此以外，中华人民共和国居民身份证还有下列特点：

1. 便于使用、查验和核查。由于居民身份证设计项目简单、内容准确、文字工整、照片清晰、图案精美、防折耐磨、便于携带，因而便于使用、查验和核查。

2. 编号惟一且终生不变。由于证件编号个人专用，在全国范围内惟一而没有重复号码，并且终身不变，利于大范围长距离查询。

（二）*居民身份证制度的内容*

1. 我国实行居民身份证制度的法律依据。《中华人民共和国居民身份证条例》于1985年9月6日经第六届全国人民代表大会常务委员会第十二次会议通过，1985年9月6日中华人民共和国主席令第二十九号令公布，于1985年9月6日起施行。这是我国实行居民身份证制度的法律依据。根据《中华人民共和国居民身份证条例》第19条的规定，1986年11月3日经国务院批准，1986年11月28日由公安部公布了《中华人民共和国居民身份证条例实施细则》，于1986年11月28日起施行。《细则》经1991年12月3日和1999年7月29日两次修改。这是实施居民身份证制度的重要法规。为了健全和完善居民身份证制度，1989年9月15日，公安部发布了《临时身份证管理暂行规定》，于1989年10月15日起施行。

2. 居民身份证的有效期限。居民身份证的有效期限分为10年、20年、长期3种。16周岁至25周岁的公民，发给有效期10年的居民身份证；26周岁至45周岁的公民，发给有效期20年的居民身份证；46周岁以上的公民，发给长期有效的居民身份证。

《中华人民共和国居民身份证条例实施细则》规定居民身份证的有效期限自签发之日起计算。例如：一位24周岁的公民，领取了1989年11日11日签发的，有效期为10年的居民身份证，该公民的证件应到1999年11月10日有效期满。在证件有效期满之日的3个月前，就应到本人常住户口所在地的户口登记机关申报换领有效期为20年的新证。

3. 申领居民身份证的范围。凡居住在中华人民共和国境内的年满16周岁的中国公民，都应当依照《中华人民共和国居民身份证条例》的规定，申请领取居民身份证。

回国定居的华侨，回内地定居的香港、澳门同胞，回大陆定居的台湾同胞，以及在中国境内定居的外国人和无国籍人被批准加入中华人民共和国国籍，年满

16周岁的也应依照规定申请领取居民身份证。

人民解放军军人、人民武装警察在服役前没有领取居民身份证的，退出现役后，在办理户口登记手续的同时申领居民身份证。

被判处拘役、有期徒刑以上刑罚的人和被劳动教养的人以及被羁押的人，没有领取居民身份证的，在被释放或者被解除劳动教养后，按照规定申领居民身份证。被判处管制或独立适用刑罚附加刑的人，以及被判处拘役、有期徒刑宣告缓刑的人以及被假释的人，可以申请领取居民身份证。

公民申领居民身份证，需填写《常住人口登记表》，交验户口簿，交近期标准相片两张，并按照规定交纳证件工本费。

4. 居民身份证的换领。公民在下列情况时需要换领居民身份证：(1) 公民应当在居民身份证有效期满之日的3个月前申报换领新证，户口登记机关应当在旧证有效期满前将新证发给本人。(2) 公民常住户口迁出本市市辖区和本县行政区域的，在迁入地办理户口登记手续的同时换领居民身份证。(3) 公民需要变更、更正居民身份证登记的内容，在履行申请变更、更正手续的同时申报换领新证。(4) 公民的居民身份证污损、残缺不能辨认时，应当申报换领新证。

5. 居民身份证的补领。公民遗失居民身份证时，应当立即向本人常住户口所在地的公安机关报告，并办理申报补领新证的有关手续。急需使用居民身份证的可以申领临时身份证。公民补领新证后找到原证的，应当将原证交给常住户口所在地的户口登记机关。

6. 申报换领、补领居民身份证需要办理的手续。公民申报换领、补领新证，需要重新填写《常住人口登记表》，交近期标准相片两张，并按规定交纳证件工本费。申报换领新证的，户口登记机关发给新证的同时收回旧证。申报补领新证的，原证作废。

7. 公民身份号码与公民身份号码制度。公民身份号码是国家为每个公民从出生之日起编定的惟一、终身不变的身份代码。公民身份号码由户口登记机关负责编制、管理。户口登记机关在为公民办理出生登记时，按照GB11643－1999《公民身份号码》国家标准，为公民编制公民身份号码。

建立和实行公民身份号码制度，是国家加强社会管理的一项重要基础建设，也是实现社会信息化管理的重要措施，对于促进我国社会主义现代化建设和经济体制改革，方便群众生活和保护公民的合法权益，具有十分重要的作用。

8. 居民身份证快证的制发。1994年财政部、国家计委对加快制作居民身份证做出规定：要严格控制加快制作居民身份证的范围，应本着群众自愿的原则，一般仅限于办理公证、升学、就业、外出等权益事务，在法定的申领时间内不能领到证件而确实急需证件的。加快制作居民身份证的期限应严格限定在7天以内，超过期限的不能按加快证件收取费用。具体收费标准由省级物价部门会同财政部门核定。

9. 居民身份证的查验。查验居民身份证，是指人民警察在依法执行任务时，为查明公民身份，依据《中华人民共和国居民身份证条例》，命令或强制公民出示居民身份证，重点审查、检验证件的真实性、时效性、持证人相片及登记的内容。

10. 居民身份证的核查。核查居民身份证是指：在办理涉及公民权益事务需要证明其身份时，办事机构对公民出示的居民身份证的相片和登记内容进行核对检查。

11. 居民身份证标准相片规格。(1) 相片为领证人近期正面免冠大头像。经常戴眼镜的公民，照相应戴眼镜。(2) 相片应用光纸，不带白边，黑白色，中间调，背景为浅颜色。要求人像层次丰富，神态自然。(3) 一般地区使用 32mm×22mm 规格大头人像相片。具体摄制要求为：头部宽度约为 18mm。头部两侧距相片左右两边各为 2mm；头部长度约为 26mm。头顶发际距相片上边 1mm，下颏距相片下边 5mm。(4) 民族自治地方使用 48mm×33mm 规格大头人像相片。具体摄制要求为：头部宽度约为 27mm，头部两侧距画面左右两边各为 3mm，头部长度约为 39mm，头顶发际距相片上边 1.5mm，下颏距相片下边 7.5mm。

12. 除公安机关依法可以扣留公民的居民身份证外，其他任何单位和个人都不得扣留或者作为抵押。居民身份证是公民证明其身份的法定证件，由国家立法确认，具有高度的法定权威性，能够有效地证明公民身份。公安机关除对于依照《中华人民共和国刑事诉讼法》被执行强制措施的人以外，不得扣留公民的居民身份证。这是因为公民在办理涉及权益事务时，需要随时使用居民身份证，还要接受公安机关的查验。从维护法律的严肃性和保护公民的合法权益出发，除法律另有规定的外，其他任何单位和个人在办理涉及公民权益事务时，可以要求其出示居民身份证，但不得扣留或者要求作为抵押。

13. 居民身份证的使用范围。《中华人民共和国居民身份证条例实施细则》规定，公民在办理下列事务，需要证明身份时，可以出示居民身份证：(1) 选民登记；(2) 户口登记；(3) 兵役登记；(4) 婚姻登记；(5) 入学、就业；(6) 办理公证事务；(7) 前往边境管区；(8) 办理申请出境手续；(9) 参与诉讼活动；(10) 办理机动车、船驾驶证和行驶证，非机动车执照；(11) 办理个体营业执照；(12) 办理个人信贷事务；(13) 参与社会保险，领取社会救济；(14) 办理搭乘民航飞机手续；(15) 投宿旅店办理登记手续；(16) 提取汇款、邮件；(17) 寄卖物品；(18) 办理其他事务。1989 年《公安部印发＜关于在全国实施居民身份证使用和查验制度的请示＞的通知》中，对“办理其他事务”作了某些补充说明：(1) 报考各类高等学校或者中等职业、专业学校；(2) 提前支取定期储蓄存款，储蓄存款单据挂失，支取银行汇票、本票、现金支票、旅行支票、信用卡和汇兑款项；(3) 办理家庭财产保险和人身保险业务；(4) 办理计划生育手续；(5) 申报个人取得的各项应税收入，办理税务登记和纳税事项；(6) 办理聘用、雇用和离、退休手续；(7) 申请前往边防禁区、经济特区、戒严区通行证件；(8) 申领出海渔民、船民证件和船舶证簿；(9) 办理海关手续；(10) 报名参加文艺、体育竞赛或者比赛；(11) 私人房屋产权登记；(12) 使用银行支票购买商品；(13) 办理拍卖、典当、租赁手续和出售生产性废旧金属；(14) 办理印刷业务；(15) 刻制印章；(16) 认领走失儿童和认领遗失物品；(17) 借阅属于开放范围的档案资料；(18) 进入党政军机关等部门；(19) 申请举行集会、游行、示威；(20) 各部门认为需要公民出示居民身份证以证明身份的其他事项。

## 第二节　消防管理

### 一、消防管理概述

#### (一) 消防管理的概念

消防是预防和扑救火灾的总称。从火灾预防的角度来说，消防管理的主要任务是依照有关消防管理的法律法规，通过计划、组织、指挥、协调、控制等方法，对各机关、团体、企业事业单位的防火，对建筑设计、施工的防火，对消防产品质量等进行有效的监督管理，以实现消防安全的目标。从火灾扑救的角度来说，消防管理的任务是通过建立健全消防组织，完善通讯指挥系统，配置必要的救护和灭火设备、器材，搞好火灾扑救、火因调查及事故处理等活动。

消防管理是公安消防机关依照有关消防管理的法律法规，运用科学的管理方法和技术同火灾作斗争的专门活动，是公安工作的重要组成部分。消防管理工作包括消防管理和消防监督两个方面。消防监督与消防管理有着密切的联系，在实际工作中没有明确的界限，只在职能分工和执法要求上各有侧重。消防监督，强调公安机构在履行执法监督职责时，应做到执法必严，违法必究，赏罚分明。消防管理强调公安消防机构在履行组织管理职责时，应做到有法必依，务必落实，通过申请许可、审查批准、审核、验收、检查、检测等管理手段，使城市公共消防设施、城乡建筑、设计施工、易燃易爆危险物品、公共场所、群众性活动、消防重点单位的消防措施与消防管理按规定到位，实现消防和减少火险隐患、火灾事故的目标。

消防监督管理是指公安消防机关及其公安消防机构，代表国家行使消防监督权力，依法对机关、团体、企事业单位和城乡基层组织遵守消防法律、法规、规章和消防技术规范，实行防火安全责任制，进行消防宣传教育，建设和管理消防组织，开展消防科研等方面，进行组织、指导、检查、督促、奖惩的执法活动。

(二) 消防管理的方针

《消防法》第2条规定的消防管理的工作方针是："预防为主，防消结合"。

"预防为主"，就是在消防管理工作的指导思想上，把预防火灾放在首位，立足于防，动员和依靠人民群众，落实各项消防行政措施、技术措施和组织措施，从根本上防止火灾的发生和危害。"防消结合"，是指在同火灾作斗争的过程中，把预防和扑救有机的结合起来。要求在做好防火工作的同时，在思想上、物资上、技术上做好充分的灭火准备。

(三) 消防管理的法律依据

消防管理的法律依据，主要包括消防法律、法规和规章，以及消防技术规范等。

消防法律是由全国人民代表大会常务委员会会批准或通过的有关消防工作的规范性法律文件。我国现行的消防法律是1998年4月29日第九届全国人民代表大会常务委员会第二次会议通过的《中华人民共和国消防法》。它规定了消防工作的任务、方针、原则、体制、火灾预防、消防组织、灭火救援、法律责任等内容。

消防管理法规和规章是国务院、公安部或公安部会同其他有关部门，依据消防法律和其他有关规定制定的有关消防监督管理的行政法规、部门规章等规范性文件。

消防技术规范是公安部会同其他有关部门根据消防法律规定，消防管理工作实践，并借鉴国外消防技术规范的先进经验，制定的有关设计、建设、施工单位必须遵守的防火技术方面的国家标准性文件。

## 二、火灾预防

(一) 火灾预防的重点

确定火灾预防重点的主要因素有：一是在国民经济和社会生活中占有重要地位，一旦发生火灾，对国家、对民众有重大影响；二是属于容易发生火灾、爆炸事故的部门或者单位，必须重点防范；三是由于人员集中，一旦发生火灾，财产和人员都会有损失，必须重点防范；四是古建筑和重点保护的文物是国家和民族的珍贵遗产，一旦失火烧毁，将不复存在，因此必须重点保护。火灾预防的重点是轻工、纺织、化工、能源、商业、粮食系统，新建、扩建工程，易燃易爆化学危险物品的生产、使用、储存、销售，运输企业，车站、码头、机场，文化娱乐场所，古建筑群和其他重点文物保护单位以及对当地国民经济、社会生活有影响的单位。

### （二）重点的防火措施

根据火灾预防重点的确定，要采取相应的预防措施。其措施主要有：

1．符合法定的消防安全布局。已建的重点部门、场所和单位，凡不符合法定消防安全布局的，除无法搬迁的古建筑和文物保护单位需另采取措施外，应按安全规定，调整到符合法定消防安全的地方；新建、改建、扩建的重点部门、场所和单位，选址必须符合法定的消防安全布局。

2．符合法定的国家工程建筑消防标准。新建、改建、扩建的重点部门、场所和单位，应当按照有关的国家建筑消防技术标准进行设计、施工、验收，不得擅自减低防火等级，造成隐患；已建的重点部门、场所和单位，凡建筑的防火间距、耐火等级、消防设施等不符合国家工程建筑消防技术标准的，应当按照国家标准，加以改造、调整或采取必要的补救措施，使其尽量符合防火安全标准。

3．消防重点单位应将消防管理纳入建设总体规划之中，实行同步发展、检查、总结，形成良性循环，并确定一名负责人，全面负责本单位的消防管理工作。

4．建立健全消防组织，充实更新消防设备。各级人民政府根据经济和社会发展的需要，建立多种形式的消防组织。要按重点单位的环境和规模，确定所建立的专职消防队和义务消防队的编制人数，购置相应的设施、装备，制定训练计划，明确职责，接受当地公安消防机构的指导，成为重点单位消防工作的有生力量。

5．建立防火档案。确定消防安全重点部位，设置防火标志；组织防火检查，及时消除火灾隐患，实行每日防火巡查，并建立巡查记录；定期向职工进行消防宣传教育和消防知识培训，提高职工的消防意识和必要的消防技能。

6．制定灭火和应急疏散预案，定期组织消防演练，从而带动一般单位的火灾预防。

7．建立防火安全责任制。按照消防法的各项规定，结合本地区、本单位、本部门的实际情况，提出消防安全的具体任务和具体要求，以签订防火安全责任书的形式，落实到基层和各个岗位，定期检查，并根据完成任务的情况实施奖惩。

## 三、消防监督检查

消防监督检查是指公安消防机构依法对机关团体、企事业单位遵守消防法律法规情况进行的监督检查，对违反消防法律法规的行为责令改正并实施处罚的活动。消防监督检查实行分级管理体制。在城市，实行市公安局、公安分局和公安派出所三级管理；在农村，实行县公安局、公安派出所两级管理。

(一) 消防监督检查的形式

1. 对消防安全重点单位的定期监督检查，对非消防安全重点单位进行抽样性监督检查。其中对重点单位的监督检查，每季度不应少于一次。

2. 审批检查。对公众聚集场所使用前或开业前和具有火灾危险的大型群众性活动举办前进行审批性的消防监督检查。

3. 举报检查。对举报、投诉的违反消防法律、法规的行为进行消防监督检查。

4. 周期性检查。针对重大节日、重大活动和火灾多发季节进行消防监督检查。

5. 专向检查。根据消防安全需要而进行的专向监督检查。

(二) 消防监督检查的重点

县级以上公安消防机构应当依照《消防法》的规定，结合当地实际情况，将发生火灾可能性较大以及一旦发生火灾可能造成人身伤亡或财产重大损失的下列单位，确定为本行政区域内的消防检查重点单位：

1. 商场、市场、宾馆、饭店、体育场馆、会堂、公共娱乐场所等公众聚集场所；

2. 车站、机场、码头、广播电台、电视台和邮电、通讯枢纽等重要场所；

3. 政府首脑机关；

4. 重要的科研单位、大专院校、医院；

5. 高层办公楼、商住楼、综合楼等公共建筑；

6. 图书馆、档案馆、展览馆、博物馆以及重要的文物古建筑；

7. 地下铁道以及其他地下公共建筑；

8. 粮、棉、木材、百货等集中的大型仓库、堆场；

9. 发电厂（站）、地区供电系统变电站；

10. 城市燃气、燃油供应场站，大中型油库、危险品库，石油化工企业等易燃易爆物品生产、储存和销售单位；

11. 国家和省级重点单位工程以及其他大型工程的施工现场；

12. 其他重要场所和工业企业。

(三) 消防监督检查的内容

根据《消防监督检查规定》，公安消防机构实施消防监督检查的内容，可分为下列三个方面：

1. 被检查单位的建筑物或者场所在施工、使用或者在开业之前，检查是否办理了有关审核、验收或检查的手续；

2. 对已通过消防设计审核、消防验收合格的项目的使用、改变情况进行监督检查。

3. 对消防安全管理方面的情况进行监督检查。

（四）消防监督检查的方法

公安消防机构在进行消防监督检查时，可以根据需要要求被检查单位提供以下资料文件：一是有关建筑工程消防设计审核和消防验收的文件、资料；二是各项防火安全管理制度；三是防火检查、培训教育记录；四是新增消防产品、防火材料的合格证明材料；五是消防设施定期检查记录和每12个月对建筑自动消防系统进行全面检查测试维修的报告；六是与消防安全有关的电器设备检测（包括防静电、防雷）等记录；七是燃油燃气设备安全装置和容器检测记录资料；八是其他与消防安全有关的文件和资料。

消防监督检查人员在有所准备的条件下，可采用以下方法进行监督检查：

1. 询问单位防火工作人员和员工消防知识掌握等情况；
2. 查阅有关消防安全的文件、资料；
3. 查看消防设施、设备的外观、运行情况；
4. 抽检测试消防设施功能；
5. 检查灭火、疏散预案等情况。

（五）消防监督检查的程序

消防监督检查人员在进行消防监督检查时，应当着法定的制式警服，出示《公安消防监督检查证》，填写《消防监督检查记录表》。

公安消防监督检查人员在进行消防监督检查中，发现存在违反消防法律、法规行为，可能造成火灾危害的，应按规定确定为火险隐患，责令其当场改正，填发《责令当场改正通知书》；或责令限期改正，填发《责令限期整改通知书》在检查后4日内发出；对严重违反消防法律、法规，可能造成重大火灾危害，造成重大人员伤亡或者重大财产损失的行为，应确定为重大火灾隐患，并填发《重大火灾隐患限期整改通知书》，在检查后3日内送达被检查单位；限期改正时间届满时，应当进行复查，填发《复查意见书》。按照规定，公众聚集场所开业申请或群众活动的申请举办，都应依法提交《消防安全检查申报表》，公安消防机构在收到申报表后3日内应当前往检查，检查后2日内应当发出《消防安全检查意见书》。

公安消防机构依照《消防监督检查规定》制发的各类法律文书，要严格按照规定填写，按规定程序签发，加盖公安消防机构印章。

## 四、灭火救援

（一）扑救初起火灾的基本原则

初起火灾容易扑救，但必须扑救及时，否则将失去扑救和控制火灾的最佳时期。义务消防队员和其他在场灭火人员扑救火灾时，要遵循发现起火立即报警，先控制后消灭，救人重于救火，先重点后一般的原则，合理选用灭火剂和灭火方法。

(二) 火场组织与扑救

《消防法》明确规定，火灾现场的灭火救援工作由公安消防机构统一组织和指挥。火场总指挥员由公安消防机构在火灾现场的最高负责人担任。

火灾发生后，应该在火场周围划定警戒线。严格限制无关人员进入火场，维持火场秩序；尽快了解火场有无被困人员以及被困地点和抢救通道，以便进行安全疏散，疏散的重点首先是人，其次是物。

灭火救援应以最少的人力、物力消耗，有效地完成灭火救援任务，最大限度地减少人员伤亡和财产损失。为实现这一目标，灭火救援应掌握以下原则：集中力量打歼灭战；先控制，后消灭；救人第一；确保重点。

(三) 灭火救援的善后工作

火灾扑灭后，起火单位应当按照公安消防机构的要求保护现场，接受事故调查，如实提供火灾事实情况。公安消防机构有权根据需要封闭火灾现场，调查和认定火灾原因，核定火灾损失，查明事故原因。对于特大火灾事故，国务院或者省级人民政府认为必要时，可以组织调查。

## 第三节　道路交通管理

### 一、道路交通管理概述

(一) 道路交通管理的涵义

道路交通管理是指公安交通管理机关为了保障道路交通的安全、畅通，依法运用行政管理手段和科学管理方法，对道路交通活动中所涉及的车辆、行人、道路和交通环境，实施的组织、指挥、疏导、监督、控制、处理等管理活动。公安交通管理机关实施统一、有效的管理，综合协调道路交通系统中的人、车、路、交通环境等各种交通要素之间的关系，从而达到增大道路通行能力，提高车辆通行速度，确保交通安全畅通，减少交通事故，降低能源消耗，减轻公害污染的目的。

我国道路交通管理的主体是公安交通管理机关。根据 1986 年 10 月 7 日国务院《关于改革道路交通管理体制的通知》，全国城乡道路交通由公安机关负责统一管理。各级公安机关内部设置交通管理部门，具体负责本行政区域内的道路交通管理事务。

道路交通管理的对象是指道路交通活动中所涉及的人、车、路和交通环境。凡在道路上进行与交通活动有关的人员，包括驾驶员、乘车人、行人，以及各种车辆，包括机动车、非机动车，均为道路交通管理的对象；此外，城乡道路、公共广场、停车场等供车辆、行人通行的地方，以及交通参与者的活动空间、设施、自然环境等交通环境，也是道路交通管理的对象。

道路交通管理的目的在于实现道路交通的安全、畅通、高效、低能耗、低公害，以维护良好的交通秩序，提高道路交通运输效益，促进经济与社会的发展。公安交通管理机关依照道路交通管理法律规范，运用行政管理手段和科学管理方法，实施组织、疏导、控制、监督、处置、处理等各种管理手段达到交通管理目的。

### （二）道路交通管理的内容

公安交通管理机关依法对道路交通管理的基本内容有以下方面：

1. 交通安全宣传教育。交通安全宣传是向群众普及交通安全常识和交通法规，使广大群众提高交通意识，自觉遵守交通规则，维护交通秩序；交通安全教育主要是对驾驶员、交通违章人员以及其他交通参与者进行专门教育，从而增强其交通安全意识和遵守交通法规的自觉性。

2. 车辆与驾驶员的管理。对车辆进行检验、发放牌证，对驾驶员组织培训、考核等，是公安交通管理机关的重要职责。车辆与驾驶员管理的主要内容是：对机动车辆办理登记、核发牌证、进行检验，对驾驶员进行培训、考试、考核和安全教育等。

3. 道路交通设施的管理。道路交通设施包括交通标志、交通标线、交通信号灯、交通隔离设施以及其他交通服务设施。对交通设施合理设置并科学地加以管理，是道路交通管理的重要内容。此外，公安交通管理机关对不以交通为目的、影响道路通行的人、物以及其他路障，实施限制、禁止等管理措施。

4. 指挥交通，维护交通秩序。公安交通管理机关及其交通民警，为了实现道路交通的安全、畅通，依法对道路上的人流、车流进行指挥、疏导、控制等活动，对交通参与者或妨碍道路交通活动的对象，实施限制或禁止等管理措施，对违反交通法规的行为人进行教育和处置。

5. 处理交通事故。公安交通管理机关对发生的交通事故依法进行调查取证、认定责任，并对肇事者和责任人实施处罚以及调解因事故造成的损害赔偿。

### （三）道路交通管理的特征

1. 道路交通管理是公安行政管理的重要组成部分，也是治安管理的重要内容。由于道路交通管理是为了营造一个良好的交通秩序，它也是社会治安秩序的一个重要方面，良好的交通秩序与社会治安管理密切相关。因此，加强道路交通管理，对于保障交通运输的正常、有秩、安全、高效、畅通，促进经济繁荣、社会发展和稳定具有重要意义。

2. 道路交通管理涉及社会生活各个方面，与人民群众的工作、生活以及生命财产安全有着十分密切的联系。道路交通管理是一个复杂的社会系统工程，它与地区和城市规划建设、车辆人口的发展、交通组织与交通安全、环境保护与合理利用资源等问题有着十分广泛的联系，直接涉及到人民群众以及交通参与者的权益。

3. 道路交通管理的科技含量高，技术性强，科学技术手段的运用及其发展迅速。道路交通管理涉及科技领域的范围不断扩大，有关交通设施的设置与管理、交通控制、车辆管理与安全技术检验、交通事故的预防和处理等诸多方面，都离不开科技方法和手段的运用。交通管理的水平和质量的高低，直接依赖于交通管理科技手段和成果的运用。

## 二、道路交通设施管理

### （一）道路交通设施的涵义

道路交通设施是指公安交通管理机关根据道路条件、交通流特征、交通冲突点的分布几率等因素，依照道路交通管理法规和国家有关标准，以象征性的图案、线条和文字直接敷设在路面上的，或与某些特定形状的物体组合，设置在道路能见点的专用设施上的，以保障交通安全、提供交通服务和实施交通控制的设施。道路交通设施主要包括交通标志、交通标线、交通信号灯、交通隔离设施以及其他服务性设施。

道路交通设施的特性表现为：其一，空间性，它所发出的对道路交通流的制约、导流信息，有一定的有效范围，只能在其效应区域内生效；其二，时间性，它只能在特定的时间内生效；其三，限流性，它具有限制和调节交通流量参数值变化的功能；其四，视认性，它能产生一定的视觉效应，在其作用的空间范围内具有可视性，不同的设施所发出的不同信息具有可识别性。

### （二）道路交通设施的种类

1. 交通标志。它是通过形状、颜色、符号或文字传递特定信息，用以管理交通的设施。交通标志是现代交通管理不可缺少的重要设施；是根据道路条件、交通流状况、周围环境，以及人的运动、视认、心理等特性，进行恰当合理地设置。道路交通标志划分为主标志和辅助标志两大类：主标志分为警告标志、禁令标志、指示标志和指路标志四种；辅助标志是附设在主标志下，对主标志起辅助说明的标志，不能单独使用。

2. 交通标线。它是用特定颜色的线条、符号、文字等，直接敷设或镶嵌在路面上或道路构造物上的一种交通设施。交通标线对于管理和引导交通，渠化交叉路口，提高道路通行能力有着重要作用；它具有识别性强、明亮度高的特点，可与交通标志配合使用，也可单独使用。交通标线按其功能可分为指导标线、禁止标线和警告标线。

3. 交通信号。它是设置在交叉路口及人行横道两侧，或设置在有视障的道路急弯处，以及在道路施工作业及交通事故现场附近，用以指挥车辆、行人行进、停止或转弯的特定信号设施。交通信号对于保障将时间上相互冲突的交通流进行分离，使它们有效的通过交叉路口和路段。我国现行的交通信号分为指挥信号、人行横道信号、车道信号、交通指挥棒信号和手势信号五种。

4. 交通隔离设施。它是设置在道路上由钢材、混凝土等建筑材料制作而成的，用以对道路交通进行强制性分隔的道路交通管理设施。包括安全护栏、隔离墩、绿化隔离带、安全岛等。

5. 其他交通服务设施。这是指直接为道路交通服务的各种设施，包括停车场、修理站、加油站以及道路照明设施等。

（三）道路交通设施的管理内容

加强道路交通设施的管理，对于保证道路交通设施的有效性和可靠性，保证道路交通控制系统的正常运行和交通安全畅通具有重要意义。

道路交通设施管理的主要内容是：其一，经常进行检查，防止造成损坏、移位、丢失，当发现有上述情况时，应及时进行补设、修复和更换；其二，针对道路交通设施系统的有效性、合理性开展调查研究，为改善交通设施系统提供依据；其三，维护道路交通设施，对造成交通设施损毁的责任人，依法进行处理。道路交通设施的管理，实行专人管理与值勤交警管理相结合，将其纳入值勤交警的责任范围，这样才能使道路交通设施的管理取得良好效果。

## 三、车辆与驾驶员管理

（一）机动车管理

根据《机动车登记办法》的规定，在我国境内道路上行使的机动车，应当经机动车登记机构办理登记，核发机动车号牌、《机动车行驶证》和《机动车登记证书》。未领取机动车号牌和《机动车行驶证》的，不准上道路行驶。军队和武警部队负责登记的机动车，适用军车登记管理的规定。机动车登记包括注册登记、过户登记、转出登记和转入登记、变更登记、抵押登记以及停驶、复驶、临时入境登记和注销登记。

1. 车辆注册登记和核发牌证。机动车所有人应填写《机动车登记表》，持机动车所有人的身份证明、机动车来历凭证、申请办理注册登记的车辆照片、国产机动车的整车出厂合格证、进口机动车的进口凭证、车辆购置税的完税证明或免税证明等资料，向机动车所有人住所地的车辆管理所申请注册登记，并交验车辆。对符合有关规定的，车辆管理所确定机动车登记编号，建立机动车档案，核发机动车号牌、《机动车行驶证》和《机动车登记证书》。

2. 车辆过户登记。已注册登记的机动车所有权发生转移，且原机动车所有人和现所有人的住所在同一车辆管理所辖区的，现机动车所有人应当于机动车所有权转移之日起30日内，填写《机动车登记申请表》，持身份证明、《机动车登记证书》、机动车来历凭证、《机动车行驶证》等资料，向机动车管辖区车辆管理所申请过户登记，并交验车辆。车辆管理所对符合有关规定的，在《机动车登记证书》上记载过户登记事项。

3. 车辆转出、转入登记。已注册登记机动车的，所有人的住所迁出原车辆管理所管辖区的，或者机动车所有权发生转移且现机动车所有人的住所不在原车辆管理所辖区的，现机动车所有人应当于住所迁出或机动车所有权转移之日起30日内，填写《机动车登记表》，持机动车所有人身份证明和《机动车登记证书》、机动车号牌和《机动车行驶证》等资料，向机动车管辖区车辆管理所申请转出登记，并交验车辆。车辆管理所对符合有关规定的，在《机动车登记证书》上记载转出登记事项，收回机动车号牌和《机动车行驶证》，核发临时行驶车号牌，密封机动车档案，交机动车所有人。

已办理转出登记的机动车，所有人应自办结转出登记之日起90日内，向转入区车辆管理所申请转入登记，并交验车辆。

4. 车辆变更登记。已注册登记的机动车，遇有机动车所有人更改姓名或单位名称，机动车所有人住所地改变，改变车身颜色，更换发动机或改变燃料种类，因故需要更换车身、车架、发动机等情形时，机动车所有人应当持有关资料，填写《机动车登记表》，申请变更登记并交验车辆。车辆管理所在《机动车登记证书》上记载变更登记事项，收回《机动车行驶证》，重新核发《机动车行驶证》。

（二）机动车驾驶员管理

1. 机动车驾驶员的考试。根据《机动车驾驶员考试办法》的规定，对机动车驾驶员的考试，由地、市以上公安机关交通管理部门负责实施。考试科目的顺序按照科目一交通法规与相关知识，科目二场地驾驶，科目三道路驾驶，依次进行。前一科目合格后，再进行后一科目的考试。

2. 机动车驾驶证的核发、审验、换证、注销。根据《机动车驾驶证管理办法》规定，在道路上驾驶民用机动车辆的人员，须依法申请领取机动车驾驶证。机动车驾驶分为驾驶证、学习驾驶证、临时驾驶证。机动车驾驶证式样由公安部规定，全国有效。

车辆管理所对持证人按规定期限进行审验，审验时进行体检，审核违章、事故是否处理结束。对审验合格的，在驾驶证上按规定格式签章或记载。

驾驶证有效期满前3个月内，持证人应当到车辆管理所换证。车辆管理所应结合审验，对持证人进行体检，审核违章、事故是否处理结束。对审核合格的，换发驾驶证。

当持证人死亡，身体条件发生变化不适合驾驶机动车，超过换证时限1年以上，涂改、冒领机动车驾驶证，无正当理由超过3个月不接受违章事故处理，年龄超过70周岁等情况的，车辆管理所应当注销机动车辆驾驶证。

3. 机动车驾驶员档案管理。机动车驾驶员经初考合格之日起，开始建立驾驶员技术档案，档案中存有个人身份证明、教练员记录、考试和审验记录、增驾记录、违章肇事记录、奖励和处罚记录及各种异动登记资料。

### （三）非机动车辆管理

对非机动车的管理和监督，是公安交通管理部门车辆管理的组成部分。根据交通法规的规定，非机动车须经过车辆管理部门的检验，领取号牌、行驶证后，方准行驶。对非机动车管理的具体内容是：进行车辆登记，检验和核发牌证，对非机动车驾驶人员进行交通法规及安全教育等。

## 四、道路交通秩序管理

### （一）车辆行车秩序管理

1. 车辆行驶管理。车辆行驶管理包括对车辆行驶中的分道管理和行驶中的操作管理。分道管理是按车辆种类和行驶速度的不同，实行车辆分离通行，把机动车与非机动车分开，把高速车与低速车分开，把大型车与小型车分开，以及在交通路口把各种方向的车流开分。行驶中的操作管理是指对驾驶员的行车规范实行检查监督，检查驾驶员在不同道路条件下是否按规定掌握车速，是否遵守超车规范，在各种路口、交接点、冲突点上是否让有先行权的一方先行，驾车调头、倒车是否符合安全要求等。

2. 车辆装载管理。车辆装载是对机动车载人载货，以及对危险物品的装载和行车路线实施的监督检查。根据交通法规，汽车挂车、自卸车不准载人；允许载人的汽车不准超载；不准人货混载。机动车载货严禁超长、超宽、超高和超重；必须超载的，需事先报请公安交通管理部门批准。装载危险品，必须使用专门车辆。装载固体危险品，须包捆牢固；装载液体危险品，必须罐体防漏，并有接地导电装置；装载汽体危险品，必须密封，防止外泄。装载危险品的车辆必须在公安机关指定的时间和路线行驶，并保持一定的车速和车距，中途不得随意停靠。

3. 车辆停放管理。车辆停放管理是公安交通管理部门对停车场秩序和临时停车点秩序的管理。机动车必须按指定地点和停车线位依次停放，不准在行车道、人行道和其他道路交通地点任意停放。各种路口、桥梁、隧道、弯道、坡路不准停车。

### (二) 行人行走秩序管理

行人行走秩序管理是公安交通管理部门对行人步行、横越道路、候车乘车、携带危险品乘车等实施的管理活动。具体管理内容是采取隔离保护措施，设置行人安全通道，设置勤务岗位，以及宣传交通法规，提高行人的交通安全意识，使其自觉遵守交通规则。

### (三) 非交通性障碍秩序管理

非交通性障碍秩序管理是指公安交通管理机关或其他有关部门，对不以交通为目的，在道路上设摊占道、施工开挖等行为进行的控制和管理。通过管理，保证道路无破坏、无障碍、无非法占用，为车辆和行人提供良好的道路条件，保障交通安全与畅通。非交通性障碍秩序管理的重要内容包括：

1. 合理使用道路。保证足够的有效路面，制止各种各样非法占道，禁止各种车辆在道路上乱停乱放；道路交通参与者要各行其道，减少相互干扰；改善路况和交叉路口的通行条件；合理调整交通流量；采用现代科学技术管理交通。

2. 取缔非法占道。对未经申请许可占用道路，违章搭建、堆放物料、摆摊设点和在路面上晾晒农作物等占道行为，公安交通管理部门应对违法占道予以取缔。

3. 控制路面开挖。对于在道路下铺设各种管道、电缆等，需要开挖路面和在道路上施工作业，影响车辆和行人通行的，施工单位应在施工前，向市政、公路管理和公安交通管理机关提出申请，办理审批手续。施工期间，现场要设置规定的施工标志和采取安全防护措施，以保证安全。

### (四) 交通指挥与控制

交通指挥是值勤交警在平面交叉路口和主要路段，以手势、指挥棒或控制信号灯指挥各方车辆，以及实施疏导调度和排解交通堵塞。交通控制是交通民警对道路上运行的车辆和行人进行的指挥和疏导，通过设置交通标志、标线以及隔离设施、疏导设施等控制设施，对交通流进行控制，以及通过交通信号和可变标志等，对平面交叉路口各方相互冲突的交通流实行时间分离，合理分配交通流量。

### (五) 交通违章的处理

交通违章是一种轻微违法行为，对此应坚持教育为主、处罚为辅的原则，即对交通违章首先进行教育，以教育为主，使其认识危害性，增强遵守交通法规的自觉性；同时又应辅以处罚，使其违法行为受到惩戒，以维护交通法规的严肃性。交通民警在制裁违章行为时，要查清事实，严格依法处理；并且要根据违章的性质和情节，以及造成的危害后果，确定处罚的幅度和应承担的责任。

对于轻微交通违章行为人，通常由交通民警即时制止并当场进行教育后放行；对一般违章，依法应当处罚的，当场开具处罚决定书，令其在规定的期限到指定的机构履行处罚决定；对严重违章，可扣留行驶证和驾驶证，并开具违章通知书，告知其在指定的时间地点接受处理；对于依法应处以治安拘留的，应按法定程序报请批准。

## 第四节　出入境管理

### 一、中国公民出入境管理

#### （一）出入境管理概述

出入境是指一国公民为进入另一国或从另一国返回本国而跨越两国或第三国界的活动。出入境管理是国家行政管理的一部分，是世界各国普遍实行的一种法律制度，它是出入境主管机关在出入境领域代表国家行使主权的重要体现。“出入境”一词在我国有三层涵义：一是国内公民前往外国和从外国返回；二是国内公民前往香港、澳门、台湾地区；三是外国人进出中国或通过中国。

公安机关实施出入境管理的对象包括两部分人员：一是中国公民，指进行出入境活动的国内外中国公民；二是外国人，分为常住外国人和临时来华外国人。中国公民出入境管理的对象是出入我国国境的中国公民，一般分为公务出入境和因私事出入境管理两类。公安机关管理的是因私事出入我国国境的中国公民。

公安机关在出入境管理活动中，一方面要维护国家主权、安全和社会秩序，打击出入境活动中的违法犯罪活动；另一方面，公安机关还负有保护中外公民合法权益的职责。根据我国出入境管理法律、法规的规定，公安机关对出入境活动实施管理的主要任务是：

1．依法受理、审批出境、入境申请；

2．依法签发出境和入境证件；

3．实施签发出入境检查；

4．发现、限制和处罚出入境违法活动；

5．处理国籍事务；

6．正确、妥善处理涉外案件。

依据宪法和出入境管理法律、法规的规定，出入境管理的基本原则是：

1．维护国家主权、安全和利益原则；

2．保障中外公民合法权益原则；

3．依法管理原则；

4．方便往来原则。

（二）国内公民出入境管理

1．出国审批。《出入境管理法实施细则》第3条规定：“中国公民因私出境，须向户口所在地的市县公安机关提出申请。”不同事由的出国申请，需要提交不同的证明材料。公安机关对申请人的出国申请和提供的有关证明材料是否符合法律规定进行审查，并对出国申请作出是否批准的决定。我国的护照审批权主要集中在地市级公安机关。从发展的角度看，省级出国审批权应当逐步下放。为了适应改革开放的要求，到2005年以前，全国各大中城市都要实行护照按需申领制。既由目前的“凭事由审批”护照过渡到“按需要申领”护照。申请人只要出示本人的身份证和户口本即可随时申领因私护照。

2．出国限制。出国虽然是公民的一项正当权利，但在行使这项权利时，客观上受到本国政府和前往国政府的双重管辖。为维护国家的安全和利益，本国和前往国都会从各自不同的角度制定、实施一定的法律限制。我国公民出境入境管理法规定了以下两类人员不得申领护照，即不得出境：一是涉嫌犯罪者；二是国家公务人员和一些特殊岗位的人员。

3．国内公民入境。按照《中国公民出境入境管理法》的规定，出国的中国公民凭有效的中国护照或者其他有效证件返回国内，无须办理签证。

（三）国外公民入出境管理

国外公民入出境管理，是中国公民出入境管理的重要组成部分。定居在国外的中国公民指的是华侨。

需要短期回国的华侨只要持有效的中华人民共和国护照或者有效的中华人民共和国旅行证，就可以自由出入境。

根据《中国公民出境入境管理法实施细则》的规定，华侨要求回国定居，应当在入境前向中国驻外国的使领馆提出申请，也可以由本人或亲属在国内提出申请，由省级公安机关核发回国定居证明。

## 二、外国人入出境管理

外国人，一般是指在一国境内，不具有居留国的国籍而具有其他国家国籍的人。按照法律地位的不同，可以把外国人分为两类：即享有外交特权与豁免的外国人和不享有外交特权与豁免的普通外国人。本节所涉及的对外国人的管辖，主要是针对不享有外交特权和豁免的普通外国人而言的。《外国人入境出境管理法》第31条规定：“本法所规定的外国人是指依照《中华人民共和国国籍法》不具有中国国籍的人。”无国籍人不具有任何国家的国籍，不是严格意义上的外国人，但世界各国习惯上将其列为外国人，我国对外国人的管理包括无国籍人。外国人入出境管理，是指我国公安机关依据国家有关法律规定，对外国人进入、通过、离开我国国境，或在我国境内居留、旅行及其他有关事务所实施的监督和控制。这是我国涉外管辖的一个组成部分。

（一）外国人入境

外国人入境是指非本国公民持有效的护照或其他国际旅行证件、签证，从一国对外开放或者指定的口岸进入该国境内。根据《中华人民共和国外国人入境出境管理法》，外国人来华，必须经中国政府主管机关许可，必须持有效签证、证件，从我国政府规定的对外开放或指定的口岸通行。在指定入境口岸的情况下，外国人不得从其他口岸入境。

（二）外国人居留

居留是指合法进入一国国境的外国人，根据该国的法律、法令在该国境内停留或居住。根据规定，普通外国人在中国居留，由于入境事由、入境身份及居留时间的不同，可分为以下四种情况：

1．短期居留；

2．长期居留；

3．定居；

4．永久居留资格。

外国人入境后在中国居留，必须提出申请，获得居留许可证件后，才能合法居留。经审核同意，发给《外国人居留证》或《外国人临时居留证》。《外国人居留证》发给在中国居留1年以上的外国人；《外国人临时居留证》发给在中国居留6个月以上不满1年的外国人。为了适应改革开放的要求，特别是中国加入世界贸易组织后，实施“引进来”的开放战略，公安部要求，在2003年以前建立与国际接轨的中国“绿卡”制度，对外籍高级管理和科技人才、投资数额较大的外籍投资者授予在华永久居留资格，给予持永久居留证件者以免签证入境等优惠待遇。

（三）外国人旅行

外国人旅行是指外国人在我国境内停留或居留期间因某种事由离开自己的居留地点，前往另一个地域的活动。我国对外国人旅行活动的管理，在参照国际上通用做法的基础上，结合我国社会主义建设活动和对外开放的实际情况，不断地加以改善、改革，从封闭式逐步走向开放型管理。

外国人前往对外国人开放地区，持本人有效护照和签证或者《外国人居留证》或《外国人暂时居留证》，随时可以前往。前往不对外国人开放的地区，必须事先向当地市县以上公安机关出入境管理部门申请办理旅行证件，获准后方可前往。

（四）外国人出境

从原则上讲，外国人虽然不享有入境自由的权利，但却具有出境的自由。根据《外国人入境出境管理法》，外国人离开中国的方式分为自由出境，限制出境，强制出境三种。

1．自由出境。外国人只要持有中国政府承认的合法、有效的证件，且在我国无未了结的刑事、民事案件或其他违法行为，可以从对外开放或指定的口岸正常、自由地离开中国。

2．限制出境。限制出境是指对有某种违法行为的外国人，责令其在指定的时间内，通过指定的口岸离开中国。

3．强制出境。强制出境是指对非法入境、非法居留或者违反中国法律的外国人，采取一定措施迫使他们离开中国。其方式主要是遣送出境和驱逐出境。

## 三、国籍事务管理

国籍是指一个人属于何国公民的法律身份。国籍的不同，与某一国家的关系不同，因而所享有的法律地位也有所区别。确定一个人的国籍归属，是公安机关正确行使管辖权的事实依据，处理国籍事务是出入境管理的重要任务之一。

1980年我国颁布施行了《中华人民共和国国籍法》，按照国籍法的规定，公安机关依法受理加入、退出、恢复中国国籍的申请。经审核批准，由公安部颁发国籍证件。此外由于各国国籍法规定的不同造成一些人的国籍冲突，公安机关应依照我国国籍法并参照国际惯例，正确处理这些国籍冲突问题。

## 四、出入境边防检查

（一）出入境边防检查的概念

出入境边防检查是指国家通过设在对外开放口岸的边防检查机关依法对出入境人员、交通运输工具及其携带、运载的行李物品、货物实施检查、监督、控制，是公安机关出入境管理的一个重要方面。

（二）出入境边防检查的内容

出入境边防检查主要是出入境人员检查、行李物品检查、交通运输工具检查以及出入境控制等。

1．出入境人员检查。对出入我国国境的中外公民实施出入境人员检查，包括检查其护照、出入境证件、出入境登记卡等。边防检查站认为必要时，也可以对出入境人员进行人身检查。

2．行李物品、货物检查。对进出国境的人员所带的行李物品实施检查。这种检查，是出于安全检查的需要，只对有关人员实施。

3．交通运输工具检查。对进出我国国境的中外籍国际航空器、国际航行船舶，国际列车和入出境汽车以及其他非机动车辆实施检查。检查的范围包括工作人员和旅客人数、武器弹药清单。

4．出入境控制。通过公开的出入境检查的形式查缉、控制违法犯罪人员和其他需要控制的人员。

## 五、涉外案件

涉外案件是指公安机关依法查处的具有涉外因素的案件。涉外因素，一般是指公安机关查处的案件，涉及到外国、外国人（自然人及法人）或外国组织，或者涉及国际公约、外交关系或国际司法协助等国际因素。

### （一）涉外案件的形态

发生在中国国境内的涉外案件主要有以下三种形态：

1．违法主体为外国人的案件。这是较为常见的涉外案件，随着入境来华外国人的大量增加，以外国人为违法主体的涉外案件不断发生。

2．侵害对象为外国人的案件。外国人在我国居留、旅行、经商、留学、就业，其合法权益受到我国法律的保护，发生侵犯外国人合法权益的案件时，要依法追究有关人员的责任。

3．违法行为地或违法结果地在中国境内的案件。违法行为地和违法结果地涉及到案件的管辖问题，凡是在我国境内发生的具有涉外因素的案件，都应置于我国法律管辖之下。

### （二）涉外案件的处置程序

涉外案件的处置程序主要有两种类型：一般处置程序和特殊处置程序。

一般处置程序，又称普通处置程序，是指公安机关对某些违法行为的处理，采取法律规定的通用的处置方法，这些处置方法完全适用于涉外案件的处置。主要有：调查、传唤、取证、裁决、执行等。

特殊处置程序，是指公安机关在涉外案件处理过程中对某些重大案件的查处或某些特定措施的适用，采取法律规定的特殊处置方法。它是区别于国内案件处理的特定处置程序。其处置程序有内部协调程序和外部协调程序两种。

1．内部协调程序。考虑到涉外案件本身所具有的特殊性，为了提高我国公安机关的执法水平，保证案件处理的公正性和合法性，避免或减少不必要的外交纷争，我国政府对公安机关处理涉外案件，设定了严格的内部处置程序。这种特殊程序主要包括案件情况的呈报、抄报、和通报三种。

2．外部协调程序。是指公安机关在涉外案件处置过程中，对外国人采取限制其人身自由措施时，将处置的有关情况及时通知给有关国家外交、领事机关的步骤。这种限时通报的做法，涉及到有关国家的属人管辖权的具体实施，因此，处理好我国公安机关的属地管辖权与有关国家属人管辖权的关系，其实质是涉及国与国的关系问题。

### （三）涉外案件处置应注意的问题

处理外国人违法犯罪应当遵循以下原则：依据我国法律处置的原则；实事求是、严格依法办案的原则；及时、慎重，防止事态扩大的原则；严格执行审批权限的原则；严格遵守我国参加的国际公约、领事条约、协定的原则。

处理涉外案件应当注意下列问题：

1．及时迅速。处理涉外案件必须做到及时迅速。及时迅速在这里有两层涵义：一是一旦发生涉外案件，必须快速反应，立即赶赴现场；二是案件发生后，必须依照法律程序迅速审结案件。

2．充分取证。处理涉外案件必须注意证据的获取工作，没有证据，难以定案；证据不充分，也不能结案。因此，保护现场，做好现场取证和有关调查工作，对是否能够破案至关重要。

3．法律手续必须完备。处理涉外案件必须严格依法办事，依法办事不仅是要程序合法，而且要有完备的法律手续，即手续合法。

4．依据权限严格履行职责。为了保证涉外案件及时处置和合法处置，各级公安机关必须严格依照法定的权限认真履行自己的职责，属于自己职责管辖范围的，既不推诿，也不等靠，依照法律积极处理；对自己职权范围以外的案件，及时上报，不越权处理，更不能滥用职权。

5．原则性与灵活性相结合。对涉外案件的处理关系到国家主权、安全和利益。因此，首先应当坚持原则；个别涉外案件有时又关系到国家间的关系问题，国家关系与外交关系因素往往影响到涉外案件的具体处理结果，因而又不能不注意一定的灵活性。

6．协调配合与归口掌握。鉴于涉外案件的复杂性和广泛性，除少数涉外案件是独立管辖外，多数涉外案件的管辖往往涉及多个执法主体，这些执法主体或者共同为之、或者逐一实施。因此，必须注意分工协助、密切配合、互通情况、统一工作步骤，才能处理好各种类型的涉外案件。

# 第十一章　治安案件查处

## 第一节　治安案件查处概述

### 一、治安案件的概念

治安案件是指违反治安管理，依据《治安管理处罚条例》及相关法律、法规的规定，应当受到治安管理处罚，而由公安机关或其委托的组织依法予以查处的法律事实。从上述概念的表述中可以看出，治安案件具有以下特点：

（一）治安案件是公安机关及其授权的组织立案查处的法律事实

治安案件的立案查处，国家授权由公安机关及其委托的组织负责，其他任何机关、单位和组织都无权立案查处。对社会治安具有一定危害性的法律事实，也只有公安机关及其授权的组织依法立案并进行查处的，才能称为治安案件。

（二）治案案件是以治安违法行为为前提的

行为人已经实施了违反治安管理的行为，即在客观上危害了社会并为《治安管理处罚条例》所禁止的行为。这是治安案件立案和查处的客观基础上的前提。

（三）实施治安违法行为的人应受到治安处罚

治安案件的违法者是应当给予治安处罚的。这是违反治安管理必须承担的法律责任。如果违反治安管理情节严重，依照我国《刑法》需要给予刑事处罚的，则不能立为治安案件。应当对行为人予以治安处罚，同办理治安案件实践中需不需要给予治安处罚是两个不同概念。本应受到处罚，但因行为人依法具备了某种免予处罚的条件而免予处罚，仍是治安案件立案查处的范围。

### 二、治安案件查处的法律依据

（一）《治安管理处罚条例》

《治安管理处罚条例》是治安案件查处的最基本的法律依据，也是最直接的法律依据。在查处治安案件所依据的直接的法律、法规中，《治安管理处罚条例》的法律效力最高。

（二）执行《治安管理处罚条例》的法规、规章以及规范性文件

《公安部关于没收、处理违反治安管理所得财物和使用工具的暂行规定》、《公安部关于治安管理处罚中担保人和保证金的暂行规定》等法规、规章也是治安案件查处的法律依据。

（三）其他治安管理法律、法规和规章

除了《治安管理处罚条例》及其规范性或补充性法规、规章之外，有关治安管理的法律、法规和规章，数量多，内容广泛，是治安管理各项业务的法律依据，也是治安案件查处的重要依据。如：《集会游行示威法》、《枪支管理法》、《民用爆炸物品管理条例》、《旅馆业治安管理办法》、《废旧金属收购业治安管理办法》、《典当业治安管理办法》等。

（四）其他相关的法律、法规

主要有《中华人民共和国行政处罚法》、《行政复议法》、《行政诉讼法》等。

## 第二节　治安案件的管辖、受理和立案

### 一、治安案件的管辖

治安案件的管辖是指公安机关和其他有权的机关，在受理、调查治安案件时的分工。依据《治安管理处罚条例》的规定和有关行政解释，可将治安案件管辖分为三类，即地区管辖、级别管辖和专门管辖。

（一）地区管辖

地区管辖是指按照公安机关的辖区和治安案件发案地，划分查处治安案件的管辖权。公安机关对治安案件实行属地管辖的原则，一般由治安违法行为的发生地或结果地的公安机关管辖。但以下几种情况例外：

1. 如果治安违法行为的发生地和结果地不是同一地，一般由结果地的公安机关管辖。

2. 如果有两个以上治安违法行为的，由最先发现的行为所在地的公安机关管辖。

3. 有些违反治安管理情况复杂，涉及行为人众多，从工作便利考虑，也可以由上级公安机关指定下级公安机关立案调查，或同级公安机关相互协商管辖，不按地区管辖进行。应当说，这是一种特殊情况的指定管辖。

（二）级别管辖

治安案件的级别管辖是以处罚裁决权限为主要划分标准的，但又不等同于处罚裁决权限。前者是针对治安案件在受理、立案阶段的管辖问题，后者是关于违

反治案管理行为的处罚裁决权。治安案件的级别管辖既要符合关于处罚裁决权限的法律规定，同时，还要考虑到我国治安案件的执法实际，应当在级别管辖中将案件管辖权和处罚裁决的权限区分开来。从实践来看，治安案件的级别管辖主要有两种情形：

1. 县、市公安局、公安分局或者相当于县一级的部门公安机关，对所有治安案件都有管辖权和处罚裁决权，管辖权和处罚裁决权相统一。但对外国人裁决拘留处罚的，需由地、市公安机关审批。

2. 公安派出所和受委托的乡镇人民政府，在级别管辖上应当将案件管辖权和处罚裁决权区分开来。其处罚裁决是警告、50 元以下罚款，而其对大多数治安案件（包括可能处罚 50 元以上罚款或者拘留的）拥有管辖权。但其对涉外治安案件不具有管辖权。

（三）专门管辖

专门管辖是对具有特定性质的治安案件，规定由特定的公安机关或者公安机关的专门部门管辖，是相对于一般管辖而言的。主要有：

1. 违反消防管理行为，一般由公安消防部门管辖，治安部门可以在职责范围内进行消防监督和检查。

2. 违反交通管理行为，一般由公安交通管理部门管辖。但农村地区公路沿线派出所对辖区公路上发生的违反交通管理行为有管辖权。

3. 发生在铁路、交通、民航、林业等系统及范围内的治安案件，由设在铁路、交通、民航、林业部门的公安机关管辖。

4. 现役军人（包括武警）在社会上发生的治安违法行为，地方公安机关应当制止，然后由行为地的县级以上公安机关移送给其所在部队保卫部门处理。但是，退伍军人在退伍后返回地方的途中发生的治安违法行为，应当由行为发生地的公安机关管辖。

## 二、治安案件的受理和立案

（一）受理

治安案件的受理，是指公安机关对个人或单位的报告、控告、检举、揭发、扭送、交待、自首，以及在公安业务工作中发现的违反治安管理行为，表示接受并予以审查的法律活动。

治安案件受理的步骤是：接受报案；审查报案材料；确认事实。

另外，对治安案件受理过程中涉及的人和物也必须依法做出妥善的处理。

（二）立案

治安案件的立案，是治安管理部门对违法事实依法决定是否列为治安案件的法律活动；立案是办理治安案件的重要环节。

凡是立为治安案件的，都要填写《治安案件受理、立案登记表》并报有权批准的领导批准。

## 第三节 治安案件查处的程序和方法

### 一、传唤

治安案件的传唤，是指公安机关为了及时查清案件事实，依法责令治安违法行为人或嫌疑人于指定的时间，在指定的地点接受治安讯问而采取的行政措施。目的是尽快开展治安案件的调查，取得证据，及时查处治安违法行为。传唤的方式有三种：

#### （一）口头传唤

口头传唤是指公安民警对当场发现的治安违法行为人，口头命令其到案的一种特殊传唤方式。口头传唤只适用于当场发现的治安违法行为人，由公安民警对行为人当面宣布。口头传唤与书面传唤具有同等的法律效力，被传唤人有义务按照传唤要求在指定的时间内到达指定地点接受讯问。口头传唤时，办案人员应当向被传唤人出示工作证件表明身份。

#### （二）书面传唤

书面传唤是指公安机关对治安违法行为人使用《传唤证》，命令其于指定时间到达指守地点接受讯问的传唤方式。这是办理治安案件时最常见、最主要的传唤方式。除当场发现的治安违法行为人可以采取口头传唤外，其他情况必须书面传唤。

#### （三）强制传唤

强制传唤是指公安机关对拒绝或逃避传唤的治安违法行为人，依法采取强制手段以迫使其到案接受讯问的一种传唤方式。

采取强制传唤的情形有两种：一是无正当理由不接受传唤的，即没有特殊情况和理由而不按《传唤证》指定的时间和地点接受讯问的；二是逃避传唤的，即故意躲避而不接受传唤的。采取强制传唤时，可以采取必要的强制手段，但要依法适当，以使被传唤人到案为度。

### 二、取证

治安案件取证的基本目的是查清案件事实，取得相关证据，为肯定或否定案件的性质及细节提供充分、准确的法律依据。治安案件调查取证的基本方法有：治安讯问、询问证人、勘验检查、鉴定等。

（一）治安讯问

治安讯问，是指办案人员为了查明治安案件的事实真相，依法对治安违法行为人或嫌疑人所进行的正面调查和审问。这是查明案情、取得证据、审结案件的重要步骤，是查处治安案件必经的法律程序。它是办案人员居于主导地位，面对行为人或嫌疑人开展调查的一种以行政强制力为保证的调查方法。

治安讯问应当制作讯问笔录。讯问笔录必须全面、准确、客观地记录讯问的全过程，要将讯问人员的提问和被讯问人的供述不失原意地记录清楚，对涉及定性和处罚的重要事实，应原话记录。讯问结束后，讯问笔录要交给被讯问人核对或向其宣读，并由其签名，讯问人也要签名。

（二）询问证人

对治安案件的发现人、报案人、被害人和周围群众进行调查询问，是查破治安案件、获取证据材料的基本方法。

询问要做好询问笔录。询问笔录要真实、客观、准确，重点记清与治安案件有关的人和事。询问结束后，被询问人应对询问笔录进行核对并签字，询问人也要签字。

（三）勘验检查和鉴定

对与治安案件有关的场所、物品、人身和遗留的违法行为痕迹、物证进行勘验、检查和鉴定，是获取治安案件证据材料，查破案件的重要方法。具体的方法主要有现场勘查，人身检查，现场实验等。对治安案件中专业性比较强的问题，要聘请有关专门知识的专家进行鉴别、判断，并作出鉴定结论。

在办理治安案件时，要注意搜集和运用证据，把案件的查破建立在客观、真实、充分的证据基础上。对治安案件证据的总的要求与办理刑事案件是一样的，即要求证据的客观性、关联性和合法性。这是认定和使用治安案件证据的基本要求。

## 三、治安案件调查终结

治安案件调查终结，是指治安案件经过依法调查后，全案主要事实已经查清，证据材料充分、确凿，法律手续齐备、有效，可以据以作出处理，结束案件的调查。治安案件调查终结需要具备的条件是：

（一）全案主要事实已经查清

必须查清案件的主要事实和情节，这是调查结案的首要条件。需调查清楚的主要有：行为人的基本情况（包括其一贯表现）、行为的时间、地点、动机、目的、手段、情节和所造成的后果、危害等。如果有共同治安违法行为人，则要查清各个行为人在行为中的作用和责任。如果是法人的治安违法行为，不仅要查清直接责任人员的责任，还需查清是否是单位主管负责人指使的以便确定相应的责任。

（二）搜集的证据材料充分、确凿

证据材料充分、确凿，是保证办案质量的关键。所谓充分、确凿，是指对嫌疑人是否实施了治安违法行为，其时间、地点、手段、经过、后果等基本要素等，都有足够的证据加以证明，足以认定或否定案情；各种证据能相互衔接、印证，形成一个完整的证据链条，从而对案件事实认定有据，否定有理，科学地、准确地证明案件事实。

（三）案件的性质认定准确

对案件性质的认定，直接关系到对行为人的正确处理。因此，在主要事实查清，证据充分、确凿的情况下，应以这些证据材料为根据，依据《治安管理处罚条例》及其他有关法律、法规的规定，确认行为人的行为性质。

（四）全案调查的法律手续完备、有效

法律手续完备、有效，是调查终结的一个必备条件。在调查过程中履行的法律手续和形成的法律文书，是反映公安机关依法办案的依据，且对保证办案质量具有重要作用。因此，调查终结时，应认真检查在传唤、讯问、询问、取证等各个环节上是否合法、有效；在搜集调查材料，获取证据，制作各种法律文书时所履行的法律手续是否完备、有效。

以上四个条件，是对治安案件调查终结的原则性要求，是相互联系的统一体，只有同时具备，才能终止治安案件的调查。

**四、处罚决定前的告知、听证**

1．告知当事人。公安机关在作出治安处罚决定之前，应当告知当事人作出治安处罚决定的事实、理由及依据，并告知当事人享有陈述、申辩的权利。

2．听证。公安机关作出停产、停业，吊销许可证或者执照以及数额较大的罚款等处罚决定之前，应当告知当事人有要求举行听证的权利；当事人要求听证的，公安机关应当组织听证。

3．当事人在告知和听证中所作陈述、申辩、质证，公安机关应当认真听取并进行复查复核，将结果记录在案。

**五、治安案件的处理**

治安案件的处理主要指调查终结后，对案件、作案人、与案件有关的物品的处理。

（一）对案件的处理

治安案件在查破过程中，发现案件事实构成了刑事犯罪，需要立为刑事案件进行侦查的，应撤销案件，及时移交刑侦部门按照刑事案件办案程序处理。对于案件事实清楚，不需追究行为人法律责任的，应撤销案件，解除对行为人或嫌疑人的审查。对于案件事实清楚、证据确实充分，需要追究当事人的法律责任的，依法裁决治安处罚。

（二）对作案人的处理

对于案件事实已经查清，证据确实充分的治安案件，填写《治安处罚审批表》，由有裁决权的机关裁决；对于需要实行劳动教养的，应办理法律手续，报请劳动教养管理委员会审查批准；对于依法应当给予其他处罚的，履行相应的法律手续。

（三）对扣押物品的处理

对于查清确与案件无关的财物，要及时退还关人员，并开具《发还扣押物品清单》；对于作为证据的财物，要按有关规定，填写移交清单；对于违禁物品，要做好保管或销毁工作。

（四）对治安案件材料的处理

治安案件材料在调查终结后，应按照公安档案管理的要求，加工整理、装订成册。治安案件材料可分为《治安案件卷》（主卷）和《治安案件工作卷》（副卷）两种进行整理、归档。《治安案件卷》一般由裁决或执行处罚单位保存，《治安案件工作卷》一般由办案单位保存。

## 第四节 治安案件的裁决

### 一、治安案件裁决的要件

治安案件的裁决，是指公安机关和其他有治安处罚权的组织，对调查终结的治安案件或当场发现的治安违法行为依法审查，并决定对行为人是否予以处罚和予以何种处罚的法律活动。治安案件裁决应当具备的要件是：

（一）案件调查符合调查终结的条件

治安案件经过调查，符合终结条件，即事实清楚、证据确凿充分、法律手续完备。

（二）治安违法行为人应当并有条件承担治安法律责任

首先，行为人的违法事实必须是违反了治安管理的法律、法规，并且依据《治安管理处罚条例》应当予以处罚或者承担有关法律责任；其次，行为人不具有免予处罚和不予处罚的条件；另外，必须是对行为人能够处罚的，即已经实际控制了行为人，行为人没有逃脱，如果行为人逃逸、隐匿、不在当地，则不能进行治安案件的裁决。

### （三）办案机关（包括办案人）具有法律授予的裁决权

治安案件的裁决权必须由公安机关或其委托的乡、镇人民政府实施，其他任何机关、团体和个人都不具有裁决权。即使是公安机关内部，也必须按照治安案件的管辖分工，依法行使裁决权。

## 二、治安案件裁决的权限

### （一）公安机关的裁决权限

县、市公安局，城区公安分局和相当于县一级的铁路、交通、民航、林业等部门依法设置的公安机构，有权裁决警告、罚款、拘留的治安管理处罚；对涉外治安案件中违法的外国人的拘留处罚，须由地区公安处、地级市公安局审批。

公安派出所，包括铁路、交通、民航、林业公安机关的派出所，有权裁决警告、50元以下罚款的治安处罚。

在农村，没有公安派出所的地方，由县、市公安局委托乡、镇人民政府，代行相当于派出所的治安处罚的裁决权。

### （二）执勤民警当场处罚的裁决权限

依据《治安管理处罚条例》的规定，对违反治安管理的人处警告或者50元以下罚款，可以由执勤民警实施当场处罚；罚款超过50元，被处罚人无异议的，可以裁决200元以下的罚款。

## 三、治安案件裁决的程序

### （一）普通程序

普通程序，是指裁决机关依法经过受理、传唤、讯问、取证、作出处罚决定的法律过程。

普通裁决程序的法律手续和步骤为：

1.填写《治安处罚审批表》。《治安处罚审批表》是治安案件的办案人员根据治安违法行为的事实，依据《治安管理处罚条例》的规定，提出对治安违法行为人的处罚意见，报裁决机关领导批示的法律文书。它是制作《治安处罚裁决书》的依据。

2.制作《治安处罚裁决书》。《治安处罚裁决书》是治安案件办案人员根据《治安处罚审批表》而制作的对治安违法行为人作出裁决决定的法律文书。它是公安机关执行裁决的依据，也是治安案件的当事人不服裁决向上一级公安机关提出复议申请的凭证。

《治安处罚裁决书》一式三份，除送达被裁决人一份以外，另外二份分别送被裁决人的常住地公安派出所和其所在单位，没有单位的交其所在居委会或村委会，以便他们协助裁决机关执行裁决。

3.制作其他法律文书。其他法律文书，是指与处理治安案件有关的法律文书。这些法律文书应当根据《治安处罚审批表》和《治安处罚裁决书》制作。主要包括：《治安处罚执行拘留通知书》、《违反治安管理没收财物收据》、《赔偿损失、负担医疗费用裁决书》、《违反治安管理罚款收据》等。

（二）简易程序

简易程序也称当场处罚程序，是指执勤民警对情节简单、因果关系明确的治安违法行为，无需经过立案审批，而当场作出裁决决定的法律活动。可适用简易程序裁决的治安案件的条件如下：

1. 情节较轻微的治安违法行为。适用简易程序裁决的前提是当场发现的治安违法行为，并且后果轻微，危害不大。如果已经造成了较严重的危害后果，就应当适用普通程序裁决处罚。

2. 无需进一步调查取证的。也就是说，治安违法行为必须是案情简单。因果关系明确，证据确实，违法行为人承认违法事实，被害人对认定的违法事实没有异议，无需进一步调查取证的。如果案情复杂，证据不实，当事人对所认定的违法事实有异议，则需要适用普通程序进一步查证，再裁决处罚。

3. 被裁决处罚人承认自己的违法事实，对处罚裁决无异议的。根据《治安管理处罚条例》和有关法律、法规规定，当场裁决的处罚程度应当是较轻的，如警告、50 元以下罚款。如果罚款超过 50 元，被处罚人提出异议的，则不能适用简易程序裁决。

根据规定，有两类行为不适用当场处罚：即卖淫、嫖娼以及介绍或容留卖淫嫖娼的行为；涉外的治安违法行为。

适用简易程序的法律手续和步骤为：凡是适用简易程序处罚的，均应填写《治安管理当场处罚书》。《治安管理当场处罚书》是执勤公安民警依法决定对治安违法行为人予以治安处罚以及决定没收的法律文书，它是裁决书和罚款收据合二为一的法律文书。当场处以罚款的，不再另填《违反治安管理罚款收据》；需要没收的，对收缴物品的情况应当在《治安管理当场处罚书》上注明，也不再另行开具收据。

**四、治安案件的复议裁决**

公安机关在办理治安案件中，依法决定对治安违法行为人给予治安处罚或采取有关法律措施，如果被裁决人或者被侵害人认为该决定侵犯了其合法权益，可以在法定期限内向上一级公安机关申请复议，上一级公安机关则应当在法定期限内作出复议裁决。

上一级公安机关在接到申诉后应当认真进行复查，并可以依法作出维持、变更或撤销原裁决的决定。原裁决认定的违法事实和适用法律、法规正确，处罚适当，应当维持原裁决；原裁决认定的违法事实没有错误，但适用法律、法规有误，或者处罚幅度明显失当的，可以变更原裁决；原裁决事实不清或证据不足，在查清事实或补充证据后作出维持、变更或撤销原裁决的决定。

**五、治安案件的应诉**

治安案件经过行政复议后，如果被裁决人或被侵害人对复议决定仍不服的，可以依法向人民法院提起行政诉讼，请求保护其合法权益。

公安机关在收到人民法院的应诉通知书或起诉状后，应指定诉讼代理人，并于10日内提出答辩状，连同两级公安机关作出的裁决及案件的有关材料提交人民法院。公安机关委托的诉讼代理人只能依据事实和法律进行代理，维护公安机关的合法权益。人民法院经过审理，可依法作出判决维持原裁决，判决变更原裁决，判决撤销或者部分撤销原裁决，或者判决要求公安机关重新裁决。

## 第五节　治安案件裁决的执行

**一、执行机关**

治安案件裁决的执行机关是公安机关以及法律规定有执行权的其他组织。执行人员在执行时是以机关的名义实施的，执行工作应由法律规定有权实施的公安人员及有关人员进行。根据有关法律规定，治安案件裁决的执行机关分为以下几种：

1. 县、市公安局、公安分局和铁路、交通、林业、民航系统县一级公安机关及其派出所，原则上对作出的治安管理处罚及其他裁决均有权执行；

2. 治安拘留所，仅负责对治安拘留处罚的执行；

3. 受委托的乡、镇人民政府，对其作出的50元以下罚款和警告处罚拥有执行权。

**二、执行对象**

治安案件裁决的执行对象分为两种，即被执行人和被执行的财物。被执行人，也就是被处以治安处罚或采取其他法律措施的治安违法行为人；被执行财物，是指因治安违法行为被罚款、没收或赔偿损失、负担医疗费用的财物。执行的实质，就是对被执行人的人身自由或被执行财物的所有权等所作出的一定限度的剥夺。

（一）被执行人

被执行人在治安案件裁决的执行中可以行使法律规定的有关权利，诸如申请复议、提起诉讼等，但同时必须履行应尽的义务。公安机关对被执行人的执行是依据治安案件的裁决实施的，裁决书具有法律强制力与法律保障作用。被执行人不但要无条件接受，还应主动配合，使执行工作得以顺利进行。如果当事人阻挠或逃避执行，甚至打击报复、辱骂、殴打有关当事人、证人和执行人员，公安机关有权采取强制措施予以执行，并视情节依法给予治安处罚。

（二）被执行的财物

被执行财物的范围主要包括裁决书决定的罚款的款项，依法应予没收的违禁物品、治安违法时所得财物以及使用的工具等，以及被裁决赔偿损失或负担医疗费用的款项。被执行人及其家属的生产工具及生活必需品，案外人的财物，以及法律规定或公安机关认为其他不能执行的财物，不列入执行范围。

**三、执行步骤**

治安案件的各种裁决都有具体的执行方法，但都必须遵循以下基本步骤：

（一）裁决书必须依法按时送达当事人

裁决内容与当事人的权益息息相关，当事人是否申请复议或者提起诉讼，必须在接到裁决书之后才能表明态度。同时，为了更有效地执行裁决内容，也要求及时将裁决书送达当事者本人。因此，治安处罚裁决书应当在宣告后当场交付当事人。当事人不在现场的，公安机关应当按照有关规定将治安处罚裁决书送达当事人。送达时应明确告知当事人，不服该裁决可在法定期限内向上一级公安机关申请复议。

（二）被处罚人应根据治安处罚裁决书规定的时间和内容，履行其法律义务、承担法律责任

被处罚罚款的，应在指定的时间内将罚款的款项送交指定的银行；被处罚治安拘留的，在限定的时间内到指定的拘留所接受处罚；被裁决赔偿损失或者负担医疗费用的，在指定时间内将费用交裁决机关代转。当场处罚时收缴的罚款和因特殊情况收缴的罚款可由执法人员当场收缴，并转归国库。

（三）强制执行

一般来讲，治安案件裁决的执行不必采取强制措施。当事人接到公安机关的裁决书后，应在法定的期限内自行履行。但如果被执行人拒绝或逃避执行，影响执行工作的正常进行时，公安机关可采取强制执行措施。

**四、暂缓执行**

治安案件的裁决依法作出并送达后，有关当事人应在法定期限内予以履行。但有时出现一些特殊情况，致使执行工作无法在法定期限内完成或者按照有关规定应当或可以暂时停止执行程序，待这种情况消失后，执行程序继续进行。这种情况称之为暂缓执行。

（一）治安拘留的暂缓执行

被裁决拘留处罚的人申请复议或提起诉讼，在复议、诉讼期间，被裁决人或

其家属申请暂缓执行，并能够按规定找到担保人或交纳保证金的，执行程序应当中止，即应当对其暂缓执行。执行中止的原因一旦消失，即经复议或诉讼维持原拘留裁决，执行程序继续进行。暂缓执行中的担保人应当具备相应的条件及承担相关的法律责任。根据有关规定，下列有固定住址的人可以担任担保人：

1. 被裁决拘留人的配偶、父母、子女和同胞兄弟姐妹等近亲属；

2. 被裁决拘留人所在单位保卫部门负责人或者单位负责人；

3. 被裁决拘留人长期居住地街道居民委员会或村民委员会；

4. 经公安机关认可的其他公民。

但是，具有以下情形的人不能担任担保人：与被裁决拘留人共同治安违法的；被判处管制、缓刑、假释、监外执行以及实行保外就医、取保候审和被剥夺政治权利的；无行为能力或者限制行为能力的；在裁决拘留的公安机关所在地无常住户口的及其他不适宜作担保人的。

公安机关经审查认定担保人符合条件的，由担保人出具保证书后，亲自到公安机关将被担保人领回。担保人应当保证被裁决拘留的人不阻碍、逃避复查或审理，并随时听候公安机关或人民法院的传唤。如果被裁决拘留的人有阻碍或逃避行为，担保人应当及时报告公安机关，并负责限期找回被担保人。

暂缓执行中保证金的适用情形是：被裁决拘留的人在复议、诉讼期间申请暂缓执行，但又不愿找担保人或者提不出担保人，应当交纳保证金。被裁决拘留的人在申请复议时即应交纳保证金。公安机关收到保证金后，应当填写保证金收据一式二份，一份交给交纳人，一份留存备查。当拘留裁决经复议或诉讼被撤销或者开始执行时，公安机关应将保证金退还本人。如果被裁决拘留的人交纳保证金后逃跑逾期1个月的，所交保证金予以没收，原裁决的拘留处罚仍须执行。

（二）其他情形的暂缓执行或停止执行

1. 原裁决的公安机关认为需要停止执行的。如被侵害人对治安案件裁决不服而申请复议或提起诉讼，为了更好地保障当事人的合法权益，在复议和诉讼期间，公安机关可以中止执行程序。

2. 当事人不服原裁决向上一级公安机关申请复议，在复议期间，复议机关认为需要停止执行的，或者被裁决人申请停止执行，复议机关认为其要求合理而裁决停止执行的，执行机关应当暂缓执行。

3. 当事人不服复议机关的复议决定而向人民法院提起诉讼，在诉讼期间原告申请停止执行，人民法院认为该裁决的执行会造成难以弥补的损失，并且停止执行不损害社会公共利益而裁决停止执行的，执行机关应当暂缓执行。

4. 被裁决罚款处罚的人确有经济困难，需要延期或者分期交纳罚款，由本人提出申请，经原裁决的公安机关批准，可以暂缓或分期交纳。

5. 被裁决赔偿损失或者负担医疗费用的人申请分期交纳的或赔偿、负担的费用数额比较大，被裁决人一时确实难以付清，公安机关可以批准其分期交纳。

**五、强制执行**

治安案件裁决依法作出并送达后，当事人逾期不履行或抗拒执行的，公安机关可以依法采取措施强制执行。

（一）强制执行的条件

1. 治安处罚裁决书或者其他法律文书合法有效。

2. 法律文书具有执行性。具体说，表现为当事人应当并可以作出某种积极的作为，例如：接受治安拘留、交纳罚款、交纳损失赔偿或者负担的医疗费用。有些治安处罚或法律措施，如警告处罚和对不满 14 岁治安违法行为人的训诫，只要一经作出决定并向其宣告，无论当事人是否作出积极行为，该裁决即告执行。

3. 被裁决人拒不履行合法有效的、具有执行性的法律文书。被裁决人拒不履行可以是公然抗拒，也可以是消极的不作为，即逾期不履行。如果由于客观原因，如重病、自然灾害、第三人过错等造成不能履行的，则被裁决人的行为不构成“拒不履行”。

（二）强制执行的方式

1. 间接强制。间接强制是指当事人逾期或拒不履行治安管理处罚裁决，公安机关依法处以治安处罚，以督促其履行原裁决的强制执行方式，即执行罚。如被裁决罚款的人无正当理由逾期不交纳罚款的，经派出所所长以上负责人批准，可以按日增加罚款 1 元至 5 元；被裁决人无正当理由逾期 15 日仍不交纳罚款的视为拒绝交纳，经县、市公安机关负责人批准，可以处以 15 日以下拘留，在实施执行罚时，原罚款处罚仍应执行。

2. 直接强制。主要有对人身强制和对财物强制两种。对人身的强制是指强制拘留，即公安机关对拒不自行执行治安拘留裁决的当事人，采取必要的措施强制其执行。在强制执行拘留时，可以使用手铐、警绳等约束性警械。

对财物的强制包括：扣押折抵、冻结、划拨、扣款和强制收缴、没收。扣押折抵即扣押拒不执行罚款或者赔偿损失、负担医疗费用等裁决的人的本人所有财物，依法拍卖后，抵交罚款和赔偿、负担费用；冻结是指公安机关通知银行等金融机构，禁止拒不执行罚款处罚的当事人在一定时间内支取、支付所存款项的强制执行措施；划拨是指公安机关将依法冻结的银行存款，从拒不执行罚款处罚的当事人的账户上划拨出来的强制执行措施；扣款是指公安机关强制扣留、提取拒不缴纳罚款或赔偿、负担医疗费用当事人的劳动收入的强制执行措施；收缴是指公安机关强制有关当事人当场交出现金或其他财产的一种强制执行措施，如当场收缴罚款、当场没收违禁品等；强制没收是指公安机关对于拒不执行没收财物裁决的当事人，采取从其控制之下强制提取或提走被没收的标的物的一种措施。

# 第十二章　紧急治安事件预防与处置

## 第一节　紧急治安事件概述

### 一、紧急治安事件的概念与特征

#### （一）紧急治安事件的概念

什么是紧急治安事件？我国治安学界有不同的看法，表述各异。归纳起来，主要有以下两种观点。其一是行为说。认为紧急治安事件是指群体为满足某种需要，在特定时间和环境下实施危害社会的行为，并导致事态加剧、扩大，多层次地扰乱和破坏社会治安秩序的行为。其二是事件说。认为紧急治安事件是群体以满足某种需要为目的，在特定环境实施危害社会的行为，并导致事态扩大或冲突加剧，扰乱或破坏社会治安秩序，危害公共安全，应予立即处置的突发性事件。上述两种观点，从不同的角度，对紧急治安事件的本质、特征和主要内容都有不同程度的揭示，因而都不乏合理之处。但也有一些缺陷或不完善之处。例如，这两种观点都忽视了引发紧急治安事件个体的存在，事件说在概念的表述上存在着逻辑上同义语反复的错误；行为说则对紧急治安事件的性质后果没有足够关注。

我们认为，对紧急治安事件的概念应从事件的诱发因素、性质、危害性、后果等方面准确把握。可以定义如下：紧急治安事件是指群体或个人为满足某种需要，在特定环境下所实施的危害社会的行为，并导致事态扩大或加剧，扰乱、破坏社会治安秩序，危害公共安全，应予预防和处置的群体性行为。

#### （二）紧急治安事件的构成

紧急治安事件的构成，即构成紧急治安事件所必需具备的一系列主观要件和客观要件的有机统一。根据这一定义和我国紧急治安事件的构成理论，尽管现实发生的治安事件多种多样，具体情况各异，但任何一起治安事件的构成都必须具备以下四个方面的共同要件，即紧急治安事件客体，紧急治安事件客观方面，紧急治安事件主体和紧急治安事件的主观方面。

1. 紧急治安事件的客体。它是指我国法律所保护的、为紧急治安事件所侵害的社会主义社会关系。紧急治安事件的客体作为紧急治安事件构成必备的要件之一，说明其行为危害了何种社会利益，这是紧急治安事件具有严重的社会危害性这一本质的集中表现，说明紧急治安事件是一种对抗社会的行为。任何一种紧急治安事件，都必须要侵害到一定的客体，否则，就不可能成为紧急治安事件。

紧急治安事件侵害的客体往往是多方面、复杂的，如社会秩序，公共安全，人民民主专政政权和社会主义制度等。但总的来讲，紧急治安事件侵害的客体主要是社会秩序和公共安全。对于某一具体的紧急治安事件而言，应具体问题具体分析。

2. 紧急治安事件的客观方面。它是指紧急治安事件对社会危害性的客观外在表现。主要包括紧急治安事件中诸种危害社会的行为，这些行为对社会造成的危害后果，以及特定的时间、场所、手段、方法等。当然，这些外在表现对于不同的紧急治安事件来说，其作用和重要性有较大差异，但无论何种紧急治安事件，其客观方面都离不开危害社会的行为。因为紧急治安事件所具有的社会危害性，都是通过群体或个人所实施的危害社会的行为造成的。危害社会的的行为在每个具体事件中都居于核心地位，没有危害社会的行为，也就无所谓紧急治安事件，所以说，危害社会的行为是紧急治安事件构成的必备要件之一。

对某一具体的紧急治安事件而言，一方面我们应从整体上把握和分析其社会危害性的大小和程度，以便准确定性和妥善处置；另一方面，由于紧急治安事件是一种群体事件，因个体在事件中所处的地位不同，他们所实施的危害社会的行为，其社会危害性程度往往有较大的差异，有的表现为社会危害性严重的触犯刑律的犯罪行为，有的表现为具有一般社会危害性的违反治安管理规范的行为，有的表现为社会危害性较小的违反公共道德习俗、生活规范的行为。而且这些行为在事件发生、发展、演变过程中，往往相互交织在一起，这就要求我们认真分析其个体的行为表现，以便区别对待，正确处理。

3. 紧急治安事件的主体。它是指引发、参加、围观、尾随紧急治安事件的人、群体，我们重点关注的应是引发和积极参加者。在通常情况下，构成治安事件的主体，应是为某种目的而聚集起来的群体或特定环境下集结的人群。但在一定条件下，个体行为也可能引发紧急治安事件，如个体危害行为，选择特定的区域在特定的时间、采用非常的手段、方法（如爆炸、自焚、煽动等），使事态难以控制，扰乱和破坏了一定区域的社会秩序，波及面较大，也可构成紧急治安事件。

4. 紧急治安事件的主观方面。它是指事件主体的主观心理活动。紧急治安事件主体心理活动的显著特点，就是参与治安事件的主体均具有相同或相似的目的。即通过其危害社会的行为，造成对社会这样或那样的侵害，以此给政府或有关单位施加压力，企图通过不正当的手段、方法或不法行为来达到满足其某种内在需求的目的。

需要强调的是，紧急治安事件构成的各个要件从不同角度说明事件的社会危害性；其整体说明了社会危害性达到的程度，从而构成紧急治安事件。我们不能简单地把它们相互割裂开来，而要将他们作为一个有机的整体来认识和看待。只有这样才能科学地认识和把握紧急治安事件。

### （三）紧急治安事件的特征

紧急治安事件从其发生、发展和演变的整个过程来看，一般都具有以下几个特征：

1. 事件的严重社会危害性。由于紧急治安事件是主体在特定环境或特殊场合实施违反治安管理或犯罪行为，因而无论何种紧急治安事件，都会造成对社会秩序、公共安全等各方面社会关系这样或那样的侵害，具有严重的社会危害性，这是事件性质的本质所在。也正是在这个意义上我们才需要对紧急治安事件进行预防和处置。

紧急治安事件的严重社会危害性主要表现在如下几个方面。首先，紧急治安事件的发生会造成交通堵塞，秩序混乱，社会生活不能正常进行，扰乱、破坏公共秩序的严重后果。其次，事件形成后极易引起群众围观、参与、引发更大规模的群体行为，往往诱发新的违反治安管理或犯罪行为，导致事态进一步扩大、冲突加剧。再次，这类事件一般规模较大，涉及面较广，容易产生重大的社会不良影响，对社会稳定和国家政权构成极大的威胁。

2. 事件本质的社会性。从表象上看，引起紧急治安事件的原因和表现是各种各样的。有的是违反治安管理或违法犯罪行为，如非法游行、集会、哄抢等；有的甚至是自然灾害所引起的，如地震、洪灾等。但我们深入分析就会发现，只所以发生紧急治安事件，其最根本的原因就在于社会发展过程中存在着各种矛盾。紧急治安事件之所以会产生，正是社会发展中矛盾不断产生和积聚，乃至最后激化后的一种表现形式。

我国正处于社会主义市场经济建设的初级阶段，在政治体制和经济体制的改革过程中，存在着许多需要克服、解决的缺陷和不足，各种社会矛盾错综复杂，引发紧急治安事件的客观因素相应增多。虽然这种矛盾多数是非对抗性的，属人民内部矛盾，大多可以通过国家的宏观调控和微观调节予以化解，但也有一部分社会矛盾因化解不利，问题没有得到及时解决而转化为影响和破坏社会稳定的消极因素，甚至演化为紧急治安事件。还有些紧急治安事件的发生，则是阶级矛盾激化的产物。当然，内部矛盾和阶级矛盾往往交织在一起，表现于同一紧急治安事件的某一或全部过程之中。对此，我们就应认真分析，区别对待，正确处理。

3. 事件的突发性。紧急治安事件的引发，无论是有组织或自发的还是自然力引起的都具有事件发生的突然性和爆发性这样的特点。首先，紧急治安事件在事发前，虽有一定的前提条件的存在，有一定的苗头出现，但在当时，这些条件、苗头往往不易被人发现、重视，因而对事件的发生人们心理上毫无准备，一旦发生，往往猝不及防，极易出现非常混乱的情况。其次，对有组织的紧急治安事件，其组织、领导者，在事发前不但会采取相应的保密措施，以防外界知悉，而且通常有一定的组织、分工和具体的实施方案计划等，采取突然袭击的方式，以求形成一定的声势，达到预期的目的。而对于自发的紧急治安事件，其表现往往是一哄而上式的。之所以如此，就是引发这类事件的社会矛盾经过长期积聚，达到了激化的程度，从而出现了此类事件发生的临界状态或爆发点，这时，由于某种偶然因素的加入或在少数别有用心者的煽动、挑唆或影响下，就会使激情处于极度亢奋状态的群体一哄而起，而极具爆发性和突然性。再次，对自然力引起的紧急治安事件，就更具突发性，这是因为对很多自然力如地震、洪灾，山体滑坡等我们还无法有效预知和克服，况且其爆发所引起的破坏力度和范围又相当之大，使人们的心理极度恐慌。故而自然力引发的紧急治安事件更具突发性。

4. 事件过程的互动性。紧急治安事件的发生、发展是社会矛盾所引起的各种消极因素以社会互动的运动方式在不同层次的群体间相互作用、相互影响的结果。社会互动有积极互动和消极互动之分，消极互动是引发紧急治安事件的催化剂，它通过人们在社会交往中的相互感染、暗示、模仿等方式相互作用，并加速社会消极因素对人的“内化”和“外化”，使人们的思想认识和行为方式渐渐趋同，相互认可，从而引发紧急治安事件。消极互动在紧急治安事件的产生、发展过程中，一方面对事件的引发起着酝酿、催化作用；另一方面吸引与事件无关者卷入其中，并导致连锁反应，互动加剧，从而使事态不断扩大，社会危害越来越严重。积极互动则可以起到遏制、缓解和平息紧急治安事件的作用，因而应是我们充分调动、利用的力量。

5. 事件主体构成的层次性。紧急治安事件的参与者人数较多，成份各异，行为表现不一，因而可以按照不同的标准进行分类。我们依据事件主体在整个事件中的地位和作用，可以清楚地看到事件主体具有以下三个层次。其一，是在紧急治安事件的形成过程中产生的核心层。主要是指酝酿、引发治安事件和左右事件发展方向的起核心骨干作用的人所构成的层次。从形成的时间上看，这一层次最先形成；从人数上看，这一层次的人数较少；从事件主观方面看，他们的目的明确，态度较为坚决；从其地位和作用看，尽管其人数较少，但占据核心位置，对整个事件的发生、发展起着引导、组织、领导的作用，其行为的社会危害性相比其他层次也是最大的。其二，是随核心层次的出现而形成的附和层。从人数上看，这一层次的人数较多，是事件主体构成的基本力量；从主观方面看，这一层次人员的主观目的性不很明确，有的带有一定的盲目性，有的甚至是受到蒙骗或某种外力的强制而参加；从所处的地位和作用看，他们人数较多，是事件主体构成的基本力量，对事件的事态扩大和进一步加剧起到催化、推波助澜的作用。其三，是对紧急治安事件抱有好奇或趁机搞不法活动等不同心理而滞留在前两个层次之外的外围层。这一层次是极不稳定的偶然集合体，在一般情况下，他们不是紧急治安事件的“真实”主体。但特殊情况下，如围观人员过多，客观上会起到助长声势、扩大影响的作用，增加处置、平息事件的难度；甚至也不排除他们成为前两个层次一员的可能性。

## 二、紧急治安事件的分类

根据不同的情况和需要，按照不同的分类标准可以把紧急治安事件划分成若干不同的类别，下面我们重点介绍三种分类方法。

### （一）按照我国现阶段紧急治安事件的表现形式来划分，一般可分为以下八种

1. 人数较多的非法集会、游行、示威；
2. 聚众包围、冲击党和国家机关、重要警卫目标、广播电台、电视台、通讯枢纽以及外国驻华使馆、领馆或者其他驻华机构；
3. 聚众包围、冲击金融机构以及电厂、水厂等关系国计民生的要害单位；
4. 聚众堵塞公共交通枢纽、交通干线或者非法占据公共场所；
5. 聚众哄抢国家仓库、重点工程物资以及其他公私财产；
6. 在大型体育比赛、文娱、商贸等活动中聚众滋事、制造混乱或者破坏公共设施；
7. 较大规模的聚众械斗；
8. 严重危害公共安全、社会秩序的其他紧急治安事件。

### （二）按照事件的性质来划分，可分为以下四种

1. 政治性事件。政治性事件是指事件主体以满足某种政治要求为目的而引发的事件。如具有政治目的的罢工、罢课、罢市、非法集会、游行、示威、请愿静坐等抗议活动。

2. 经济性事件。经济性事件是指主体以满足某种经济需求为目的而引发的事件。如要求增加工资，改善福利待遇，减少工作时间，降低劳动强度；山林、滩涂归属，以及反对物价上涨等经济方面的要求都可能引发各种紧急治安事件，如罢工、游行、示威、群众性械斗等。

3. 激情性事件。激情性事件是指事件主体由于精神、信仰因素形成的，思想感情处于极度亢奋状态，而引发的群体性越轨行为。如风俗习惯得不到尊重，宗教感情受到影响；对文体比赛裁判处理不公等形成的集体抗议活动，球迷闹事

等。

4. 涉外事件。涉外事件是包含涉外因素需要通过外交途径解决的事件。如两国边民之间的矛盾纠纷事件，对外国政府的抗议集会、示威活动，以及外国在华人员举行的抗议活动事件。

(三) 按照事件的危害程度来划分，可分为一般事件和重大事件两种

根据公安部有关规定，有下列情况之一的，属于重大治安事件：

1.20人以上结伙打架，流氓团伙侮辱妇女，扰乱公共场所秩序，哄抢或集体冲击党政机关，围攻殴打国家机关工作人员，静坐、示威、游行等闹事行为；

2.50人以上的群众性纠纷、械斗、封建迷信活动；

3. 涉及外国人的治安事件；

4. 死亡3人或死伤5人、伤10人以上的治安事件；

5. 其他影响很大，损失严重的治安事件。

除此之外，还有很多分类，如从事件的表现形态，是否采用暴力方式将其分为暴力型事件和非暴力型事件；从事件有无必要的准备状况可将其分为偶发事件和预谋事件等等。

## 第二节 紧急治安事件的预防

### 一、紧急治安事件的成因

任何事物的产生和发展，都有其基本原因和客观条件。紧急治安事件是社会发展过程中各种社会矛盾激化的一种特殊表现形式，它的形成和发展总是最先受到社会基本矛盾的影响和制约。而社会的基本矛盾通过不同的形式表现于具体的社会问题、社会影响、社会变迁和转型、社会公共生活和社会管理等方面，并通过这些方面所反映的积极因素和消极因素来影响和制约紧急治安事件的形成和发展。一般来讲，紧急治安事件之所以发生，在宏观上是因为诸多消极因素在特定的空间和时间范围内占据了主要位置，起到了主要作用；在微观上，有引发紧急治安事件的直接诱因。这两个方面条件具备时，通常就会产生紧急治安事件。

(一) 宏观因素——产生紧急治安事件的消极因素

引发紧急治安事件宏观方面的消极因素归纳起来，大致如下：

1. 阶级矛盾。阶级矛盾的表现有国内和国外两方面的不同表现。在国内，虽然剥削阶级作为一个阶级已经消灭，但阶级斗争在一定范围内仍将长期存在，并在特定时期与环境中得以激发，有时甚至以剧烈的形式爆发。目前，一方面是剥削阶级的残余势力并未完全绝迹，另一方面是新生的敌对势力也正在滋生。在

国际上，敌对势力亡我之心不死，从来也没有停止过对我国的颠覆和破坏。改革开放以来，国际上的敌对势力不断变换手法，处心积虑地制造混乱。这两种反动势力并非互不相干，而是经常相互勾结在一起，利用我国社会主义市场经济体制建立过程中出现的困难，如下岗职工的再就业、社会保障等，里应外合、煽动群众、制造动乱。

2. 民主制度和法制建设不健全。民主与法制是现代社会发展的两大基石。建国以来，我国民主政治和法制建设逐步发展、不断完善，尤其是改革开放以来，党和政府十分重视民主制度与法制建设，取得了巨大的成绩。但长期以来，由于生产力水平不高等原因，现行体制还有许多弊端，法制亦不够健全。这势必会在社会主义建设和发展中产生许多问题和矛盾，这些问题和矛盾不可避免地会影响社会的稳定，成为紧急治安事件产生的消极因素。

3. 封建思想残余的影响。我国经历了两千多年的封建社会，其封建思想残余至今还有相当影响。一方面是以宗族等级制的尊卑贵贱为基本内容的封建伦理道德观念，深深地烙印在广大群众尤其是广大农民的心灵深处，人们在社会生活中不自觉地时常运用残余的封建伦理道德观念作为判断是非善恶的标准。而这种“标准”和社会主义的道德、法律是背反的，不可避免会带来冲突，这种冲突的激化则会影响社会稳定。另一方面是我国尤其是农村传统文化滋生着一种畸形的凝聚力和向心力，即封建迷信和封建宗族意识。目前，农村封建迷信活动猖獗，认祖归宗日盛。这些活动和社会主义的道德文化相去甚远，加上一些别有用心者利用封建宗教意识和封建迷信思想将本属个人或少数人的矛盾，挑拨成带有封建宗族、迷信色彩的事件。

4. 不良社会风气。改革开放以来，建立市场经济、传统社区间疆界被打破，人们在频繁的经济交往活动中，也进行着文化、思想、观念的交流，各种文化、意识相互渗透交织，某些社会不良风气也得以传播蔓延。不良社会风气如果不能及时克服和纠正，就会不同程度地影响社会的稳定，成为紧急治安事件产生的消极因素。目前，不良社会风气主要表现有：首先是资产阶级的一些腐朽文化和反动思想。如资产阶级的极端个人主义和腐化的生活方式等。其次是官僚主义和腐败现象。近年来，由于不良社会风气和行业风气的影响，官僚主义和腐败现象有蔓延的趋势。尤其是部分党员干部的贪污腐败已经成为影响社会主义发展和社会稳定的大敌。再次，是一些行业甚至一些机关只注重经济效益，而忽视甚至不顾社会效益和信用，一味追求最大的利润，不讲职业道德，不讲社会公德，甚至损害群众利益。个别地方社会风气不好，精神文明滑坡，人际关系淡漠，干群关系紧张。

5. 民族、宗教因素。民族与宗教问题，是世界范围内影响社会稳定的突出因素。在我国的少数民族地区，因民族风俗习惯不同、落实民族与宗教政策的某些失误等，极易引发紧急治安事件。另外，由于历史原因，民族之间、教派之间的矛盾和对立都是紧急治安事件的诱因。此外近几年来，受国际大气侯影响，一小撮民族野心家和分裂主义分子，在国外敌对势力的挑唆、支持下，利用宗教问题离间少数民族与党和政府之间的关系，披着宗教的外衣进行煽动，大搞民族分裂活动，企图通过暴乱达到分裂国家的目的。

6. 社会经济利益结构变化的影响。经济利益结构是一个社会的主体利益在社会正常运行过程中所形成的相对稳定的构成关系。在社会处于平稳发展时期，经济利益结构一般也是相对稳定的，即使有变化，也只是局部的、微小的变化，不会涉及整个社会大多数的利益主体。但在社会转型期，利益结构的变化就再也不是小打小闹式的微调，由于各种力量对比的变化，社会经济利益格局便会发生急剧变动，原本处于既得利益者地位的群体，由于社会转型可能会失去或极大地削弱其既得利益，而处于边缘地位的利益群体则可能转而与既往利益群体相抗争。而我国目前正处于新旧经济体制转型过程中，在这一过程中不可避免地会出现各种经济成份之间的利益冲突，同时新的多元化分配方式所引发的各种现实问题也会给人们的心理带来巨大的冲击，这些都可能成为影响社会稳定的消极因素。

### （二）微观因素——产生紧急治安事件的直接诱因

紧急治安事件的微观因素就是哪些在社会发展过程中，特定时空下所产生的具体的社会矛盾。这些具体的社会矛盾在现实社会生活中的表现各异，可能引发治安事件的主要有以下几种形式。

1. 由国内外敌对势力蓄意制造、精心策划而引发。这类事件因其组织者反党、反社会主义的目的非常明确，且密秘勾结、组织性强，因而危害很大，是我们预防的重中之重。

2. 由某些违法犯罪行为而引发。一些穷凶极恶的违法犯罪分子为了满足其个人的私欲，会在人多繁华的公共场所采取一些凶惨、极端手段，实施违法犯罪活动，制造混乱，引发治安事件。

3. 由群众之间的矛盾纠纷没有得到恰当合理的解决而引发。现实生活中群众之间的矛盾，尤其是群体间利益之争若处理不当，极易引发紧急治安事件。

4. 由集会、游行、示威、静坐而引发。人们为一定的目的或愿望而集会、游行、示威、静坐，在这一活动中，因各种原因可能会使矛盾激化，行为升级，而极易酿成大规模的治安事件。

5. 由大型文体活动而引发。近几年大型文体举办活动中出现的一些不正常现象，如假球、黑哨等丑恶现象，如不能及时处理、正确引导，在群情激奋下，会造成规模较大的治安事件。

6. 由个人、群体的某些要求、利益等没有得到满足或保障而引发。当个人尤其是群体对政府或单位提出的正当或非正当要求、利益由于有关单位工作失误或不负责任、相互推诿等各种原因没有得到正确的答复，不能及时解决，就可能使其中的一部分人采取非理智的、甚至极端的方法、手段来发泄其心中不满，引发紧急治安事件。

7. 由自然灾害事故、治安灾害事故而引发。由于此类事故的突然性和破坏性，群众的心理压力聚增，在援助、救护工作跟不上，群众的安全和生活得不到较好的安排和保障时，容易出现群体性恐慌情绪，在特定条件下，会引发治安事件。

8. 由其他随机因素而引发。

## 二、紧急治安事件的预防

### （一）紧急治安事件预防的方针

紧急治安事件预防的基本方针是：早期预防、综合治理。

紧急治安事件是社会各方面消极因素相互影响、相互作用的结果，其原因是复杂的、多方面的，如前所述，既有宏观因素又有微观诱因。况且，在事件引发后又会牵涉到社会的各个方面，社会影响较大。这就决定对紧急治安事件的预防工作决非是哪一个部门、哪一个方面所能完成的，而必须在党委和政府的统一领导下，以公安机关为核心骨干，充分调动社会各方面的积极性，运用政治、经济、文化、法律、行政等各种措施来遏制，抵消可能生成紧急治安事件的各种消极因素，避免或减少紧急治安事件的发生，即实行综合治理。紧急治安事件的预防还必须强调早期预防，即对可能引发紧急治安事件的诸多消极因素要及时发现、提早预防，做好处置预案、防患于未然。这是由紧急治安事件的突发性所决定的。防范工作只有立足于“早”，才能以较小的成本获得长期的较大的社会效益；才能摆脱被动局面，夺得运筹时空和人力、物力的主动权。因此，要求公安机关做深入细致的工作，广泛收集信息，及时发现和掌握那些带有苗头性、倾向性和群体性的影响社会治安秩序的问题，及时做好疏导教育工作；消除引发紧急治安事件的各种消极因素和不利条件。

### （二）紧急治安事件预防的基本方法

紧急治安事件的发生，既有宏观因素又有微观因素，是社会综合矛盾的反映。因而，紧急治安事件的预防也应从这两个方面来努力。

宏观方面，首先要大力加强社会主义的两个文明建设。按照马克思主义唯物论的观点：经济基础决定上层建筑，上层建筑服务并反作用于经济基础。因此，要消除引发紧急治安事件的宏观消极因素，就必须大力加强社会主义物质文明建设，大力发展和提高生产力，为协调各方面的利益关系提供必要的物质基础。随着生产力的提高，经济不断发展，人们的物质文化生活水平不断提高，那些直接或间接由经济利益矛盾引发的不安定因素就会随之减少。同时，还要大力加强社会主义精神文明建设，健全社会主义民主与法制，开展全民思想教育，把社会主义道德教育深入下去，提高人们的社会主义精神文明素质，自觉抵制、消除封建思想残余和资产阶级腐朽思想的影响，创造良好的社会风气和社会环境，从思想上铲除引发治安事件的根源。其次，要强化社会管理，化解消除社会现存的消极因素。各级党政机关、政府职能部门应不断改进工作作风，完善社会管理活动，逐步实现社会管理的科学化、法律化、现代化，提高管理水平；更应摆正自己的位置，该管的一定要管好，不该管的坚决不要插手，为经济建设当好参谋，服好务。要充分运用社会管理职能，切实解决实际问题，化消极因素于无形。努力防止和减少国家社会管理的不当所带来的不应有的消极因素。

微观方面，主要是充分发挥专门机关的职能作用，以减少、消除引发紧急治安事件的直接因素。

1. 强化信息情报工作，掌握闹事苗头。紧急治安事件预防方针的一个重要内容就是“早期预防”。要做到“早期预防”，首要的就是要尽快掌握可能引发治安事件的第一手信息、资料。为此，就要求公安机关及其人民警察通过各种渠道，充分沟通和占有社会上这方面的情报信息，认真分析，以及时准确地掌握各种闹事苗头，并采取相应措施，尽可能把矛盾和问题解决在萌芽状态，防止紧急治安事件的发生。

2. 加强理论研究，提高紧急治安事件的预见能力和处置水平。任何客观事物，都有其发生、发展的规律。这些规律是不以人的意志为转移的，无论人们对它的认识如何，它都按照其自身特有属性而产生、发展，它是客观存在的。紧急治安事件的产生、发展也有其自身的规律性，公安机关在预防紧急治安事件的活动中，一定要加强理论研究，探索并掌握各类治安事件产生的规律。只有这样才能较好地对现存的各种消极因素进行分析，以提高对未来预见紧急治安事件是否发生的准确性。而只有准确的预见，才能增强公安工作的主动性和自觉性，为预防和处置紧急治安事件提供理论依据和科学方法。

3. 加强治安管理，消除各种易于引发紧急治安事件的具体诱因。公安机关和人民警察在思想上应高度重视紧急治安事件的预防工作。在日常治安管理工作中要依法严格管理，加强包括预防紧急治安事件在内的各项防范措施；在职责范围内，积极会同有关部门，对各种可能引发紧急治安事件的具体矛盾、冲突、纠纷，认真调查了解，做好预防、化解工作。同时要充分发挥专门机关的职能作用，集中优势力量控制好那些可能引发事件的重点人口或非正常群体，以及重点的时空，随时掌握其动态，并制定相应的控制方案和应急预案，以便及时发现、制止可能引发紧急治安事件的人和事，从而消除、减少紧急治安事件的发生。

## 第三节　紧急治安事件的处置

### 一、紧急治安事件处置的原则

#### （一）统一协调原则

统一协调原则是指在党委、政府统一领导下，各有关方面积极配合，协同处置紧急治安事件的原则。坚持党委、政府领导，就是要把处置紧急治安事件的各项工作置于各级党委、政府的直接领导之下，自觉服从各级党委的领导和政府的指挥。统一协调就是参与处置紧急治安事件的各部门、各单位要在党委、政府的统一领导下，统一认识，密切配合，步调一致，充分发挥各自的职能作用，以达到平息紧急治安事件的目的。

紧急治安事件是社会诸多消极因素综合作用的产物，一般具有较复杂的社会背景，涉及到社会的多个地区、部门和单位，矛盾错综复杂；对紧急治安事件的处置涉及面广，政策性强，难度大。因此只有在党委和政府的统一组织领导下，充分调动各有关方面的力量，发挥整体功能的优势，才能及时稳妥地处置好紧急治安事件。这就要求各有关方面尤其是公安机关，要及时掌握情报信息，出谋划策，提出解决问题的方案和处置方法，供领导决策参考，当好党委、政府的参谋；同时，要正确处理好党委、政府领导与分工负责的关系，增强整体观念，群策群力，共同完成好任务。

#### （二）教育疏导原则

教育疏导原则就是立足教育，以理服人，讲究实效，防止激化的原则。立足教育，以理服人就是要实事求是，客观分析，讲政策、讲法律，用正确的舆论引导人、用生动的事例教育人，以争取多数，孤立打击少数。讲究实效，防止激化就是要有针对性地做耐心细致的工作，晓之以理，动之以情，导之以规，及时稳定群体成员的情绪，有效防止矛盾激化，冲突升级；以尽量减少紧急治安事件的发生所带来的不良后果和影响。

坚持教育疏导的原则是由紧急治安事件本身的性质和特点决定的。一方面，大部分紧急治安事件是由人民内部矛盾激化而引发的。因此，必须要用处理人民内部矛盾的方法进行处置，立足于教育疏导、化解矛盾和纠纷。另一方面，紧急治安事件是社会矛盾激化的一种特殊表现形式。在事件现场，由于群体成员间的消极互动，群体情绪处于亢奋状态，这种极不正常的心理状态，主要原因在于群体成员思想认识存在着一定的偏差乃至错误。因此必须根据事件自身的特点，坚持教育疏导原则，说服群众，缓解矛盾，逐渐平息事态。而不能采取简单、甚至粗暴的工作方式，只片面追求事态的平息。这就要求我们的党政机关、相关部门和单位强化思想政治工作，积极做好教育疏导工作，协调处理好各种矛盾，不使事件扩大蔓延。公安机关在处置工作中要本着这样的原则讲究策略方法，切实按照“可散不可聚，可解不可结，可顺不可激”的方针，以教育疏导为主，宣传党和国家的政策、法律，坚持正确的舆论导向，耐心地做好劝阻工作，力争把问题解决在萌芽或初始阶段。

(三) 区别对待，分类处置原则

区别对待，分类处置原则就是根据紧急治安事件引发的原因、性质、群体类型和事件的危害后果采取不同的方法和策略进行处置。

紧急治安事件的引发因素是多方面的，涉及到的人员较多，其社会危害性也是多层次的，而且其形成和发展变化十分复杂。因此，在处置紧急治安事件时，要准确认定事件的性质，找出引发事件的症结和根源，摸清事件当事人的成员结构等等，针对不同情况，采用不同的处置策略和方法，以达最佳效果。切忌简单粗糙，千篇一律。

(四) 及时果断原则

及时果断原则，是指在处置紧急治安事件时，要依照有关法律法规的规定，不失时机，当机立断，反应迅速，果断处置，以尽快遏制、平息事态。

由于紧急治安事件具有突发性，容易迅速扩大、蔓延，因此，把握时机，果断处置，制止事件向事态扩大的方面发展，就能以较小的代价，取得较好的效果，就能以较少的力量将事件控制在一定的范围内，有助于实施紧急治安事件的调查，有助于及时了解情况，分清是非曲直，找出问题的症结，在短时间内采取措施平息事态。为此，公安机关要审时度势，抓住平息事态的最佳时间、地点(场合) 等有利时机，“快”字当先，迅速组织力量赶赴现场，果断处置，控制事态。尤其要抓住事件刚刚激化，事态尚未扩大、蔓延的初期这一最有利的时机，切勿坐失良机。因为在事件的初期，卷入事件的人员和围观者相对较少，相互间消极互动影响相对较小，他们的情绪还未极度亢奋，较易引导和控制，闹事群体的内部结构相对松散，易于解体。

## 二、紧急治安事件的处置预案

紧急治安事件的处置预案是指公安机关综合社会动态信息，认真分析研究总结经验，针对各种紧急治安事件的性质、特点、规律而提前制定的处置方案。

紧急治安事件具有突发性、危害大、情况复杂等特点，因而为了有效控制社会面，尽快、高效处置、平息事态，制定一个科学的切实可行的处置预案，显然是必不可少的一项工作。预案的内容和要求主要包括以下几个方面：

（一）确定目标，明确任务

处置预案应首先明确总的任务，要求解决的问题，然后，依据事件的性质、特点和规模大小，分解任务，确定各单位、各部门的职责任务，并合理调配使用警力。

（二）统一领导，建立指挥中心

各省市都要建立指挥中心，昼夜值班。对于重大紧急治安事件由发生地党委、政府统一领导，设立总指挥部。公安机关负责现场统一指挥，统一调动各警种的力量，联合行动。方案要明确指挥机构、指挥人员及其职权，避免多头指挥与指挥不灵。

（三）处置方法

要根据不同性质的紧急治安事件，确定相应的具体处置方法和措施。并合理地部署警力，分配具体的任务。

（四）通讯联络

加强通讯联络，建立现场通讯制度，组成现场信息源网络，是工作预案特别重要的内容，也是现场指挥联络的信息神经系统。高度灵敏的现场通讯联络和信息情报，对现场指挥与决策具有决定成败的重大作用。因此，必须采取一切能够收集和传递信息情报的手段，利用一切可以利用的通讯联络工具，把现场瞬息万变的情况及时报告指挥中心，为领导指挥决策提供大量可靠的依据。它一般包括建立通讯网、准备通讯工具、准备现场通讯指挥车辆装备等。

（五）纪律作风

纪律是完成任务的重要保证。在具体执行任务中，要对参战单位和人员的纪律作风作出明确规定，要求参战人员服从命令，听从指挥，按指示行动，防止擅离职守。严禁违反政策、法律、纪律等现象的发生。

（六）应急措施等其他事项

在处置紧急治安事件的整个过程中，由于种种原因，难免要发生一些事前无法预料的意外情况和突然变化。应针对可能出现的各种情况，确定有针对性的处置对策。同时，制定的处置预案应精炼简要，针对性强，以便于作为行动的指南。

**三、紧急治安事件处置的一般方法**

尽管各种紧急治安事件因性质不同、表现各异而在具体处置方法上各不相同，但总的来讲，紧急治安事件的发生、发展有其共同的特点和规律，据此，我们可以把处置工作大体分为初期处置、中期处置和后期处置三个阶段。每一个阶段都有着不同的工作重点和具体措施。

（一）初期处置

初期处置是中期处置和后斯处置的基础和前提，初期处置是否得当直接关系事态能否得到控制和平息，是整个处置工作的关键和重点。初期处置的主要任务是及时赶赴现场，初步控制局势。初期处置的主要工作和方法有：

1. 快速准备，赶赴现场。公安机关在获得事件发生的信息后，要迅速核实，作出反馈。一方面，应快速作好各种准备工作，包括物资、装备、设备等；另一方面，应迅速调集警力，组织力量，以最快的速度赶赴事件现场。到达现场后，应做好如下工作：一是选择便于观察全局动态，利于内外联系，宜于机动力量隐蔽和出机的有利地形建立现场指挥部；二是依据地形、地貌等现场情况迅速做好警力部署。

2. 掌握实际情况，利于处置。一般来讲，公安机关最初得到的信息与事件现场的实际情况总有一定出入。因此，公安民警到达现场后，应立即通过直接观察和现场调查两种渠道，了解事件主体的情绪、状态、类型、规模以及事件的可能趋势，搞清事件的起因、性质、动机、目的、指向目标和事件成员结构等基本情况，并迅速拟定处置方案，及时报告上级，请求决策。

3. 管制现场，初步控制局势。在掌握事件具体情况的基础上，现场指挥要按照当地党委、政府及上级公安机关的决策、命令，依据现场情况迅速采取控制现扬事态的有效管制措施，以初步控制局势。根据处置工作实际需要，可以采取下列现场管制措施：第一，封闭现场和有关地区，未经检查批准，任何人不得进入。第二，设置警戒线，划定警戒区域。第三，实行区域性交通管制。第四，查验现场人员身份证件，检查嫌疑人员随身携带的物品。第五，未经批准，任何人不得在事件现场进行录音、录像、拍照、采访、报道、演讲等活动。

在对事件现场进行初步有效控制的同时，还需随时处置现场的各种紧急情况。主要有如下几种常见紧急情况：第一，对事件中随时出现的受伤人员进行抢救。第二，对仍在制造事端的危险分子和骨干采取适宜的方式进行隔离和强制；对不便采取强制手段的，应进行控制监视，并做好取证工作。第三，对正在进行违法犯罪的人员应设法调离现场进行拘捕。

（二）中期处置

中期处置是指在事件现场局势得到初步控制的条件下，全面控制局势，疏散群众，平息事件，恢复正常秩序。这一时期的主要任务是全面控制局势，调查取证，平息事件，为后期处置打好基础。中期处置的主要工作和方法有：

1. 说服教育，疏散现场群众。公安机关在采取初步措施控制事态的基础上，应当及时做好宣传疏导工作，通过有关法律政策的正面宣传教育，说明事件真相，瓦解事件主体不正常的群体意识，逐步消除其抵触情绪和狂热势头；必要时也可由当地党委、政府或者有关部门的负责人发表讲话，解决有关问题。通过宣传疏导，说服卷入和旁观的群众离开现场。当然，此时也可依据现场情况，适当采取一些有效措施。

2. 采取强制措施，果断平息事态。在反复宣传、教育、劝导无效的情况下，公安机关根据现场实际情况和处置工作的需要，可依照《中华人民共和国刑法》、《中华人民共和国人民警察法》、《中华人民共和国治安管理处罚条例》、《中华人民共和国集会游行示威法》等法律、法规的有关规定，采取以下措施：第一，责令围观人员立即离开现场；第二，责令聚集的人员在限定时间内离开现场；第三，对超过限定时间仍滞留现场的人员，可以使用各类必要的非杀伤性警械强行驱散，第四，对经强行驱散仍拒不离去的人员，可以强行带离现场或者立即予以拘留；第五，对非法携带的武器、管制刀具、易燃易爆等危险物品和用于非法宣传、煽动的工具、标语、传单等物品，予以收缴。这些措施在通常情况下就可以有效制止、平息事态。但特殊情况下，不排除事态继续恶化和升级，或出现打、砸、抢、烧等严重暴力犯罪活动，或由和平请愿、集会、游行等形式，演化为以反党、反政府为目的的暴乱、骚乱等情况，此时强制措施的强度和力度也应随之迅速加强，采取坚决措施强行制止和平息事件。人民警察在处置中，应根据当时的实际情况，在确有必要时，可以依照相关的法律法规的规定合理使用武器和警械。

3. 现场调查，获取证据。中期处置中获取的证据材料是后期处置中开展事件调查和打击违法犯罪的基础，意义重大，应随着各项处置工作的开展派专人负责，同步进行。现场调查取证的重点应当是查清和掌握事件中有关人员的基本情况，如调查造成危害的有关人员以及使用的手段、带来的后果等。调查的手段和方法多种多样，可以使用录音、录像、照相等手段，采取公开与秘密相结合的方法。调查的目的主要是给后期处理提供条件，做好准备。

4. 清理现场，恢复现场秩序。事件平息后，要及时清理现场，做好扫尾工作，迅速恢复现场秩序。公安机关应及时组织力量协助有关部门及时救治受伤人员，抢修有关设施，清理现场遗留物品，疏散无关滞留人员；还要撤除路障，解除现场交通管制，恢复交通秩序。

### （三）后期处置

后期处置指事件平息后，进一步开展全面调查分析，依法处理、制裁事件中的违法犯罪分子，消除后果，全面恢复正常的社会秩序。后期处置的主要任务是打击处理和消除危害后果。后期处置的主要工作和方法有：

1. 调查分析。紧急治安事件的平息，并不意味着处置工作的完结。本着对社会负责、对人民负责的态度，我们必须对事件主体和整个事件本身有一个明确的结论。为此，公安机关在事件平息后应发扬连续作战的精神，迅速开展对整个事件的全面调查。调查工作应以掌握的有关事实、证据、线索为中心，从了解群众情况开始，从人到事、从事到人，重点调查事件的各个阶段和事件主体的层次情况和违法犯罪者的事实证据。以准确认定事件的性质，区分事件主体的地位、作用，分清“幕后”、“操纵”、“为首”、“参与”、“围观”，是否违法犯罪等，为事件的进一步正确处理打好基础。

2. 对事件主体的处理。紧急治安事件参与者的人数较多，情况复杂、涉及面广，对不同主体成分的处理结果的好坏直接影响到社会的稳定，是一件非常重要的工作。公安机关应挑选政治素质好、政策水平高、业务能力强的干警，会同有关部门，对参与或卷入事件的人严肃而慎重地区分不同性质、分清不同层次、不同地位和不同作用等区别对待，依法处理。一般来说，对事件主体的处理可分为以下几个层次。一是其行为对社会有严重危害性，构成犯罪的，应移交司法部门，依法惩处。二是其行为违反治安管理，尚不够刑事处罚的，应依法给予治安管理处罚。三是一般参与者，视具体情况，或给予批评教育，或建议其所在单位给予行政处分。对其中确有应该解决而一时不能解决的合理要求、实际困难等要积极想办法解决；同时做细致的思想工作，教育他们通过民主与法律的正当渠道反映情况、解决问题。四是对引发事件负有责任的领导和相关人员，要在党委政府统一领导下，按照分工进行调查，依法处理。五是对引发事件的民事纠纷能调解的，要积极会同有关部门进行调解，否则应及时交审判机关处理。

3. 消除危害后果。紧急治安事件发生后，不但会造成事件现场工作、生产、教学、科研等方面秩序的混乱，还会波及、影响到周边地区。及时消除其危害后果和不良影响显得十分迫切、重要。公安机关应作好以下工作，一是主动协同有关部门、充分利用舆论、宣传工具，做好正面教育工作，公布事件真相和调查处理情况，宣传党和国家的政策、法律，以消除人们的思想混乱和心理恐慌。二是做好群众工作，争取群众支持和配合，彻底收缴反动宣传品、印刷工具，收缴事件中被劫持或丢失的武器、警械具、装备和其他物资。三是对事件中造成的人身伤亡和财产损失要做好善后工作，需要赔偿的，要依法做好赔偿工作，消除隐患。四是对事件中获取的有关物证，要及时登记造册、存档。

4. 总结经验教训。整个事件的处置工作完成后，要及时召开有关部门开会，认真总结经验教训。公安部门着重总结以下两个方面：一是分析事件产生的原因及发展、变化的过程，从中找出那些带有根本性、规律性的东西，以利今后做好防范工作。二是总结处置中的得失，以发扬优点，克服不足，提高警察队伍的素质和战斗力。

## 第四节　几种常见的紧急治安事件处置

前面我们在一般意义上研究了紧急治安事件的处置原则，处置方法。对于具体的紧急治安事件，我们应根据其不同性质和特点，对症下药，采取不同的处置方法，以收到良好的处置效果。切不可死搬硬套，教条主义。

### 一、非法集会、游行、示威事件

#### (一) 非法集会、游行、示威的概念与特征

非法集会、游行、示威，主要是指违反《中华人民共和国集会、游行、示威法》的有关规定，在露天公共场所或者公共道路上，以集会、游行、示威、静坐等方式发表意见，表达要求，抗议或者支持、声援等共同意愿的活动。其主要表现形式有三种：一是没有依照《中华人民共和国集会、游行、示威法》及有关规定申请，或者申请未获批准许可的。二是经批准许可的集会、游行、示威在举行过程中，未按照主管机关批准许可的目的、方式、标语口号，起止时间、地点、路线进行的。三是在集会、游行、示威的过程中，出现危害公共安全或严重破坏社会秩序情况的。

非法集会、游行、示威具有以下特征：一是有明确的目的。非法集会、游行、示威之所以发生，其主要原因就是参与者具有共同的意愿，因而其目的明确，行动较统一。二是有明确的核心层和组织领导策划者。非法集会、游行、示威多系一小部分人针对众人关注的社会热点问题，利用众人的一些模糊或错误认识，四处煽动、周密策划下发生的。三是对社会的危害较大。这类事件大多发生在公共区域，各种不良影响极易蔓延、扩大，而且参与事件的群体具有比较强烈的偏激心理，情绪极度亢奋，加之一些人故意捣乱、破坏，使此类事件具有逐步升级和诱发暴力犯罪活动的危险，其发展趋势比较难以预料和控制。

#### (二) 非法集会、游行、示威活动的处置

公安机关在获知非法集会、游行、示威活动的信息后，应迅速采取有力措施，维护社会秩序，保障群众安全，控制事态发展，教育群众，打击犯罪活动，尽快平息事件。

1. 公安机关应迅速调集足够警力，赶赴出事现场，维护社会秩序，防止出现暴力犯罪活动。同时要做好安全防范工作，严防冲击党政首脑机关和广播电台、电视台、重要军事设施、交通枢纽、重要物资仓库等要害部位；做好重要党政要员、著名人士和在华的重要外国人员的安全警卫工作。

2. 采用多种方法，初步控制事态发展。首先，要大力开展宣传攻势，瓦解

其心理防线；其次，实行交通管制，疏散围观、尾随群众，阻止外围车辆、人员进入事件现场，减小处置难度；再次，采取迎前、分割、追踪、阻拦等方法，将其逐步分散瓦解，控制事态的发展。

3. 迅速准确弄清非法集会游行示威的基本情况，采取适当措施，平息事态。公安机关要迅速准确弄清非法集会游行示威有无政治背景，组织活动的主要领导人员情况，活动的目的要求，准备采取的活动方式，以及是否有人携带武器、管制刀具等危险物品等基本情况，从而正确分析判断事件的性质，预测可能出现的变化，确定处置方案。在党委、政府的统一领导下，根据具体情况，采取相应措施，平息事态。如果纯属单位内部问题长期得不到解决、矛盾激化而引起的，要由单位或上级主管部门的党政领导出面，做好说服教育和疏导规劝工作，化解矛盾；如果属民族、宗教纠纷，则应充分尊重他们的民族、宗教习惯，并请相关部门和有关人士共同出面稳定情绪，调解纠纷。

在事件的处置过程中，公安机关还应全面做好证据的收集工作，为事后的处置工作做好准备，打好基础。

4. 做好善后工作，消除不良影响。在事件平息后应做好各项善后工作，如公布事件真相，消除群众的恐慌心理，稳定社会；依法处理违法犯罪分子，加强警戒教育作用；清理现场、解除交通管制，恢复现场秩序等，以消除事件产生的不良影响。

## 二、群众性哄抢事件

### （一）概念与特征

群众性哄抢事件，是指参与人数较多，被抢财物数量较大，后果较严重的，非法占有公私财物的违法事件。此类事件发生在光天化日之下，性质恶劣，社会危害较大。常见的表现形式有以下几类：一是哄抢公民个人承包的劳动果实或个体经商者的零售商品；二是哄抢国家、集体或个体单位的产品、半成品或生产设备、原材料等；三是哄抢火车、汽车等交通运输工具上的公私财物。

群众性哄抢事件有两个特征：一是参与者目的明确。这类事件之所以发生主要原因就在于参与者欲非法占有国家、集体或个人的合法财物而实施的，故非法获取财物的目的十分明确。二是事发过程的短暂性。参与者的目的是为非法获取财物，因而一旦得手便消失的无影无踪。其整个过程之快常常令人瞠目。

### （二）群众性哄抢事件的处置方法

1. 公安机关要尽快赶赴事发现场，及时制止事态的发展。公安机关应在接警的第一时间组织警力赶赴现场。只有快，才能有效防止事态的进一步扩大，保护合法财产减少损失；只有快，才能发现掌握第一手情报、信息以利处置。

2. 对已经发生的群众性哄抢事件，要在开展法制宣传、政治攻势的同时，积极开展侦破工作，目的就是尽量减少财物损失，及时打击违法者。

3. 在党政部门的统一领导下，配合有关部门作好善后工作；同时结合对为首分子，幕后操纵者的依法处理，开展法制宣传教育，提高群众的法制意识，以防此类事件的再次发生。

## 三、大型文体活动闹事事件

### （一）概念与特征

大型文体活动闹事事件，是指参与大型文体活动的一些群体或个人，由于某种原因，交互感染，在活动所处的特定空间里，实施妨碍活动的组织管理和正常进行的非法行为，并导致事态加剧、扩大，严重扰乱活动的正常秩序，造成较大政治、经济影响和社会危害的治安事件。这类事件的主要表现形式有以下几类：一是恐怖事件。如1972年慕尼黑奥运会斯间，巴勒斯坦恐怖组织“黑九月”成员劫持并杀害了11名以色列参赛运动员，震惊世界。二是球迷闹事。如1989年4月15日发生的谢菲尔德足球惨案，致使108人死亡，近200人受伤。三是因管理不善而引发的闹事。四是民间传统节日活动中的闹事。

大型文体活动闹事有下列几个特征：一是事件的发生大多具有偶发性。除少数外，事件的引发通常是事前无法预知的偶然现象起到了导火索的作用，闹事者事先没有闹事的心理准备，更谈不上闹事的目的。二是事件发展过程的难以控制性。闹事者处在相同条件的环境里，消极互动的影响很大，事态扩大、恶化的速度极快，加之事件主体成员众多，合力较大，致使控制局面的难度很大。三是事件的后果具有严重性。事件现场秩序极度混乱，人员密集，成份复杂，极易造成大量人员伤亡和财产损失。同时，还会直接影响国家的声誉和政府的形象。

### （二）大型文体活动闹事的处置

大型文体活动闹事的危害极大，因而在组织大型文体活动时，必须要认真做好各种安全防范工作，确保活动的顺利进行。一旦此类事件发生必须立即处置，平息事态。

1. 严密活动现场的控制，制止事件于萌芽。现场指挥应合理布署警力，及时掌握场内各方面情况，对任何可能引发事件的现象都要高度戒备，出现的问题要及时制止、解决，以防后患。出现闹事苗头，迅速采取措施予以平息，同时要及时通告，说明情况，稳定群众心态，防止事态扩大。大部分群众稳定的心态，合理行为的选择，很大程度上决定着闹事事件必止于萌芽。因此，必须做好他们的工作，争取支持。

2. 采取果断措施平息事态。闹事事件一旦发生要迅速调集警力，明确职责采取以下果断措施：一是对进出口、安全门等地方，要加强警卫力量，保证畅通无阻以便及时疏散人群，确保人员安全散离；二是将闹事者和群众分离、隔断，防止扩大；三是分割包围闹事群体，逐步减小其规模和影响；四是事态达到一定程度，难以控制时，使用催泪弹、水枪等非杀伤性警械，强行驱散闹事人群，直到驱散、平息事态为止。

3. 依法强行制止违法犯罪活动。对事件过程中发生的违法犯罪活动，在获取各种充分证据的前提下，要分别情况依法强行制止。对趁机从事流氓、抢劫活动的犯罪分子，要公开揭露并带离现场审查；对重大嫌疑人员要跟踪监视；对煽动并为首冲击现场指挥机构、主席台，围攻工作人员、重点对象的首要分子和骨干分子，要视现场情况或迅速带离现场审查，或现场取证，跟踪监视；待离开现场或事态平息后再作处理；当闹事核心层的违法犯罪活动愈演愈烈时，要寻找适当时机，将其制服，带离现场。

4. 做好善后处置。在事态基本平息，闹事人群被驱散后，公安人员不能马上收兵，要在现场及周边地区保留一定警力，一方面做好现场清理、收缴等善后工作，恢复正常社会秩序；另一方面要在闹事者和一般群众容易聚集的场所，部位进行巡察，以防闹事者煽动群众，再次聚结闹事。这项工作要坚持到现场完全恢复正常状态为止。

事件完全平息后，要视闹事者在事件中所起的作用，行为的性质、危害大小等根据有关政策和法律及时处理。对不明真相的起哄闹事者，主要是批评教育，促其认错悔过。对违法犯罪者要以事实为根据，以法律为准绳，予以惩处。

**四、聚众械斗事件**

（一）概念与特征

聚众械斗是指因某种原因而处于相互对立的群体之间，手持各种凶器，相互对阵，殴斗行凶的违法行为。常见聚众械斗有：某些农民与农民之间的械斗；某些农民与工人之间的械斗；不同居民、家族、教派、民族之间的械斗等。聚众械斗具有以下特征：一是双方群体成员组成具有一定稳定性，其内部具有一定的组织性。双方群体成员都来自他们共同生活交往中形成的稳定社会关系之中，在事件中群体成员们各自扮演不同的“角色”，有较明确的分工。二是引发事件的原因具有明确性。事件的引发，或为争水利、山林、矿产等物质利益，或为复仇，或为宗教信仰等具体而明确的原因。三是行为手段的暴力性。事件双方以征服对方为目的，极尽暴力之能事，轻则砖石棍棒，重则操刀动枪。因而会造成极大破坏，造成的危害相当之大。四是事件具有反复性。这类事件双方互相凶杀，若不能及时彻底处置会循环往复，且不断升级。

（二）聚众械斗的处置

聚众械斗事件的发生危害极大，必须做好预防工作，强化情报信息工作，做到早预测、早发现、快处理。力争把问题解决在萌芽状态，解决在基层。事件一旦发生，必须采取以下措施尽量减少人员伤亡和经济损失，迅速平息事态。

1. 采取果断措施，坚决平息事件。公安机关要快速组织警力，采取果断措施，对双方进行穿插隔离，强制械斗双方脱离接触，迅速控制局面，平息事态。

2. 开展教育，清理现场，以预防后患。在事件基本平息后，要开展政治思想，法制宣传的教育工作，使群众明辨是非，教育、启发他们通过正常的途径解决问题和争端。同时要立即收缴械斗人员持有的器械等凶器，疏散围观群众，救治伤亡人员，减少危害等。

3. 做好善后工作，防止事件的再次发生。此类事件的善后工作除了开展宣传教育工作，依法惩处违法犯罪者外，重点是做好以下几方面工作：一是要处理好械斗双方死难人员的安葬（火化）、抚恤及救济，对其亲属的安抚等善后工作，切不可草率从事，留下新的矛盾。二是认真调查引发事件的根结所在，运用行政、法律等方法切实彻底给以解决，化解矛盾，解决纠纷，以保证此类事件彻底平息，不再反复。

# 第十三章　治安灾害事故查处

## 第一节　治安灾害事故查处概述

### 一、治安灾害事故的概念

治安灾害事故，是指由于违反治安管理法规或安全操作规程，造成重大物质损失或人身伤亡，影响社会安定，危害社会治安秩序的灾害性事故。如火灾、爆炸、中毒、船只翻沉、交通肇事以及公共秩序混乱造成的伤亡等。

### 二、治安灾害事故的特征

治安灾害事故具有以下特征：

1. 主观过错性。事故必须是由肇事者或责任人的故意或过失行为引起的。

2. 行为违法性。事故责任者的行为，必须是违反国家法律、法规或违反安全操作规程的行为。

3. 后果灾难性。必须是已造成了较大的物质损失或人身伤亡。

4. 危害社会性。事故责任者的行为会破坏社会秩序，引起人们的心理恐慌，危害社会治安秩序，造成不良社会影响，甚至损害国家的声誉。

### 三、治安灾害事故的类型

当前由治安管理部门管辖查处的治安灾害事故有：爆炸事故、枪弹事故、中毒事故、放射性事故和公共秩序混乱造成的死伤事故等。

1. 爆炸事故。爆炸事故是指违反国家有关规定，违反安全操作规程或由于不可抗拒的原因等引发的爆炸；而凡是利用爆炸方式进行破坏或蓄意伤害他人的事件，则属于爆炸案件。

2. 枪弹事故。枪弹事故是指枪支走火、弹药爆炸造成人员伤亡、物质损失的事故。纯属弹药爆炸的事故，可按爆炸事故处理。

3. 中毒事故。中毒事故是常见的治安灾害事故之一。所谓的中毒事故，是指人畜受到某些毒性很强的物质的侵害导致伤残、死亡的事故。

4. 放射性事故。放射性事故是指由放射性核素、射线直接或间接对工作人员或公众的健康、安全造成危害的异常事件。当人体受到一定剂量的放射性物质的照射或侵害时，往往会造成人身伤亡或引起放射性疾病的产生。

5. 公共秩序混乱造成的死伤事故。公共秩序混乱造成的死伤事故是指人们在公共活动中，由于人群拥挤、秩序混乱、建筑物倒塌等造成的人员伤亡事故。这类事故发生的地点，大都在影剧院、公园、车站、码头、体育馆（场）、集会场地等公共场所。

这类事故发生的重要原因是由于活动的组织者和领导者存在着严重的官僚主义，思想麻痹，忽视安全和缺乏必要的科学预测以及有力的防范措施所致。

## 第二节　现场保护

### 一、现场保护的目的

事故现场是事故发生的地点，是反映事故真相的关键所在，也是事故责任人和破坏者留有痕迹和物证的场所。现场遗留的痕迹、物证能为查明事故的起因、性质提供重要的线索和证据，所以当事故发生后，首先应当采取有效的措施保护现场，使其免遭破坏，这对于判断调查范围、调查方向，查清事故原因和确保抢救工作的顺利进行都是至关重要的。

### 二、现场保护的措施与方法

#### （一）布署警戒，保护现场

事故发生后，首先应当维护事故现场的秩序。在事故现场往往会聚集许多群众，人员众多，秩序容易混乱，影响抢救和妨碍勘查工作的进行，甚至造成现场挤压、踩伤人员等事故。尤其是在交通要道以及繁华商业地区的事故现场，过多的人群聚集还会造成交通堵塞。所以，一旦发生事故，公安民警的首要任务就是迅速组织力量，赶赴现场，划定警戒保护范围。对于正在燃烧和尚在挥发扩散的毒源等灾情未解除的现场，警戒保护范围一定要大一些，以免危及警戒人员和群众的生命安全。

担负警戒任务的人员，要分布在整个警戒保护圈上值勤，除紧急救险人员外，禁止其他人员进入警戒保护圈内，并尽一切可能保持现场原状。在抢救伤员和重要物资的同时，要设法排除附近的交通障碍，使车辆和行人得以通行，以便抢救工作得以顺利进行。

#### （二）积极排除险情，抢救伤员和重要物资

事故发生后，首先应当是立即抢救伤员和排除险情，制止事故蔓延扩大，这对于安定公众心态，消除事故造成的恐慌心理，减小事故带来的损失十分重要。事故发生后，如仍有连续爆炸和引起燃烧、放射性照射和污染等情况，指挥人员应迅速组织力量抢救伤员和物资，对受伤人员要进行就地急救或设法送往医院治疗。对伤员原来躺卧的地点、姿势也要详细记录。如发现未及逃脱的犯罪分子或有重大嫌疑的人员要派专人严加监视，防止逃跑、行凶、自杀或毁灭证据。

在抢救伤员以及疏散重要物资时，往往会造成原始现场的变化。在处理这一矛盾时，首先是要抢救伤员和重要物资，排除险情，尽量减少损失。决不能因为要保护现场而置人民群众的生命财产不顾，凡因救人排险必须变动的应将变动前后的状态详细记录，有条件的应当加以拍照，以便考查。

### (三) 注意事故现场动态，积极进行现场调查访问

现场工作人员应该抓紧有利时机，积极开展现场调查访问工作。调查访问工作应当通过笔记、照相、绘图、录音以及摄像手段记录下来。凡是群众耳闻目睹的有关情况，都应当记载下来。在急救或处置活动中，应不失时机地从现场人员及受害者、肇事者口中了解有关事故发生的情况，如事故发生的经过、原因、动机、当时的周围情况、人员分布情况，并要求被询问者签名，以便在事故的调查处理中进一步核实。现场询问一般应包括以下内容：

1. 发生事故的单位、地点、时间；

2. 伤害人员的姓名、性别、年龄、文化程度、职业、家庭住址以及家庭成员；

3. 受害人或肇事者的技术状况、接受安全培训教育的情况等；

4. 事发当天，受害人或肇事者开始工作的时间和工作内容、工作量、作业程序、操作时的动作或位置；

5. 受害人或肇事者过去的违章记录、事故记录；

6. 发生事故前设备、设施、人员等情况；

7. 如与危险物品作业有关，应当询问生产、储存、使用的危险物品种类、数量以及有关设计和工艺方面的技术文件、工作指令和规章制度等方面的资料以及执行情况；

8. 当时环境方面的状况，包括照明、湿度、温度、通风、声响、道路以及工作、生活环境中有毒、有害、有爆炸燃烧危险物质的取样分析记录；

9. 事发前个人的健康状态，现场防护措施状况及其有效性，当时现场是否出现过异常情况，如是否曾经发生断电、火灾、爆炸、气体泄露等事故；

10. 事故的肇事者当时的行为举止、言语等情况；

11. 其他可能与事故原因有关的情节或因素；

12. 向发现人、报案人等了解事故发生的时间、部位，是否有可疑人员出入现场；

13. 了解事主的经济、政治和社会关系等情况；

14. 事故发生后，逃生路线、人数、遇到什么障碍、危险、困难，采取的手段等。

## 第三节 事故调查

事故调查是公安机关查清事故情况，依法处置有关人员，维持社会安定的基

本手段。事故调查主要包括：现场勘查、调查访问、物证鉴定等。其目的是寻找物证、发现线索、查清事故的性质和原因，查明肇事者或作案人员以及造成的损失、危害情况，发现和消除隐患、漏洞等。

## 一、事故调查的原则

事故调查要遵循以下要求：

1. 及时性。要求有关部门接到报告后，立即赶赴事故现场，抓紧时机进行事故调查和现场勘查工作。

2. 合法性。要求现场勘查人员以及事故调查人员，必须以法律为准绳，严格遵守国家的法律和政策，一切依法办事。

3. 全面性。要求工作人员在调查访问、现场勘查、事故原因分析等整个过程中，力求全面，把发现的有关事故原因的一切物证痕迹、人证等材料记录下来，并对获得的痕迹物证能科学地正确运用，使物证充分体现出事故原因的内在关系。

4. 计划性。要求工作人员工作要有程序和步骤，除了遵守国家发布的事故调查分析规则外，还要针对具体的事故现场，制定相应的工作计划，认真实施。

5. 客观性。调查人员对灾害事故原因提出的推理判断，都必须是建立在物证、痕迹等证据基础之上，一切具有证实或否定推理判决的证据，都应在调查材料中有客观的反映。一切结论，都必须以客观存在的物质为依据，在任何情况下都不能以主观代替客观，以想当然代替客观存在。

## 二、事故的现场勘查

事故现场是反映事故发生的客观物质基础，也是获取证明事故原因证据的主要场所。事故现场勘查的质量如何，直接关系到事故原因调查的成败。

### （一）事故现场勘查的目的

事故现场勘查的目的是：及时、准确、全面地发现事故痕迹和物证，了解事故发生的真实经过和现象，为迅速查明事故原因、证实事故的责任人或犯罪嫌疑人提供充分的证据。现场勘查需要查明和解决的问题是：

1．事故发生的物质原因；

2．事故的性质，是事故还是破坏；是自然事故、责任事故还是其他事故；

3．分析死伤人员与事故的关系，查明尸体或受伤人员与灾害源之间的距离，生前的姿势、服装等情况；

4．检验事故发生的物质种类，并根据搜集的残留物判断物质作用的方式；

5．根据事故作用的痕迹和破坏范围，推算事故的物质量；

6．综合分析事故物证、痕迹，判定事故发生的真正原因。

### （二）事故现场勘查记录

现场勘查记录包括现场笔录、现场拍照、录像和现场情况图三个部分。

1. 现场勘查笔录。现场勘查笔录是利用文字的形式，客观地记载现场状况和勘查情况的法律文书材料，应该详细地记载勘查所见的主要情况，客观地记载勘查过程。其主要内容包括：

(1) 事故概要。包括事故发生的时间、地点，发现人姓名、住址，发现经过情况，现场保护负责人的姓名、职务等。

(2) 叙述事实。包括现场所在的位置以及周围环境，中心现场勘查所见的情况，与事故有关的残留物和痕迹以及周围所见的异常现象。

(3) 结尾。主要注明提取痕迹、物证的名称、数量、勘查人员和见证人的签名、勘查开始的时间和结束的时间。

2. 现场拍照、录像。在现场勘查过程中，应不失时机地对现场进行照相和录像。工作范围包括：

(1) 现场方位照相。它反映整个事故现场和周围环境，反映中心现场所处的位置和周围物体的关系。

(2) 概览照相。即以整个事故现场或主要部位为主体的照相。

(3) 中心部位照相。即对事故发生点的照相。

(4) 细目照相。即对事故现场上发现的各种痕迹、物证的拍照，用以反映这些痕迹、物证的大小、位置和形态特征等。

3. 绘制现场图。治安灾害事故现场要绘制方位图和局部图。方位图主要包括现场位置和周围的环境。局部图以事故发生点为中心，反映与事故原因有关的其他物体、痕迹和现象的关系。局部图可根据需要绘制局部平面图、局部展开图、局部透视图和局部立体图。现场勘查记录应由专人负责，从进入现场开始至现场勘查结束的基本情况均应反映出来，并由记录人、制图人签字。

### （三）事故现场勘查程序

为了全面、客观地获取治安灾害事故发生的各种证据，准确分清事故的性质和责任，全面掌握事故的情况，应拟订科学的管理措施，以便在事故调查中按照一定的程序进行。

1. 现场调查访问。现场调查访问与先期的询问大同小异，往往贯穿于整个事故调查的全过程。现场访问的主要目的是切实掌握事故发生前后的情况，并与现场勘查所得的情况结合起来，相互印证、相互补充，使事故原因分析更加可靠和准确。

现场调查要依法进行，同时要做好访问或讯问笔录，把被访人所谈的主要情况如实记录下来。包括：被访问人的姓名、性别、年龄、职务、住址、工作单位、访问时间，被访问人反映的具体情况以及所叙述情况的来源、时间、地点等情况。

事故的现场调查访问包括个别访问和集体访问两种。一般说来，个别访问除被访问人以外，不宜有其他人在场，以免泄露和影响被访问人如实陈述。集体访问的形式是召开座谈会，目的是为了搜集与事故有关的材料，发现新线索。

2. 现场概览勘查。现场勘查人员到达现场以后，一般应首先向报告人、发现人、事主、现场保护人员及发案单位负责人等了解事故发生和发现经过的简要情况，然后即可进行现场概览勘查。现场概览勘查和现场访问也可结合起来进行。

事故现场概览勘查的目的是为了弄清事故现场的全貌，为组织事故现场细目勘查做好准备。其一般目的和要求是：合理划定勘查的范围；确定事故中心部位，确定勘查的重点部位；发现危险隐患，采取应急措施，以保证现场勘查人员的安全；组织细目勘查的程序，确定物证、痕迹的重点保护地段。

事故现场概览勘查是在不移动现场任何物品的情况下进行的。参加人员不宜过多，应由现场指挥人员和现场勘查人员等组成，沿现场外围观察现场全貌。如需要进入中心现场，应由痕迹勘查人员领头沿一定的路线进行，对所发现的可疑足迹、爆炸残留物和抛出物等要做出标记，防止被人践踏破坏。然后依据现场的具体情况和条件，再实施细目勘查。

事故现场概览勘查往往包括环境勘查和初步勘查。环境勘查是指现场勘查人员主要观察事故发生地周围的环境，搜集现场外围存在的可疑痕迹和物证，以便判断事故的发生有无外来因素的影响。初步勘查即静态勘查，就是不移动事故现场上的任何物品，从各个不同角度对现场进行认真观察，弄清现场全貌和各种物体之间的相互关系。

3. 现场细目勘查。主要是针对发现的每个疑点和初步认定的事故发生点进行重点勘查。这时可以搬动或处理倒塌的物体、灰烬，深入观察各种痕迹、残留物，分析事故的起因和发展情况，同时提取现场残留物和痕迹，并详细做好名称、地点、数量和时间的记录。

4. 物证搜集。事故现场物证包括以下内容：

（1）残留物。主要提取遗留在现场的肉眼可见的能够反映事故发生原因的各种物品。如爆炸事故的残留物，包括可见的爆炸物品、包装物、引爆物的碎片和爆炸尘土检材，以便检验爆炸的炸药品种、包装和引爆方法；又如中毒事故中的有毒物品残液、微末、中毒人员的呕吐物以及打碎的容器等；枪弹事故中，如弹头、弹壳以及残留的点燃物等。

（2）事故痕迹。主要是指遗留在事故现场的各种划痕、烟痕以及其他印迹等。如对爆炸事故而言，其爆炸痕迹是指炸点痕迹，现场勘查应当测量出爆炸起始痕迹、抛掷痕迹和爆炸产物极限作用痕迹的范围。

(3) 重要抛出物。是指具有物证意义的抛出物，应先原地原状拍照后再提取。

现场搜集到的所有物证，均应装在透明的塑料袋中，并保持原样，不许冲洗擦试。所有物证均需贴上标签，标明提取的地点、时间、方位与距离、提取人的姓名等。对于那些有碍人身健康或有起火、爆炸、毒害、放射等危险的物品，要采取相应的安全措施，也应尽量不损坏原物。对于那些无法提取的事故痕迹，应当用照相、录像、制图等手段进行固定。

(四) 事故的技术鉴定

事故的技术鉴定通常有三种形式：

1. 分析鉴定，包括化学和物理分析鉴定。化学分析鉴定是运用仪器进行化学定量定性分析，分析残留物中是否含有易于引起爆炸、燃烧、中毒、放射的物质及其成分，并测定其性能参量。物理分析鉴定的方法很多，如常用的金相分析法，就是利用金相显微镜对金属组织进行分析，观察金属组织变化有什么不同，应用金相分析方法可以鉴别是否由于电线短路和电热器具引起周围物品发生爆炸或燃烧。

2. 模拟实验。对于某些事故现场以及事故发生原因比较复杂的，往往还要采取模拟实验的方法判定事故发生的真实过程和原因。如爆炸事故现场，往往需要进行模拟实验，以便判定爆炸物品的种类、性能、使用数量、起爆方法、结构原理等。模拟实验应当在条件相同的情况下进行。

3. 直观鉴定。在缺乏分析仪器或无法进行测试分析的条件下，根据现场勘查、现场访问获得的痕迹、物证和人证，经过对各种情况进行观察，按照事物发展的一般规律和经验，进行直观鉴定，为确定事故起因提供依据。直观鉴定要邀请对事故调查有经验的专业技术人员参加，听取各种意见，形成书面鉴定材料，作为认定事故起因的依据。

(五) 事故现场初步研究

事故现场勘查工作基本完成以后，或在每一个阶段后需要组织有关人员当场进行分析和研究，分析事故现场上发现了多少物证和痕迹，确认事故发生的原因和物质，即要初步认定是事故还是破坏案件，搜集的证据是否全面充分，有无矛盾或未解决的问题，调查或勘查的情况是否一致，现场是否需要组织再勘查等。现场研究可以使人们逐步认识事故发生的真实情况，有时要反复研究才能全面认识清楚。因此，事故现场勘查，切忌主观大意、粗枝大叶、先入为主等马虎作风，切不可未经仔细研究就匆匆撤离事故现场。假如这样，一旦发现问题需要再勘查解决时，往往已经失去了良机。所以，一定要在调查分析清楚事故发生的真实原因并搜集到足够的证据之后，才可以处理事故现场。

## 三、事故分析

事故分析就是对现场勘查和调查访问中所获得的痕迹、物证、材料、线索进行客观认真的分析研究，从复杂交错的现象中发现问题，科学地认识这些问题，并在分析研究中去伪存真、去粗取精，得出有关事故性质和原因的正确结论。

### （一）事故分析的主要内容

分析事故是故意制造的还是由于人的过错过失行为引起的；是由于技术知识水平的限制、设备不良造成的还是由于事物本身内在因素受自然界的影响，发生变化而引起的。对于破坏事故，要进一步分析事故制造者是利用了哪些条件接触到被破坏对象的；选择的机会、时间怎样；使用的什么工具、方法和手段；事故制造者要具备哪些专业知识和思想基础；他们是内部人员还是外部人员；是内部人员又可能隐藏在哪些部位等。

### （二）人员逐个排队研究

现场勘查是从物的角度分析研究问题的一种方法，而人员排队则是从人的因素方面分析研究事故的另一种方法。它是指在人为事故中，根据事故发生的具体情况，对有关人员逐个排队、层层过筛，从而突出重点，以发现事故肇事者或事故嫌疑人。由于人员是流动的，在研究某个对象时，首先要认真分析其与事故现场的接触时间、部位，看他是否具有作案条件；其次要分析其有无作案的动机、知识、能力、手段、工具等条件。通过人员排队可以逐步缩小嫌疑范围，最后突出重点嫌疑对象。

人员排队分析法的可靠性取决于对上述情况了解的真实程度。如果调查不实，得到的结论必然是错误的。所以在进行人员排队时，要反复、细致地核对上述基本情况。排查出了重点嫌疑对象，并不等于找到了肇事者或破坏人，而是要围绕重点嫌疑对象，进一步获取充分的证据材料，才能认定事故的责任者或破坏者。

### （三）事故性质的认定

事故性质的认定是在对事故进行认真、仔细的调查研究，在获取大量、充分的人证、物证、痕迹的基础上进行的。事故性质认定的正确与否是正确处理事故的前提，因此，必须严肃、谨慎对待。

事故性质的认定需要严格掌握以下几个界限：

1. 罪与非罪的界限。掌握罪与非罪的界限是个原则问题，要严格按照刑法有关犯罪的构成要件和每一起事故的具体情况，认真分析。构成犯罪的，要严格区分不同的罪名；没有构成犯罪的，要按照有关行政法规进行处理。

掌握罪与非罪的界限，需要考虑以下三个方面的情况：一是情节是否严重。因为无论是破坏事故还是责任事故，情节是必须加以考虑的重要因素之一。二是损失是否严重。以造成的直接经济损失作为衡量是否构成犯罪的标准，是我国处理和事故有关的案件的重要原则之一，特别是对于重大责任事故，衡量标准之一就是直接经济损失。所谓直接经济损失是指因事故造成的人身伤亡和善后处理支出的费用以及损坏财产的实际价值。三是分清刑事处罚与治安处罚之间的界限。

2. 直接责任与间接责任的界限。区分直接责任与间接责任应该注意以下几点：

一是分清法定的规章制度规定的职责范围与不是法定的职责范围的界限。法定的规章制度包括中央政府和地方政府公布的各种法规、条例，各级主管部门制定的各项规章制度，以及各工矿企业制定的各项规程和安全责任制中所确定的每个人的职责范围。不履行或不正确履行这些职责而造成重大损失的应负直接责任；不是规章制度所要求的职责范围，没有特定的义务和职责，其行为与事故后果没有直接关系的是间接责任。

二是分清领导者与被领导者的责任。领导者不调查研究，主观臆断、滥用职权造成重大损失的，由领导者负直接责任，被领导者在执行领导的指示、命令过程中发现错误而提出纠正意见，因领导者未采纳而造成损失的，被领导者负间接责任；如果领导者的错误决策加上具体实施者不折不扣地执行而造成重大损失的，要根据具体情况区别对待；如果具体实施者的行为是在自己的职责范围内可以预见，或应当预见到会产生严重后果而轻信能够避免，或抱着不负责任的态度，则领导者与实施者都应负直接责任。

三是由集体讨论决定的事情在具体实施过程中造成严重损失的，主要决策者应负直接责任，其他人负间接责任。

3. 破坏事故与责任事故的界限。破坏事故与责任事故区别的主要标志是破坏事故的行为人在主观上属于故意，有特定的动机和目的，而责任事故的行为人在主观上属于过失。故意和过失在行为人的主观上恶性程度不同，因而处理的轻重也不同。在责任事故中要分清楚一般责任事故和重大责任事故，它们都是由于过失行为引起的，但它们所造成的后果与影响不同，因而处理的方法也不同。只有造成严重后果的才构成重大责任事故犯罪，没有造成严重后果的一般责任事故，可按情节轻重进行批评教育或给予行政纪律处分。

4. 责任事故与技术事故的界限。技术事故在主观上既不是故意也不是过失，往往表现为对事故的原因和后果不能预见或不可抗拒，或在当时的情况下无法制止事故危害结果的发生。而责任事故则在主观上属于疏忽大意，应当预见而没有预见，或过于自信，轻信事故能够避免。根据我国刑法的规定，对技术事故一般不追究行为人的法律责任。关于应当预见和不能预见的区别标准，应当坚持主观与客观相一致的原则，既要考虑行为人的知识水平、技术状况、工作经验以及担负的工作职责等主观方面的情况，也要考虑事故发生的客观条件和环境，将主观、客观方面的情况综合起来，对具体问题具体分析。

## 第四节　事故处理

事故处理是事故调查过程的继续，其目的是为了打击犯罪、维护法律的尊严，同时通过事故处理教育事故责任者和广大的职工群众，从而使广大职工群众自觉地遵守国家规定的有关劳动保护、安全生产法规，杜绝有法不依、违章指挥和作业的现象，防止类似事故再次发生。在我国的《刑法》、《治安管理处罚条例》、国务院颁发的《特别重大事故调查程序暂行规定》、《企业职工伤亡事故报告和处理规定》，以及有关部门发布实行的有关安全生产、预防事故的各种法规和规范性文件中，都有对事故责任者进行依法处理的规定。事故的处理必须认真按照有关规定严格执行。

### 一、处罚事故肇事者和责任人

在弄清事故性质、分清事故责任的基础上，对事故的肇事者、责任者要根据事故的性质、情节、损失大小，依照国家法律、法规和政策严肃处理。

对于以泄愤报复、破坏或其他个人目的而制造破坏事故的犯罪分子，除情节显著轻微可以不追究刑事责任外，对造成人民生命财产损失和严重社会影响的，应追究刑事责任。对于重大责任事故的直接责任人、间接责任人和负有一定责任的领导人，应根据具体情况，严肃认真地、实事求是地作出处理。凡是触犯刑法的，应按重大责任事故罪追究刑事责任。不够刑事处罚的应由有关部门给予适当的治安处罚、经济处罚或行政处罚。

#### （一）事故责任的种类

按照事故责任者在事故发生过程中所负责任的不同，事故责任可以分为以下几类：

1. 直接责任。直接责任是指责任者的行为对事故的发生起了决定性的作用，其行为与所造成的损失之间存在着内在的、必然的本质联系。如违反安全生产和操作规程的有关规章制度，造成事故的行为。如：违反劳动纪律、违章冒险作业、擅自开动机器设备造成事故后果的行为；破坏生产设施、用危险方法制造事故的行为等。

2. 间接责任。间接责任是指责任者的行为对事故的发生不起决定作用，其行为与结果之间只存在一定的间接关系，这种关系处于被动的、受支配的地位。

3. 领导责任。事故的责任者对事故的发生负领导责任。按照所负责任的大小和轻重，领导责任一般还可分为直接领导责任、重要领导责任与一般领导责任三种。直接领导责任是指在法定范围内对其直接主管的工作不负责任，不履行或不正确履行自己的职责，对造成的损失应负主要责任的情形；重要领导责任是指在法定范围内对自己应管的工作或应由其参与决定的工作不履行或不正确履行自己的职责，对造成的损失应负次要责任的情形；一般领导责任是指对下属单位存在的重大问题失察或发现后纠正不力以致发生重大事故，对造成的损失应负一定领导责任的情形。

（二）处罚种类

对事故责任者的处罚一般分为以下几种：

1. 刑事处罚。对事故责任者的行为已经构成犯罪的，应依法追究刑事责任。

2. 治安行政处罚。在《中华人民共和国治安管理处罚条例》中，规定了一些与事故有关，但不够刑事处罚，需要进行治安处罚的行为。如违反危险物品管理规定，生产、运输、储存、使用危险物品，尚未造成严重后果的行为；违反交通管理的行为等。

3. 经济处罚。对违反安全管理法规的单位和个人进行经济处罚是对事故责任者进行依法处理的手段之一。在我国有关安全管理法规或事故处理的规定中，都有经济处罚的明确规定：一些行业和地方的法规和规章中有关安全管理的规定，也有经济处罚的条款。如在我国的劳动保护法规中明确规定，由于企业领导者违章指挥造成死亡、重伤和急性中毒事故的，要对企业加重罚款。

4. 其他行政处罚与行政处分。实施其他行政处罚是指其他国家行政主管机关依法对违反行政管理法规的单位和个人给予的行政制裁。对事故的其他行政处罚主要是劳动保护监察机构对违反劳动法规造成重大责任事故的单位或领导者实施的处罚；行政处分是指行政主管部门对所属的工作人员违反劳动保护法规、规章制度的行为而给予的行政惩戒。

**二、教育群众、强化安全意识**

查处事故时，应当适时召开职工大会，公布事故情况，总结经验教训，以引起大家对安全工作以及预防治安灾害事故的重视。通常事故多发的原因是由于部分职工或公民预防事故的安全意识比较淡薄，具体表现为：一是对自身的行为采取不负责任的态度；二是无知，缺乏对事故防范的一般性常识和发生后的自我保护常识。为此，需要广泛地进行安全教育，教育广大职工群众增强工作责任感，以高度负责的精神自觉遵章守纪，让广大职工群众知道预防事故不仅是保证我国经济建设顺利进行的一项重要工作，也是减少自身生存危害的需要。

与此同时，要强化监督检查职能，使事故隐患能够切实得到及时整改。安全检查需要与有效监督结合起来，才能发挥安全检查的作用。漠视安全检查监督，不能及时整改重大事故隐患目前已成为我国治安灾害事故发生的原因之一。

**三、做好伤残人员和死难者家属的安抚工作**

事故的发生，往往会造成人员的伤亡和财产的重大损失。面临这些问题，事故领导小组要及时组织力量，成立事故善后处理小组，专门处理伤亡者家属的安抚工作。参加人员可从党、政、工、团等干部中，抽出一些有威望、有经验、懂技术、有责任心的人员参加。

（一）做好伤残人员的安抚工作

因事故造成的伤残人员，有关部门和领导要前往医院或家中探望，进行慰问。对他们的医疗费、护理费、治疗期间的工资等问题要严格按照国家规定予以解决。对经济比较困难和需要单位照顾的，应当在权限范围内给予适当的倾斜，使他们安心养伤，早日恢复健康。

（二）做好死难者家属的工作

死难者家属因亲人死亡，不仅在精神上造成极大的痛苦，而且还会给生活带来困难。因此，首先要会同有关部门做好劝导工作，防止发生其他意外事件，影响正常的工作、生活秩序；其次，在生活上要按照国家的有关规定进行抚恤，使他们在心理上得到一定的补偿和安慰。对尸体处理问题，要做好家属工作，及早予以火化。

对家属提出的一些不合理要求，应耐心地向他们做解释工作，求得家属的谅解。由于死难家属的情绪往往比较激动，有时可能会做出一些越轨行为，这就要求负责善后处理工作的人员要具有耐心和较高的修养，要设身处地地理解他们的心情，站在同样的立场上，进行劝导安慰。即使发生一些违法的过火行为，一般也应等待事态平息后再行处理，决不能激化矛盾，使善后处理工作复杂化。

**四、做好事故管理工作**

事故管理工作包括事故统计和事故档案管理两部分。通过事故统计不但可以了解情况、发现规律、加强宏观管理，也可以通过事故统计预测事故未来的发展趋势，为指导预防工作、科学决策提供依据。对于事故调查过程中形成的所有原始资料，应当逐个建立相应的档案，以便日后备查。借助于事故档案，可以进行安全教育，使人们提高对事故预防工作的认识，同时它对于掌握事故发生的规律、制定预防措施都具有十分重要的参考价值。事故管理是一项严肃的工作，要求及时、准确、全面，决不允许弄虚作假，只有这样才能客观地反映实际情况。

# 第十四章　社会治安综合治理

## 第一节　社会治安综合治理的概念及其历史发展

### 一、社会治安综合治理的概念

#### （一）社会治安综合治理的概念和基本内容

社会治安综合治理是在各级党委和政府的领导下，充分发挥公安司法机关的职能作用，广泛组织社会各方面的力量，依靠广大人民群众，运用政治的、经济的、行政的、教育的、文化的、法律的等各种手段，预防和惩罚违法犯罪行为，预防处置治安事件和治安事故，教育改造违法犯罪人员，逐步限制和消除产生违法犯罪的土壤和条件，建立良好稳定的社会秩序，保障经济建设和改革开放的顺利进行，保护人民安居乐业，维护国家的长治久安。

社会治安综合治理是我们党和国家在新的历史时期，坚持马列主义同我国政法实践相结合，正确分析和估量我国现阶段阶级斗争和社会治安出现的新情况和新问题，科学地总结了我国社会治安工作的实践经验，适应现代化建设的客观要求而作出的重大治安决策。它是我们党和国家动员全社会力量，争取社会治安根本好转，实现我国社会长治久安，具有我国特色，带有长期战略性的方针，是我国建设社会主义精神文明和社会主义物质文明的重要保证。

社会治安综合治理的基本内容是：第一，综合治理方针实施的领导力量是各级党委和政府。它们以集中统一的领导，保证广泛的社会力量综合于治理社会治安这个目标上。第二，综合治理方针的实施力量，既要发挥公、检、法、司、安等专门机关的骨干作用、职能作用，又要发挥各部门、各系统、各团体、各种群众组织以及广大人民群众的积极作用。第三，综合治理的手段和措施具有多样性。既有政治的、思想的、文化教育方面的手段和措施，又有经济的、行政的、法律方面的手段；既有打击犯罪方面的手段和措施，又有防范方面的手段和措施。第四，综合治理的目标也是综合性的。既要使已发生的违法犯罪行为受到打击和制裁；又要防范一切可能的治安危害的发生；同时力求减少社会上产生犯罪的条件，带动社会的改造。

总之，社会治安综合治理方针，在依靠力量上、采取的手段上、工作对象上、目标效益上都是带有综合性的。社会治安综合治理方针的实施要求构成一个制裁违法犯罪、净化社会、教育人、挽救人、改造人的社会工程。

(二) 社会治安综合治理概念的外延

从维护社会治安的角度来看，综合治理的主要问题是社会治安问题，而不是别的什么问题。综合治理的对象范围是与社会治安的工作对象范围相对应的，而且是由社会治安工作范围界定的。因此，社会治安的外延有多大，社会治安综合治理概念的处延就相应的有多大，它的外延应包括社会治安工作对象的全部（即包括社会犯罪、社会违法和治安事件、治安事故等问题）。但是不能把综合治理的处延不适当的扩大甚至片面地把“组织全社会参加社会治安综合治理”，同“综合治理全社会”相提并论。

(三) 社会治安综合治理概念的内涵

在我国，对社会治安实行综合治理，就是把社会犯罪现象放在社会发展的过程中来考察和认识；针对社会违法犯罪的实际情况，制定政策，区别对待，把惩办与宽大结合起来，把打击与预防结合起来，惩罚管制与劳动生产、思想改造结合起来，实行专门机关与群众结合，治标与治本结合；充分发挥社会主义制度的优势，组织社会各方面的力量采取多种手段和措施，有组织、有计划的防治社会违法犯罪，解决社会治安问题。因此，社会治安综合治理的内涵应该是：社会治安综合治理，是在党委和政府领导下，发挥社会主义制度优势，使专门机关与全社会结成一体，及时对违法犯罪等社会治安问题进行多角度、多层次、多手段的防治活动，这是一项教育人、挽救人、改造人，维护国家长治久安的社会系统工程。

经过十多年的实践，我们明确了社会治安综合治理方针的内涵应当包括三个基本问题：一是社会治安综合治理所要解决的主要问题，是违法犯罪问题和其他危害社会公共秩序问题，即主要是围绕着打击和预防违法犯罪这一影响社会治安的基本问题而开展工作的；二是正确处理打击违法犯罪与社会治安综合治理其他措施之间、民主与专政之间、惩罚违法犯罪与预防违法犯罪之间的关系；三是社会治安综合治理是一项教育人、挽救人、改造人的社会工程，必须在党委和政府的统一领导下依靠全社会长期不懈的努力。

## 二、社会治安综合治理方针的形成和发展

(一) 社会治安综合治理方针思想的形成

社会治安综合治理方针的形成不是偶然的。它是不断地总结治安工作的实践经验，并在实践中发展、丰富、完善而形成的。它经历了一个较长的过程和阶

段，首先是经过了综合治理思想逐步形成阶段，然后是综合治理方针的提出、确立阶段。

1. 综合治理思想形成的基础。综合治理的思想是对我国公安工作走群众路线在新的历史时期的丰富和发展。我们党在建国初期，一方面抓紧经济建设，一方面在加强政权建设的同时，充分发挥政权的力量，坚定不移地依靠广大人民群众，向敌对阶级、刑事犯罪分子展开了一系列的斗争，创造和积累了一些经验。我们党不断在斗争中总结经验，将一些行之有效的经验上升为方针、政策，在维护社会治安中加以推广和运用。如人民民主专政的理论，正确处理两类不同性质矛盾的理论，无产阶级改造人、改造社会的理论，惩办与宽大相结合的政策，“改造第一，生产第二”的劳改方针，党委领导下的政法专门机关与广大群众相结合的群众路线等。

我国公安机关长期坚持的党委领导下的群众路线的工作原则和专门机关与广大人民群众相结合的工作方针，形成了独具特色的公安工作优良传统。其中包含着依靠社会力量解决社会治安问题的精神。早在 1951 年 5 月，党中央在镇压反革命运动的工作路线中，就强调要党委领导，全党动手，动员全社会的各个方面，肃清了百万计的残余反革命分子，一举扫除了旧社会的各种丑恶现象，荡涤了污泥浊水，达到了天下大治，在全国范围进入了社会治安的良好时期。以后，党中央提出了依靠人民群众实行专政的方针，依靠社会力量改造反革命分子和犯罪分子成为新人。这些各方面依靠社会力量解决社会治安问题的成功实践，为我国综合地依靠社会力量解决治安问题积累了宝贵的经验。

从建国初期到“文化大革命”前的 17 年，我国的社会治安管理工作始终是在党和政府的领导下进行的，工作的重点始终放在依靠广大人民群众的力量上，在同违法犯罪的斗争中，始终坚持专门工作与群众工作相结合、打击犯罪与预防犯罪相结合、惩办与教育相结合的方针。在我国治理社会治安实践中这些行之有效的历史经验，为社会治安综合治理方针的形成提供了科学的思想基础和宝贵的实践经验。

2. 综合治理方针形成的背景。党的十一届三中全会以后，我国进入了一个新的历史发展时期，党和国家工作着重点已经转移到经济建设上来，大规模急风暴雨式的阶级斗争已经基本结束。在新的历史条件下，犯罪的主体、预防犯罪的措施、犯罪形成的主客观原因等都出现了新的变化。如青少年违法犯罪突出等。这些新形势下违法犯罪的新情况以及带来的一系列新问题，需要有新的观念、新的方针去认识和处理，社会治安综合治理，就是为了解决这些问题而被提出来的。它既是政法专门机关与群众路线相结合原则的继承，又是对这一原则的发展。

3. 综合治理方针思想的形成。十年动乱结束后，刑事犯罪尤其是青少年违法犯罪的情况相当严重，成为危害社会安定的突出问题。鉴于刑事犯罪尤其是青少年犯罪以至整个社会治安问题形成的原因，是极其复杂的，既有历史的、现实的、社会的原因，也有政治、经济、文化教育的原因，而且这些问题也不是哪一个部门或那几个部门在短期内所能完全解决的。因此，1979 年 6 月，中共中央宣传部等八个单位联合向党中央写了《关于提请全党重视解决青少年违法犯罪问题的报告》。中共中央于 8 月批转了这个报告，并为此向全党强调指出：青少年是我们的希望，是我们的未来；按照德育、智育、体育全面发展的要求，把我国青少年培养成为有社会主义觉悟的、有文化的劳动者，这是全党和全国各族人民的共同任务；这个工作的好坏，不仅关系到安定团结政治局面的长期巩固，关系到社会主义现代化建设的全面发展，而且直接影响着新的一代人的成长，关系到我们党和国家的前途，关系到我们民族的兴衰。报告中强调指出：对于当前青少年犯罪问题的严重性要有充分的估计。应当引起全党特别是各级党委领导同志的高度重视和深切的关注。要求必须实行党委领导，全党动员，书记动手，依靠学校、工厂、机关、部队、街道、农村社队等城乡基层组织和全社会的力量来加强对青少年的教育。要求在党委领导下，把宣传、教育、劳动、公安、文化等部门，以及工会、共青团、妇联等各方面的力量统一组织起来，通力合作，着眼于预防、教育、挽救和改造，积极解决青少年违法犯罪问题。同时也指出，对极少数严重刑事犯罪分子必须依法予以惩办。在这个文件里虽然还未正式使用社会治安综合治理的概念，但是通篇贯穿了社会治安综合治理的思想，全面阐述了社会治安综合治理的基本内容。可以说，1979 年 8 月中共中央转发中共中央宣传部等八个单位《关于提请全党重视解决青少年违法犯罪问题的报告》的通知，标志着我国社会治安综合治理方针思想的形成。

### （二）社会治安综合治理方针的提出和发展

1981 年 5 月，中央召开了北京、天津、上海、广州、武汉五大城市治安座谈会。会议讨论了当时整顿治安的任务、政策和措施，会后中央转发了《会议纪要》，明确指出，"争取社会治安根本好转，必须各级党委来抓，全党动手，实行全面'综合治理'，首要的任务是搞好党风，并从政治、经济、教育、文化等各方面加强工作，才能克服社会上的歪风邪气，大大减少犯罪，建设良好的社会秩序"。"对于极少数杀人犯、放火犯、抢劫犯、强奸犯、爆炸犯以及其他严重危害社会的犯罪分子继续坚决地依法从严、从快惩处；对于大量的有轻微违法行为的人，既不判罪劳改，也不送去劳教，而是要依靠全党，依靠社会力量，加紧进行教育、感化、挽救工作，预防犯罪；对于一部分现行刑事犯，分别情节轻重，区别对待，该劳教的劳教，该逮捕的逮捕，该判刑的判刑。"这不仅对解决社会治安问题实行综合治理的重要性、必要性作了原则性的表述，而且第一次明确提出了“综合治理”是解决社会治安问题、实行长治久安的方针。这样就把综合治理的方针推进到全面确定的新阶段。

1982年1月党中央在《中共中央关于加强政法工作的指示》中，再一次肯定和强调了“必须加强党的领导，全党动手，认真落实‘综合治理’的方针，在整顿治安中，各级党委要加强领导，把维护良好的社会秩序看成是建设社会主义精神文明的一个重要方面，把各条战线、各个方面、各个部门的力量组织起来，采取思想的、政治的、经济的、行政的、法律的各种措施和多种方式，推广适合各种情况的安全保卫责任制，把‘综合治理’真正落实到各方面”。从此综合治理的方针在党中央的文件里进一步明确地规定下来了。

1982年8月12日，中共中央批转的《全国政法工作会议纪要》中，又提出了综合治理的各项要求，提出“整顿治安必须实行‘综合治理’，政法各部门要在党委的统一领导下，充分发挥自己的职能作用，同各个部门、各单位一起，把各方面的力量组织起来，发动广大干部、群众，共同维护好社会治安。‘综合治理’的关键，除加强政法队伍的工作外，各部门、各单位都要建立治安保卫责任制，把责任落实到部门、单位和个人；并把这种责任制，同生产责任制、同干部职工的考核、奖惩制度结合起来。”“综合治理的基础，是加强基层组织和基层工作”。

1983年9月2日，全国人大常委会作出了《关于严惩严重危害社会治安犯罪分子的决定》。中共中央公安厅《关于印发“严厉打击刑事犯罪活动，实现社会治安根本好转”(宣传纲要)》的通知中指出：综合治理包括很多内容。但是，运用专政手段，依法严惩严重刑事犯罪分子，是综合治理中首要的一条，采取坚决打击的办法，再辅之以其他方法，才能收到综合治理的效果。

1985年10月中共中央发出《关于进一步加强青少年教育，预防青少年违法犯罪》的通知。在通知中提出了综合治理的十项重要措施，反映出中央对社会治安综合治理方针的认识，更加深刻、更加全面了。

1986年2月全国政法工作会议明确指出，近几年的实践证明，社会治安的综合治理，实质上就是一项教育人、挽救人、改造人的“系统工程”，要做好这项工作，根本的方法是走群众路线，不能只靠哪一个部门，而是要靠全党全社会；不能只用哪一种方法，而是要用千百种方法；不能只抓一阵子，而是要长期坚持。各级党委和政府要进一步加强对社会治安综合治理的领导，把它列为精神文明建设的重要内容之一。

1991年1月，党中央在烟台召开了全国社会治安综合治理工作会议。会议总结了过去十年来开展社会治安综合治理工作的成绩和经验，明确了今后的方针与任务。随后，中共中央、国务院和全国人大常委会，分别作出了《关于加强社会治安综合治理的决定》，《决定》充分阐述了社会治安综合治理的必要性和重要意义，提出了社会治安综合治理的基本任务、要求、目标、指导思想和工作范围、工作方法及一系列基本原则。对社会治安综合治理方针的实质、内容和手段、措施，作出了科学的比较完整的概括。1991 年 3 月又成立了“中央社会治安综合治理委员会”，全国各省、自治区、直辖市也相继成立了相应的组织，形成了一个科学的、严密的工作体系，标志着社会治安综合治理方针更加充实、更加完善。

## 第二节　社会治安综合治理的范围和手段

### 一、社会治安综合治理的范围

社会治安综合治理的范围主要包括：打击、防范、教育、管理、建设、改造六个方面。

（一）打击

打击是综合治理的首要环节，是落实综合治理其他措施的前提条件。通过打击，可以发挥震慑的威力，狠煞严重犯罪分子的凶焰，有力地遏制严重刑事犯罪，解决对社会治安危害最突出的问题；可以为采取综合治理的其他措施创造必要的社会条件。为此，必须长期坚持依法从重从快严厉打击严重危害社会治安的刑事犯罪活动；坚持长期除“六害”（包括卖淫嫖娼；制作、贩卖、传播淫秽物品；私种、吸食、贩卖毒品；聚众赌博；封建迷信活动；拐卖妇女儿童共六类，简称六害，也称社会丑恶现象），随时发现随时取缔，任何时候都不能有丝毫放松。必要时，在全国范围或较大地区开展对严重刑事犯罪活动集中统一的打击和专项斗争。

（二）防范

大力加强防范工作，是减少各种违法犯罪活动和维护社会治安秩序的积极措施。应对广大社会成员进行治安形势和违法犯罪发展趋势的教育，提高群众的防范意识，加强思想政治工作，广泛发动和组织群众，采取各种防范措施，消除不安定因素和不安全隐患。在社会各个方面健全治安防范制度，加强预防设施的建设、检查，堵塞各种治安漏洞。特别是要大力疏导调解各种社会矛盾和民间纠纷，正确处理人民内部矛盾，避免矛盾激化。加强城镇居民楼院的安全防范设施，并纳入城市建设规划。广泛组织职工、群众积极协助公安机关，加强城乡治安联防，健全群防群治机制，并充分发挥民兵维护社会治安的作用。大中城市和沿海沿边地区要组织军、警、民联防。在加强管理的前提下发挥保安服务公司的作用。群防群治队伍可以是义务的，也可以是有偿服务的。对有偿服务的，要坚持自愿、受益、适度、资金定向使用的原则，对敢于同违法犯罪作斗争的人，应给予表彰和奖励。建立“见义勇为奖励基金会”。对人民群众同违法犯罪分子斗争中依法采取的正当防卫，司法机关应坚持给予支持和保护。积极建立预警机制，通过治安信息的收集与分析，不断提高对治安危害的预见性，加强超前控制。对可能发展成为治安危害的人、事、物提前进行有效的控制。

（三）教育

根本的问题在于加强教育，特别是要加强对青少年的教育，这是维护社会治安的战略性措施。同违法犯罪现象作斗争，最直接有效的措施是树立健康的、进步的意识。克服消极的、腐朽的、反动的思想意识。这个思想战线的胜负对治安有决定性影响。而防治治安危害的社会教育是多层次的。

1. 各部门、各单位都要认真进行坚持四项基本原则和反对资产阶级自由化教育，持续开展“五爱”教育和“四有”教育，反对极端个人主义和无政府主义。要在全体公民中继续广泛深入、扎扎实实地开展普法教育和各种形式的法制宣传教育，进一步提高全民的法律意识，增强护法、守法观念。普遍进行道德纪律教育，使广大的社会成员打下良好的思想基础。

2. 为防范治安危害进行有针对性的教育，对可以酿成违法犯罪、治安事件、治安事故的因素有重点的开展思想教育工作。

3. 对造成治安危害的有关人，在执法过程中进行教育工作。

4. 制裁后的教育管理工作，如对刑满释放、解除劳教或少年管教及执行治安处罚以后的人员的帮教工作，使他们记取教训，不再重犯。

宣传、文化、艺术、影视、出版部门和单位应把社会效益放在第一位，多出健康有益的精神产品，剔除文化垃圾、占领思想阵地。共青团、工会、妇联要与单位、街道（乡、村）、学校、家庭密切结合，加强对青少年的政治思想教育，尤其要做好后进青少年、轻微违法犯罪青少年的教育挽救工作。基层党组织和公安派出所要落实对刑满释放、解除劳教人员的帮教安置工作。促使消极的、破坏的因素转化为积极的、健康的因素。

（四）管理

加强各方面的行政管理工作，是堵塞犯罪空隙、减少社会治安问题、建立良好社会秩序的重要手段。依法对社会治安进行治理，最经常、最普遍的工作是治安行政管理。它是直接维护社会治安秩序的基础工作。通过管理堵塞漏洞，发现违法犯罪，提高公民的治安意识，健全治安管理制度，建立良好的社会治安秩序。必须坚持依法管理、严格管理、科学管理、文明管理，同时努力发展群众的自治管理。特别是要加强对流动人口、旅店、废旧物品回收点、舞厅、录像放映点等特种行业的管理，文化市场和出版物的管理，集贸市场的管理和金库、重要物资仓库等要害部门的管理。除了治安行政管理外，抓好其他方面的行政管理，也可以大量地减少社会治安问题的发生。

（五）建设

加强有关综合治理的思想建设、组织建设、规范建设，是落实综合治理的关键。所谓治理，重要的一条是建设，这是社会治安综合治理工程的一项积极措施。因此，应当边治边建，治中有建，要重视综合治理意识的建设，使全社会、特别使有关的各级领导，用科学的综合治理的理论与知识武装起来，还要加强综合治理的组织机构的建设，使综合治理的各项措施落实到基层，落实到群众中去。要加强综合治理的规范建设，建立和健全各种治安防范制度，特别是要普遍推行各种形式的综合治理责任制，建立和健全综合治理的法律、规章、制度的体系。综合治理社会工程的建设是一项长期任务，必须有长期规划，坚持不懈的进行。

（六）改造

对违法犯罪分子的改造工作，是教育人、挽救人和防止重犯的特殊预防工作。劳动改造和劳动教养机关要坚持“改造第一，生产第二”和“教育、感化、挽救”的方针，进一步提高改造质量。要继续改造工作的“向前、向外、向后延伸”，动员全社会都来参与支持改造工作。劳动部门要按照国家介绍就业、自愿组织起来就业和自谋职业相结合的就业方针，积极妥善地安排刑满释放、解除劳教人员就业。企事业单位在招工时，对刑满释放、解除劳教人员应与城镇待业人员一视同仁，不得歧视。

上述六个方面的工作环环紧扣，相辅相成，缺一不可，不能有所偏废。总之，要坚持打防并举、标本兼治、重在治本的原则，切实落实综合治理的各项措施。

## 二、社会治安综合治理的手段

### （一）社会治安综合治理采用多种手段的必要性

1．社会治安综合治理要采取多种手段。社会治安问题是社会上各种矛盾的综合表现，违法犯罪是一种复杂的社会现象。犯罪的发生、存在和变化都具有社会性、综合性。因此，解决社会治安问题就必须要采取综合的措施，必须依靠全社会的力量，采取多种手段。

2．社会治安综合治理的任务和手段关系。世界上任何事物都是内容与形式的统一，任何工作都是任务和方法的统一。综合治理是一项使社会治安根本好转，实现国家长治久安的战略任务，就必须有与之相适应的各种方法和手段，否则其任务是不可能实现的。根据综合治理所要解决的是社会治安“综合症”的问题，必须采取多种方法手段，这就是政治的、思想的、经济的、文化的、教育的、行政的、法律的等手段。这些方法结合起来运用，相互渗透，才能收到良好的效果。任何事物都是具体的，都有其矛盾的特殊性，社会治安综合治理问题也有其固有的特点，解决这个问题也必须具体问题具体分析，有其具体的方法和手段。就综合治理的各个不同工作方面和工作层次来说，由于有其矛盾的特殊性，因此也应该有其不同的方法和手段。总之，社会治安综合治理不同工作阶段、工作层次的手段也是不同的。为此，必须重视对综合治理工作各种不同手段的研究，以便更好地更有效更有针对性地应用这些手段，完成社会治安综合治理的工作任务。我国在社会治安综合治理的实践中已经创造出一整套适合中国国情的具有中国社会主义特色的方法和经验。社会治安综合治理是一项长期的战略任务，随着我国社会主义现代化建设事业的发展，随着社会治安形势的变化，其治理的方法手段将会在不同时期有不同的侧重点，人民群众在综合治理中还会创造出更多、更好的方法和经验。

（二）社会治安综合治理的主要手段

1. 综合治理的政治手段。综合治理的政治手段的涵义是：通过党和政府的政治活动，包括制定方针、政策、提出要求等，来推动社会治安综合治理工作。政治手段包括直接作用于社会治安综合治理工作的方面，也包括间接作用于社会治安综合治理工作的方面。

(1) 直接作用于社会治安综合治理的政治手段。主要是指党委和政府对社会治安综合治理工作的领导。它包括：确定社会治安综合治理在社会生活中的重要地位；要求全党动手，全社会动员，运用各种手段对社会治安进行综合治理；明确综合治理工作的基本任务和目的；确定综合治理各项具体工作的方针、政策；根据不同时期的不同情况对综合治理工作进行部署。

(2) 间接作用于社会治安综合治理的政治手段。主要是指：坚持四项基本原则，反对资产阶级自由化；坚持改革、开放、搞活的总政策；党风和社会风气的影响。

2. 综合治理的思想手段。综合治理从根本上来说是为了教育人、挽救人、改造人。因此充分运用思想手段，是社会治安综合治理的重要方面。综合治理的思想手段应包括三个方面的内容：

(1) 大力推行以共产主义思想为核心的思想建设。

(2) 建设好一支精干的思想政治工作队伍。

(3) 注意思想工作的方式和方法。

3. 综合治理的经济手段。社会治安综合治理的经济手段有广义和狭义之分。

从广义上讲，就是大力发展生产力，提高整个社会的物质文明水平。这是社会治安综合治理的根本手段之一。也是社会治安综合治理要达到的根本目的之一。社会主义阶段的最根本任务就是发展社会生产力，把物质文明建设好，就会进一步体现社会主义制度的优越性，就会使社会的安定有一个可靠的物质条件，当然会大大促进社会治安综合治理工作的进展。

从狭义上讲，综合治理的经济手段是指国家、政府、社会、企事业、人民团体等运用经济奖励、制裁和处罚的方法，落实综合治理的各项措施，保证综合治理的实施和完成。运用经济手段促进社会治安综合治理的落实，主要的办法是把治安保卫责任制同经济利益结合起来。使每个单位、每个职工都关心综合治理工作，使综合治理工作的群众基础更扎实，工作进一步落实到实处。总之，运用经济手段使社会治安综合治理工作的责、权、利更好地结合起来，有利于综合治理措施的落实。

4．综合治理的文化手段。综合治理的文化手段是指通过科学、文化、艺术、新闻出版、广播电视、卫生体育等各项文化事业的发展，提高人民群众的文化素质和思想道德水平的途径来完成综合治理的任务。

文化手段一方面是通过各级各类学校对群众，特别是对青少年进行文化知识教育，提高群众的科学文化水平，使群众摆脱愚昧。提高群众的科学文化水平，是提高群众思想觉悟的一项基础工作，当然也是加强社会治安综合治理的一项重要手段。

文化手段的另一方面是通过各种健康的积极的文化状态对群众特别是青少年施加影响。健康的积极的文化状态会影响人们遵纪守法，遵守社会主义道德，形成良好的思想品质。而不良的文化影响往往是人们违法犯罪的重要诱因。

5．综合治理的教育手段。社会治安综合治理的根本问题在于教育人、改造人、提高人的素质。教育人、改造人是一项极其复杂的系统工程，它在内容上包括政治思想教育、道德教育、法制教育和特殊教育；在环节上包括家庭教育、学校教育、成人教育、违法犯罪人员的再教育；在形式上包括课堂教育、实践教育、社会教育、改造教育和“二劳一少”人员返回社会的接茬教育。无论采用哪种教育形式、教育内容和教育环节，其目的就是提高全民思想文化素质、增强法制观念，鼓励群众自觉维护社会秩序，同违法犯罪行为作斗争。这是因为教育人、改造人的工作关系到健康的社会思想、观念的建立，良好的社会道德、社会风气的树立，科学的生活方式和严格的社会行为规范的确立。因此，它是社会治安综合治理的一项根本手段。

6．综合治理的行政手段。综合治理的行政手段是指通过行政管理加强对社会治安的治理。它既包括对人的管理，也包括对物的管理，对社会活动的管理；

既包括社会面上的治安管理，也包括单位内部的治安秩序管理。由于行政手段由行政部门和单位采取，因此它具有一定的强制性。

当前各种行政法规正在逐步建立和完善，充分运用行政法规来依法进行行政管理已成为社会治安综合治理行政手段的重要内容，因此加强行政法规的宣传教育工作十分重要，这是整个社会生活走上法制轨道的重要环节，必须予以充分的重视。

7．综合治理的法律手段。综合治理的法律手段就是指运用国家法律打击犯罪、预防犯罪、改造犯罪分子。

(1) 依法打击犯罪活动。“严打”是社会治安综合治理的首要环节，必须依法从重从快打击严重危害社会治安、破坏经济建设、威胁人民群众生命财产安全的严重刑事犯罪和严重经济犯罪活动，坚持把犯罪分子的气焰打下去。

(2) 运用法律手段预防犯罪。搞好法制宣传教育，使广大群众能知法、守法，并运用法律武器同违法犯罪行为作斗争。在全国进行普法教育，是增强全民法制观念，加强社会主义法制建设的重大措施，这也是运用法律预防犯罪的重大措施。广泛深入地宣传法律知识，教育广大群众掌握法律武器，是综合治理社会治安的一项重要的基础工作，是一项预防犯罪、减少犯罪的根本性措施。

(3) 运用法律手段改造犯罪分子。通过劳动改造，通过对犯罪分子进行法制教育，使犯罪分子认罪服法，认识到自己为什么犯罪，为什么要受处罚，从而诚心实意地悔过自新，并在劳改释放后不再违法犯罪。

在运用法律手段打击犯罪，预防犯罪和改造犯罪分子工作中，应注意两个问题：第一，必须坚持对严重刑事犯罪分子依法“从重从快”惩处。要认识到严厉打击严重危害社会治安的刑事犯罪是社会治安综合治理的首要环节，没有强有力的打击，综合治理的其他各项措施就不能很好落实。依法“从重从快”打击严重刑事犯罪分子是稳定社会治安形势、维护社会安定的一个重要前提。第二，政法各部门必须严格依法办事，执法如山。依法办事，执法如山是落实综合治理措施的切实保障。

在社会治安综合治理的实践过程中，有许多行之有效的措施需要用法律的形式固定下来，逐步做到社会治安综合治理制度化、法律化。

## 第三节　社会治安综合治理方针的实质

**一、社会主义制度的优越性是社会治安综合治理方针形成、确立和发展的社会基础**

社会主义制度为逐步减少和消除各种犯罪现象和治安危害创造了极为有利的社会条件。社会主义的社会关系本质上是排斥违法犯罪的。我国的法律是保护社会主义社会关系的社会规范。违法犯罪行为侵害的客体即为我国法律所保护的社会主义的社会关系。适合我国国情的那些社会主义政治关系、经济关系、思想文化关系、社会生产关系，是我国社会发展的主流，是违法犯罪行为侵害的主要对象，只要它们占主导地位，那里的违法犯罪现象就会减少。社会主义社会关系的充分发展，如党的领导关系的加强、人民代表大会制度的健全、政府体制的科学化、社会主义经济关系的正确发展、社会主义教育与科研事业的发展、公民法律意识的提高等，都意味着社会主义阵地的扩大和巩固，意味着减少了社会主义社会关系发生消极蜕变的可能，减少了滋生违法犯罪分子的可能。我们实行综合治理，必须充分发挥我国社会主义制度的优越性。

社会主义制度，是各种维护治安积极因素的社会基础。克服治安消极因素，必须依赖治安积极因素。对付治安问题的“社会综合症”，必须依赖治安积极因素的整体功能。只有社会主义制度才能全面地综合地运用社会治安综合治理的多种手段和措施，才能在党和政府的统一领导下，各地区、各部门、各社会组织协调一致，各负其责，齐抓共管，使综合治理的各种手段全面运用，各种措施贯彻落实。

综合治理要治标、治本相结合。所谓治本，从根本意义上讲，就是完善社会主义制度，发展社会主义社会关系所占领的阵地。在社会上以治安积极因素去克服治安消极因素。

我国尚处在社会主义的初级阶段，社会主义制度还不够完善，由于这种弱点和欠缺，治安积极因素对治安消极因素的斗争尚不够有力，这就是违法犯罪得以发展的重要社会条件。所以社会治安综合治理方针的贯彻和发展的过程，是同我国社会主义制度日益完善和优越性的日益显现的历史过程相一致的。

**二、民主集中制是发挥社会治安综合治理整体功能的灵魂**

综合治理方针的实施，即需要高度集中统一的组织领导，又需要生动活泼的民主精神。民主集中制是我党一贯坚持的马列主义原则，也是社会治安综合治理方针的政治基础。我们有党的统一领导，有统一的指导思想，有体现全国人民意志的统一的宪法和法律，有全国人民建设社会主义现代化的统一目标，这是促使全国人民形成统一意志的巨大凝聚力。我国是以工人阶级为领导，以工农联盟为基础的人民民主专政的社会主义国家，人民群众是国家的主人，是社会治安综合治理的力量源泉。社会治安综合治理方针的灵魂，就是充分发挥民主集中制，依靠人民群众的力量来管理、治理社会。对于与治安危害相关的人员、案件、事件、事故所实施的综合治理行为，要依靠各级组织、各种人员的横向组合，彼此相互配合协作。要发挥各基层组织的积极创造性、自觉能动性。发挥广大群众的当家作主、参与治安管理的民主意识。只有最广泛的动员各级组织和群众，最大限度地发动和依靠各级组织和广大人民群众，才能落实综合治理的方针，才能发挥综合治理系统工程的整体功能，才能保持社会的长治久安。

**三、两个文明一起抓，是实施社会治安综合治理方针的有力保证**

社会主义物质文明建设和社会主义精神文明建设一起抓，两者相结合，互为条件、互为目的，这是社会主义优越性的突出表现。随着社会主义物质文明的发展，生产力的不断解放，物质财富的不断丰富，人们的物质生活不断改善，这必然为预防、改造、治理犯罪提供必要的物质条件，成为综合治理的物质基础。社会主义精神文明是社会主义的重要特征，是社会主义优越性的重要表现。以共产主义思想为核心的社会主义精神文明，是教育人、改造人、提高人们的文化修养、思想修养、道德修养的精神食粮。精神文明建设是教育、挽救失足青少年，预防、改造犯罪的强大思想武器，是社会主义国家所独具的优势。只有社会主义国家才能使物质文明建设同精神文明建设两者有机地结合起来，辩证地统一起来。这是确立社会治安综合治理方针的根本客观依据。所谓综合治理，就是物质文明建设与精神文明建设结合起来，治理社会治安问题。

综合治理的实践经验证明，治本的大量措施是涤荡精神上的污泥浊水，使社会主义的思想文化关系居于统治地位。精神文明建设中的“军民共建”、“警民共建”、“厂矿共建”等活动，以及广泛开展的“学雷锋”、“五讲、四美、三热爱”等活动，制定“文明公约”、创建“文明单位”、“文明小区”、“安全小区”、“文明户”等活动。都证明了精神文明建设是最大的治本措施。所以，在综合治理方针的实施中，应把加强社会主义精神文明建设作为中心工作来抓，应该把本地区的综合治理工作与社会主义精神建设结合起来，借精神文明的东风，顺利推进综合治理工作。

总之，社会治安综合治理方针是植根于我国的社会主义制度基础之上的，是有着鲜明中国特色的壮举，是在我国国情的历史条件下形成它的优点与特点，是加强我国社会主义法制建设的重要措施，无论是在实践上，还是在理论上，它都是一个正确、科学、行之有效的治理社会治安的综合方针。

## 第四节 社会治安综合治理方针的贯彻落实和重要意义

### 一、树立科学的综合治理意识，加强各级党委和政府的统一领导

社会治安综合治理是科学管理社会治安的行为，它是多行业、跨部门的全社会范围的系统工程，需要以系统论、控制论、信息论等科学理论为认识基础，要把综合治理当作一门科学，从领导到基层干部都能掌握和运用这门科学。要在总结经验的基础上，形成从理论、方针、政策到操作性业务的系统知识，并用以武装广大领导干部和政法人员。

各级党委和政府要提高对综合治理工作的认识，把综合治理工作切实纳入议事日程。真正认识到综合治理社会治安是争取国家长治久安、社会稳定的一项政治任务和战略措施。看到综合治理工作的复杂性和艰巨性。常抓不懈，经常和定期听取综合治理社会治安工作的汇报，认真研究出现的问题和可能出现的新问题及解决这些问题的措施办法。

各级党委和政府要狠抓综合治理工作组织领导的落实。县级以上各级党委、政府都要成立综合治理的领导机构及负责日常工作的办事部门，带头落实综合治理的各项措施，组织各系统、各部门、各单位共同做好综合治理工作。

### 二、建立合理的综合治理的领导体制和组织机构

#### （一）综合治理的领导体制

社会治安综合治理的领导体制是在党委统一的领导下，党政共抓，办事机构具体指导协调，各部门、各单位各负其责。最主要的是各级党政主要领导要亲自过问，把一般号召和具体指导结合起来，真正担负起抓社会治安的责任。

#### （二）综合治理的组织机构

为了加强对社会治安综合治理工作的领导和具体指导，中共中央、国务院、全国人大常委会《关于加强社会治安综合治理的决定》中提出，中央成立社会治安综合治理委员会，下设办公室。各地从省、自治区、直辖市到地市、县区，都要建立健全社会治安综合治理领导机构，以党委一名领导同志为首，政府一名副职协助，各有关部门负责同志参加。县以上各级社会治安综合治理的办事机构要进一步充实加强，并同政法委员会合署办公。乡镇、街道也要设立相应的社会治安综合治理领导机构，健全办事机构或配备专人负责。可以由上一级选派一名有经验的公安、司法干部，到街道办事处、乡（镇）政府任副职，专抓社会治安综

合治理工作。

（三）综合治理的各种组织形式

社会治安综合治理的组织形式包括：

1. 党和政府的领导机构。

2. 协助党和政府专门负责综合治理的办事机构。

3. 各部门、团体的职能机构。

4. 各种从事综合治理的基层组织、群众组织。

5. 为专项任务、专门人员所建立的临时的专门综合治理组织。

要落实好综合治理的组织建设，特别重要的是抓好两头。一头是协助党委和政府负责综合治理的办事机构，它是党委和政府领导综合治理工作的参谋和助手，它不是一个临时机构，而是在编的常设机构，有明确的职权，有合理的人员配置，能够坚持贯彻党委和政府领导的意图，能够协调各个方面。另一头是基层的各种治安保卫组织。它们是进行综合治理工作，实行治安控制的终端系统。各种联系群众的综合治理的实际工作大都靠它们去完成，它们的工作本身就带有很大的综合性，建立和加强基层组织和基础工作，是综合治理的基础。因此，要特别强调基层综合治理组织的落实。

**三、建立综合治理责任制**

从党委和政府到各部门职能机构，到基层治安保卫组织及责任人，都应明确在社会治安综合治理方面的责任，贯彻落实“谁主管、谁负责”的原则，这是实现社会治安综合治理的核心，是社会治安综合治理的一个基本原则。“谁主管、谁负责”这个原则的基本涵义就是，一个地区、一个部门、一个单位的领导，对本地区、本部门、本单位的社会治安综合治理工作负责。按照社会治安综合治理的任务、要求和工作范围，切实承担起维护治安的义务和责任，保一方平安。一个地区如果在治安上出了重大问题，就要追究该地区领导人的责任；一个部门出了问题，就要追究该部门领导人的责任。“谁”负责的地区、单位、部门出了问题，“谁”就要对此负责。

“谁主管、谁负责”的原则要求中央和地方党政等各部门和各人民团体依据社会治安综合治理的任务、要求和工作范围，结合自身业务，充分发挥职能作用，承担起减少违法犯罪、维护治安和社会稳定的整体责任。同时要求各部门、各单位“管好自己的人，看好自己的门，办好自己的事”，自主地解决好自己的问题，避免对社会治安产生消极因素。

实行综合治理一票否决制。这是社会治安综合治理目标管理的一项重要内容，是把社会治安责任制同经济责任制、领导任期责任制结合起来，同责任人的政治荣誉、政绩考核、职能提升和经济利益挂钩，同评选文明单位、企业晋级挂钩。各地区、各部门在推行目标管理、完善治安责任制、经常进行考核的基础上，由县以上社会治安综合治理领导机构实行一票否决制。这些措施的落实，将维护政治稳定、社会安定，确保一方平安的政治责任切实落在各级党委领导肩上，促使各级领导、各部门、各单位负责人精心组织、指导、检查，发挥各自优势，采取不同形式，齐抓共管，建立起预防和减少违法犯罪的有效机构，从而达到社会治安综合治理的主要目标。所以综合治理责任制是把综合治理系统有机地连结起来的中心纽带。

**四、充分发挥公安机关在综合治理中的作用**

公安机关处于对敌斗争的第一线，是综合治理社会治安的中坚和骨干力量。公安机关基本职能就是打击敌人、惩罚犯罪、保护人民。公安机关在综合治理中的核心地位是由其性质和工作任务所决定的，充分发挥公安机关在综合治理中的作用，是落实综合治理工作的重要方面。

（一）积极主动地当好党委和政府的参谋

人民群众是有关犯罪和治安信息的最广泛、最直接、最敏感来源，也是施加影响的最普遍、最直接、最敏感的来源。公安机关的各项工作与人民群众的关系是最密切、最广泛的。因此，各级公安机关应及时地把治安形势的真实情况向党委和政府报告，并针对治安工作的薄弱环节，及时反映报告给党委和政府。当好党委、政府的参谋和助手，使党委和政府能做到社会治安问题情况明、决心大、方法对，才能真正切实加强对综合治理工作的领导。

（二）坚持依法从重从快惩处严重犯罪分子

打击犯罪是综合治理社会治安的重要环节。也是落实社会治安综合治理措施的前提条件，又是社会治安综合治理的重要内容。在严峻的对敌斗争和治安形势面前，公安机关要长期坚持“严打”方针，才能有力地震慑和有效地遏制犯罪；才能教育失足者，鼓舞广大人民群众同违法犯罪作斗争的积极性，增强群众的安全感；才能体现社会主义法制的强大威力，维护国家法律的尊严。

（三）依法加强治安管理

公安机关是国家机器的重要组成部分，是实现国家管理职能的重要部门，代表国家行使治安管理方面的权力，对各种扰乱公共秩序，违反治安管理规定的违法分子，对于影响社会主义物质文明和社会主义精神文明的行为都要依法惩处和坚决取缔，在新的形势下，公安机关要加大对社会公共秩序、流动人口、消防、交通、边防、出入境、特种行业和危险物品管理等方面的工作力度，推进治安保卫责任制的落实，使社会治安综合治理的各种工作真正落到实处，维护好社会治安稳定，保卫改革开放，促进经济顺利发展。

（四）发动和组织群众认真搞好治安防范

预防违法犯罪是社会治安综合治理的中心环节。公安机关必须认真贯彻专门工作和群众路线相结合的方针，发动和组织群众搞好治安防范，形成群众性的治安防范网，不断优化社会治安环境，努力履行治安监督检查职能，形成一个多层次的治安防范体系，加强法制宣传教育，提高人们的素质，减少违法犯罪现象，维护社会治安。公安机关应运用公开和隐蔽相结合的手段，消除不安定因素，从时间上、空间上强化整个社会面的控制，尽量减少犯罪分子实施犯罪的时机和空隙，避免对社会危害严重的治安问题的发生。

公安机关在社会治安综合治理中的作用是多方面的，是相互联系相辅相成或缺一不可的。只有坚持“打防并举，标本兼治，重在治本”的原则，才能充分发挥公安机关在社会治安综合治理中的主力军作用。

（五）加强基层公安派出所基础工作

公安派出所是公安机关的基层单位，派出所工作是全部公安工作的根基。改革和加强派出所工作，是强化公安工作基础，提高公安机关控制社会治安能力的迫切需要。特别是在构建快速反应为核心的动态治安防控体系中，其基础作用尤为重要；派出所分布广、对辖区情况熟、就近反应快的优势，决定了其是文明接警、出警、处警的一支重要力量。

因此，加强基层公安派出所基础工作要以安全文明社区、安全文明村镇建设为载体，切实搞好防范工作，把案件总量降下去。

要切实加强对流动人口、重点人口、出租房屋及城乡结合部的管理，对各种容易诱发和滋生犯罪的场所，要严格治安管理，该查封的坚决查封，该取缔的坚决取缔，最大限度地消除犯罪诱因。

要认真研究在新的历史条件下充分发挥治保组织作用的新途径、新方法，更加充分地发挥各单位、街道、农村治保组织的作用。使各单位能够真正看好自己的门，管好自己的人，搞好自己的治安防范。

要从学校、家庭、社会等各个方面全方位做好未成年人的教育工作。

对于公安派出所来说，必须毫不动摇地把维护社会一方平安置于各项工作的首位，不断研究新情况，解决新问题，创造新经验，把稳定工作扎扎实实地做好。

要加强和发挥公安派出所基层基础工作的优势，首先要调整派出所工作的重点，改革和加强派出所工作。我们一定要抓住机遇，真抓实干，把派出所基础工作尽快提高到一个新的水平，发挥优势，增强公安工作的发展后劲。

## 五、加强社会治安综合治理的重要意义

加强社会治安综合治理工作具有以下重要意义：

1．社会治安综合治理是解决我国社会治安的根本出路。社会治安问题是诸多社会矛盾和消极因素的综合反映，必须长期坚持依法从重从快严厉打击危害社会治安的刑事犯罪活动，但是仅靠打击是不可能有效地减少产生犯罪和社会治安问题的复杂因素，必须全面加强综合治理才能奏效。

2．社会治安综合治理是为实施国民经济和社会发展远景目标和“九五”计划创造稳定的、良好的社会秩序的重要保证。

3．社会治安综合治理是社会主义精神文明建设的重要组成部分。社会治安综合治理的许多工作就是精神文明建设的重要内容，综合治理搞好了又能推动精神文明建设。

4．社会治安综合治理是坚持人民民主专政的一种重要形式和途径，是社会主义制度优越性的重要体现。

5．社会治安综合治理是密切党同人民群众联系的迫切需要，是顺应民愿、深得人心的一件好事。

6．社会治安综合治理是加强社会主义法制建设的重要措施。通过依法治理，依法行政，可以把各项管理工作纳入法制轨道。

7．社会治安综合治理是新形势下坚持专门机关工作与群众路线相结合原则的新发展，是具有中国特色的解决社会治安问题的新路子。

我国社会治安综合治理方针的确立，是由新的历史时期社会治安的复杂性、艰巨性决定的；是由新的历史时期社会犯罪的特点及社会犯罪原因的“综合症”决定的；是我国实行对外开放、对内搞活经济政策的需要；是新的历史时期我国社会治安实践经验的总结，也是建国以来政法工作路线的继续和发展；是我国社会主义制度的产物。

# 附　录

## 一、主要参考书目

1. 公安部教材编审委员会：《治安管理学》，群众出版社 2001 年版。

2. 熊一新主编：《治安管理学》，中国人民公安大学出版社 2000 年版。

3. 李健和主编：《新编治安行政管理学总论》，中国人民公安大学出版社 1998 年版。

4. 公安部教育局：《治安管理学教程》，群众出版社 1998 年版。

5. 李健和主编：《治安学理论研究综述》，群众出版社 1998 年版。

6. 唐大民：《公安论》，群众出版社 1998 年版。

7. 惠生武：《警察法论纲》，中国政法大学出版社 1999 年版。

8. 万川：《治安行政管理学》，中国人民公安大学出版社 2001 年版。

9. 张国庆主编：《行政管理学概论》，北京大学出版社 2000 年版。

10. 方世荣主编：《行政法与行政诉讼法》，中国政法大学出版社 1999 年版。

11. 惠生武主编：《行政法与行政诉讼法教程》，中国政法大学出版社 1999 年版。

12. 公安部人事训练局：《公共安全管理教程》，群众出版社 2000 年版。

13. 公安部人事训练局：《治安秩序管理教程》，群众出版社 2000 年版。

14. 熊一新、李健和主编：《治安秩序管理》，中国人民公安大学出版社 2000 年版。

15. 公安部教育局：《公路交通秩序管理》，群众出版社 1998 年版。

16. 丁立民主编：《道路交通管理》，警官教育出版社 1999 年版。

17. 公安部教育局：《公路交通管理设施》，群众出版社 1998 年版。

18. 公安部政治部：《危险物品管理》，警管教育出版社 1999 年版。

19. 胡冠武、孟一凡主编：《危险物品管理通论》，中国人民公安大学出版社 2000 年版。

20. 汪勇编著：《警察巡逻勤务教程》，中国人民公安大学出版社 2000 年版。

21. 公安部人事训练局：《户政管理教程》，群众出版社 2000 年版。

22. 宋光积：《实用消防管理学》，中国人民公安大学出版社 2001 年版。

23. 刘永基主编：《新编消防管理学》，警官教育出版社 1999 年版。

24. 公安部人事训练局：《治安案件查处教程》，群众出版社 2000 年版。

25. 李健和、熊一新主编：《治安案件查处教程》，中国人民公安大学出版社 1997 年版。

26. 胡冠武主编：《紧急治安事件与对策》，中国人民公安大学出版社 1996 年版。

27. 谢川豫：《治安行政措施通论》，中国人民公安大学出版社 2001 年版。

28. 王太元：《户政与人口管理理论研究综述》，群众出版社 1997 年版。

29. 郭太生主编：《治安灾害事故社会防范研究》，中国人民公安大学出版社 2001 年版。

30. 中国人民公安大学治安系：《治安学学术论文集》，警官教育出版社 1999 年版。

31. 周彭年主编：《治安学概论》，中国人民公安大学出版社 1995 年版。

32. 丁建荣主编：《治安管理通论》，群众出版社 1999 年版。

33. 陈绍东主编：《治安管理学》，四川人民出版社 1999 年版。

34. 郭晓祯主编：《治安管理学》，警官教育出版社 1997 年版。

35. 袁建华、金天义主编：《治安管理概论》，警管教育出版社 1997 年版。

36. 张先福等：《治安管理学》，群众出版社 1996 年版。

37. 王彩元：《市场经济与治安管理》，湖南科学技术出版社 1999 年版。

38. 李忠信主编：《中国社区警务研究》，群众出版社 1999 年版。

39. 段里仁主编：《道路交通事故概论》，中国人民公安大学出版社 1999 年版。

40. 刘士文主编：《当代中国治安管理实用全书》，中国人民公安大学出版社 1999 年版。

41. 梁木主编：《市场社会治安探索》，警官教育出版社 1999 年版。

42. 公安部政治部：《110 报警服务与快速反应》，警官教育出版社 1998 年版。

43. 石泽民主编：《中国基层治保工作理论与实践》，法律出版社 1995 年版。

44. 武和平：《大治安》，群众出版社 1995 年版。

45. 周国雄：《现代警务与城市社会治安》，上海大学出版社 1998 年版。

46. 张先福主编：《特种行业治安管理》，群众出版社 1993 年版。

47. 朱家华主编：《旅馆业治安管理》，警管教育出版社 1997 年版。

48. 公安部教材编审委员会：《安全技术防范》（上、下），中国人民公安大学出版社 2001 年版。

49. 胡冠武主编：《违反治安管理行为案例评析》，中国人民公安大学出版社1997年版。

50. 公安部政治部：《安全防范学总论》，中国人民公安大学出版社1998年版。

51. 宋万年等编：《外国警察百科全书》，中国人民公安大学出版社2000年版。

**二、主要治安管理法律规范**

（一）治安管理法律

1. 中华人民共和国人民警察法（1995.2.28）

2. 中华人民共和国治安管理处罚条例（1994.5.12）

3. 中华人民共和国行政处罚法（1996.3.17）

4. 中华人民共和国消防法（1998.4.29）

5. 中华人民共和国集会游行示威法（1989.10.31）

6. 中华人民共和国枪支管理法（1996.7.5）

7. 中华人民共和国拍卖法（1996.7.5）

8. 中华人民共和国公民出境入境管理法（1985.11.22）

9. 中华人民共和国外国人入境出境管理法（1985.11.22）

10. 全国人民代表大会常务委员会关于严禁卖淫嫖娼的决定（1991. 9. 4）

11. 全国人民代表大会常务委员会关于禁毒的决定（1990.12.28）

12. 全国人民代表大会常务委员会关于惩治走私、制作、贩卖、传播淫秽物品的犯罪分子的决定（1990.12.28）

13. 中华人民共和国居民身份证条例（1985.9.6）

14. 公安派出所组织条例（1954.12.31）

15. 中华人民共和国公路法（1997.7.3）

（二）治安管理行政法规

1. 国务院关于劳动教养的决定（1957.8.3）

2. 国务院关于劳动教养的补充规定（1979.11.29）

3. 国务院关于农民进入集镇落户问题的通知（1984.10.13）

4. 中华人民共和国公民出境入境管理实施细则（1986.12.3）

5. 强制戒毒办法（1995.1.12）

6. 卖淫嫖娼人员收容教育办法（1993.9.4）

7. 娱乐场所管理条例（1999.3.26）

8. 国务院关于严禁淫秽物品的规定（1985.4.17）

9. 中华人民共和国内河交通安全管理条例（2002.6.28）

10. 中华人民共和国印刷业管理条例（2001.8.2）

11. 化学危险物品安全管理条例（1987.2.17）

12. 中华人民共和国民用爆炸物管理条例（1994.1.6）

13. 麻醉药品管理条例（1978.9.13）

14. 放射性药品管理办法（1989.1.13）

15. 放射性同位素与射线装置放射防护条例（1989.10.24）

16. 中华人民共和国道路交通管理条例（1988.3.9）

17. 道路交通事故处理办法（1991.9.22）

（三）治安管理部门规章

1. 公安机关人民警察内务条令（2000.6.1）

2. 公安派出所民警岗位责任制试行办法（1985.3.23）

3. 治安保卫委员会暂行组织条例（1980.1.9）

4. 治安保卫委员会工作细则（1978.1）

5. 安全技术防范产品管理办法（2000.6.16）

6. 城市治安管理工作细则（1978.8）

7. 城市人民警察巡逻规定（1994.2.24）

8. 公安部关于查破和处理治安案件的通知（1984.11.2）

9. 公安部关于铁道、交通、民航、林业公安机关执行治安管理处罚条例几个问题的通知

10. 治安拘留所管理办法（1987.4.21）

11. 强制戒毒所管理办法（2000.4.17）

12. 收容教育管理办法（2000.4.24）

13. 临时身份证管理暂行规定（1989.9.15）

14. 暂住证申领办法（1995.6.2）

15. 重点人口管理工作规定（1998.5.25）

16. 公安机关对被管制、剥夺政治权利、缓刑、假释、保外就医罪犯的监督管理规定（1995.2.21）

17. 公安部关于公安机关处置群体性治安事件规定（2000.4.5）

18. 群众性文化体育活动治安管理办法（1999.11.18）

19. 营业性歌舞娱乐场所管理办法（1993.10.14）

20. 旅馆业治安管理办法（1987.11.10）

21. 旧货流通管理办法（1998.3.9）

22. 废旧金属收购业治安管理办法（1994.1.25）

23. 机动车修理业、报废机动车回收业治安管理办法（1999.3.25）

24. 典当业治安管理办法（1995.5.30）
25. 社会团体印章管理规定（1993.10.18）
26. 社会力量办学印章管理暂行规定（1991.8.21）
27. 印章治安管理信息系统标准（2000.4.1）
28. 射击运动枪支弹药管理办法（1992.4.25）
29. 中华人民共和国猎枪弹具管理办法（1993.12.25）
30. 公安部对部分刀具实行管制的暂行规定（1983.3.12）
31. 统配民用爆破器材购销管理规定（1984.5.9）
32. 国家经贸委关于开展危险化学品登记注册工作的通知（1999.10.6）
33. 危险化学品登记注册管理规定（2000.10.1）
34. 放射事故管理规定（1995.8.30）
35. 中华人民共和国机动车登记办法（2001.1.4）
36. 高速公路交通管理办法（1994.12.22）
37. 机动车辆安全技术检测站管理办法（1989.2.22）
38. 城市出租汽车管理暂行办法（1988.6.15）
39. 中华人民共和国机动车驾驶证管理办法（1996.6.3）
40. 中华人民共和国机动车驾驶员考试办法（1996.6.3）
41. 临时入境机动车辆与贺驶员管理办法（1989.5）
42. 公安部关于农用运输车道路交通管理的规定（1993.5.17）
43. 公路交通事故处理程序规定（1992.8.10）
44. 交通事故处罚程序规定（1988.7.9）
45. 交通事故处罚补充规定（1991.1.3）
46. 消防监督程序规定（1991.9.2）
47. 消防监督检查规定（1998.9.30）
48. 城市消防规划建设管理规定（1989.9.1）
49. 易燃易爆化学物品消防安全监督管理办法（1994.3.24）
50. 公共娱乐场所消防安全管理规定（1999.5.11）
51. 集贸市场消防安全管理办法（1994.12.25）
52. 古建筑消防管理规则（1984.2.28）
53. 高层建筑消防管理规则（1986.6.2）
54. 仓库防火安全管理规则（1980.8.15）
55. 火灾统计管理规定（1996.11.11）
56.《公安机关办理劳动教养案件规定》（2002.4.12）

(四) 治安管理地方性法规、规章

1. 广东省出租屋暂住人员治安管理规定（1994.9.15）
2. 浙江省公共场所治安管理办法（1991.1.26）
3. 山东省暂住人口管理办法（1995.11.21）
4. 广州市剧毒物品安全管理规定（1987.11.24）
5. 天津市剧毒物品治安管理规定（1994.11.24）
6. 鞍山市剧毒物品管理办法（1996.10.8）
7. 陕西省暂住人口管理办法（1996.7.8）
8. 陕西省禁止贩毒吸毒条例（1997.10.1）
9. 陕西省禁止赌博条例（1997.10.1）
10. 陕西省禁止卖淫嫖娼条例（1997.10.1）

# 后　记

1998年教育部有关本科专业设置中，对公安学科各专业进行整合后，引起了人们对我国的公安教育、公安学科建设以及公安理论研究的广泛关注和重新思考。特别在新世纪到来之际，公安教育的发展思路和走向如何确立，如何构建系统化的有着特殊领域的理论、方法和知识的公安学科体系，公安理论研究如何适应警务实践和社会治安发展的客观需求，如何与国际警察制度、治安管理制度相接轨，怎样结合我国的政治、法律、文化、经济等实际开展公安基础理论问题的研究，公安学科各专业的研究领域、研究对象、研究方法、知识结构以及课程设置如何定位和构建等，这些问题需要我们去认真地思考，积极地探索，共同为促进和繁荣公安学科建设和学术研究做出贡献。

治安管理学是公安学科中治安专业的一门基础性、综合性的理论和应用学科，它有较完整的理论体系和特有的研究对象。目前，治安学理论研究方兴未艾，一批理论研究成果和专业教材相继问世，呈现出勃勃生机的良好发展势头。本着为促进治安学的创新与发展做点事情的积极态度，我们在教学实践和不断学习、借鉴、总结的基础上，编写了这本《治安管理学总论》。在编写过程中，我们力求在观念上、体系上有所创新，内容上着眼于“概论”，帮助学生建立起关于治安管理学的基本概念，使其初步了解治安管理学的基本范畴和一般的原理、原则，以及主要的理论规范和一般研究方法；提出以治安管理关系作为治安管理学的研究对象，并以此为贯穿该学科的一条主线和构建思路；从我国现行治安管理的实际出发，强调理论与治安管理实践相结合，以及在不同发展阶段上，它仍在不断创新发展，有新的理论观点问世。

本书为西北政法学院重点教材建设项目，是公安学系治安学教研室集体努力的结果，由惠生武主编，并负责统一修改定稿。参加编著人员的分工如下：

惠生武：第一章、第二章、第三章、第四章、第五章、第十章第三节；

宋明亭：第六章、第九章、第十二章；

刘生源：第七章、第十一章、第十三章、第十四章、第十章第一节；

樊　瑛：第八章、第十章第二、第四节。

本书在编写过程中，参考了有关教材、著作及资料，在此表示衷心感谢。另外，由于我们水平有限，书中难免有不妥之处，敬请读者批评指正。

惠 生 武

二〇〇二年八月三十日于西安

图书在版编目（CIP）数据

治安管理学总论／惠生武主编. —北京：中国政法大学出版社，2002.10
ISBN 978-7-5620-2282-4
Ⅰ.治… Ⅱ.惠… Ⅲ.治安管理—管理学—高等学校—教材 Ⅳ.D035.34
中国版本图书馆CIP数据核字(2002)第081900号

出版发行　中国政法大学出版社
经　　销　全国各地新华书店
承　　印　固安华明印刷厂

720mm×960mm　16开本　15.25印张　290千字
2002年10月第1版　2012年9月第2次印刷
ISBN 978-7-5620-2282-4/D·2242
定　价：16.00元

社　　址　北京市海淀区西土城路25号
电　　话　(010)58908435(编辑部)　58908325(发行部)　58908334(邮购部)
通信地址　北京100088信箱8034分箱　邮政编码 100088
电子信箱　fada.jc@sohu.com(编辑部)
网　　址　http://www.cuplpress.com　(网络实名：中国政法大学出版社)